चार वेदों में यजुर्वेद द्वितीय वेद है। कर्मकाण्ड प्रधान इस वेद में जहां यज्ञों और यज्ञ के विधानों का वर्णन है, वही ज्ञान-विज्ञान, आत्मा-परमात्मा तथा समाजोपयोगी सम्पूर्ण ज्ञान भी है।

यजुर्वेद का ज्ञान जन-साधारण तक पहुंचे, इसी उद्देश्य से यहाँ उसे सरल हिंदी अनुवाद मैं प्रस्तुत किया जा रहा है।

यजुर्वेद

डॉ. राजबहादुर पाण्डेय

प्रकाशक: **डायमंड पॉकेट बुक्स (प्रा.) लि.**
X-30 ओखला इंडस्ट्रियल एरिया, फेज-II
नई दिल्ली- 110020
फोन : 011-40712200
ई-मेल : sales@dpb.in
वेबसाइट: www.diamondbook.in

Yajurveda
By : Dr. Raj Bahadur Pandey

पूर्वकथन

भारतीय अध्यात्म-मनीषा के द्वारा प्रतिपादित तीन कांडों-ज्ञान, कर्म और उपासना में से यजुर्वेद मूलतः कर्मकाण्ड का ग्रंथ है। व्यवहार में प्रचलित गणना क्रम में चार वेदों में यह अद्वितीय वेद है, किन्तु मत्स्य, कूर्म आदि पुराणों के कथनों के आधार पर वेदरूप ईश्वरीय ज्ञान केवल एक ही है और आरम्भ में वह यज्ञात्मक यजुर्वेद के रूप में एक ही था। फिर यथा समय वेदव्यास ने उसे चार भागों में विभक्त कर दिया।

'यजुष' शब्द की व्युत्पति है- 'इज्यते अनेन इति यजुष।' अर्थात् जिनके द्वारा यज्ञ किया जाय, वे यज्ञीय मन्त्र यजुर्मन्त्र है। जिन मंत्रों में चरण, मात्रा और अवसान विषयक कोई नियम न हो, वे गद्य-मन्त्र यजुर्मन्त्र कहे जाते हैं। इस प्रकार यजुर्वेद में यज्ञीय मन्त्र हैं और यज्ञ का वर्णन एवं प्रतिपादन है तथा यह ग्रन्थ मुख्यतः कर्मकाण्ड का ही ग्रन्थ माना जाता है। यजुर्वेद की दो शाखाएं हैं-तैत्तिरीय शाखा अथवा कृष्ण यजुर्वेद और वाजस्नेयी शाखा अथवा शुक्ल यजुर्वेद।

यज्ञ का अर्थ है- 'इज्यते हविः दीयते यत्र' अथवा 'इज्यन्ते देवता अत्र'। अर्थात् जहाँ हवि दी जाए अथवा जहाँ देवताओं को हवि दी जाय, वह यज्ञ है। यह यज्ञ का व्युत्पत्तिपरक सामान्य अर्थ है। किन्तु, व्यापक अर्थों में यज्ञ शब्द उन सब व्यक्तिगत एवं सामाजिक क्रियाओं तथा व्यवहारों को अपने में समेटता है, जो व्यक्ति अथवा समाज के उपकार के लिए किये जाते हैं। यथा-ज्ञानदान, दृष्टिदान, धनदान, अन्नदान, उचित पथ-निर्देशन, अभावग्रस्त-असहाय की सहायता, दुःखी का दुःख दूर करना, रोगी-सेवा, गुरु एवं गुरुजनों की सेवा आदि। इसलिए कर्मकाण्ड प्रधान इस यजुर्वेद में जहाँ अनेक यज्ञों का वर्णन, यहां-विधान का वर्णन है, वही समाजनीति, व्यवहारनीति, राजनीति, कर्तव्याकर्तव्य, धर्माधर्म, सृष्टि-प्रक्रिया, राज्याभिषेक, राजा के गुण, प्रजा-राजा का व्यवहार, राजा-प्रजा के कर्तव्य, राज्य-स्वराज्य-साम्राज्य, ब्रह्मचर्य, वीर्य-रक्षण, शिल्प, कृषि, व्यापार, समाज-संगठन आदि का भी उत्कृष्ट रूप में वर्णन मिलता है।

यज्ञीय देवताओं में इन्द्र, अग्नि, इन्द्राग्नि, मित्रवरुण, वरुण, वसुरुद्र-आदित्य-मरुद्गण, अर्यमा, यम, निऋति, सविता, अश्विनीकुमार, वायु, सरस्वती और सोम आदि प्रमुख हैं। यहाँ हमने यज्ञ-मन्त्रों का प्रमुख रूप से कर्मकाण्डपर अर्थ ही किया है; किन्तु कहीं-कहीं इससे भिन्नार्थ भी प्रस्तुत किया गया है। कर्मकाण्ड पर अर्थों में तो अभिधा द्वारा उक्त देवताओं का अर्थ ज्यों-का-त्यों है; किन्तु जहाँ प्रतीकार्थ लिया गया है, वहाँ अग्नि, इन्द्रादि पदों का संकेतित अर्थ देते हुए भिन्नार्थ प्रस्तुत किया गया है। यथा-अग्नि शब्द,अग्नि का वाचक होने के साथ-साथ परमात्मा, अश्व, विद्युदग्नि तथा अन्य अग्नियों को भी सांकेतित करता है। इन्द्र शब्द इन्द्र देवता, परमात्मा, विद्युतादि के अर्थ में भी है। सूर्य; सूर्यदेवता भी है, सूर्यात्मक ब्रह्मा भी है। 'अश्व' शब्द से अग्नि, विद्वान्, यज्ञ लक्षित है। 'ग्रह' शब्द से यज्ञीय सामग्री बोधित है। 'इष्टका' शब्द का अर्थ है-इष्ट फल देनेवाली यज्ञ-सामग्री अथवा वेदी की ईंटें। चौबीसवें अध्याय में जहाँ पशुओं को देवताओं से सम्बन्धित बताया है अथवा देवताओं के लिए बताया है, वहाँ यह तात्पर्य है कि

उन पशुओं में उन-उन देवों के गुण हैं। पच्चीसवें अध्याय में 31 से 45 वें मन्त्र तक जो अश्वमेध का वर्णन है अथवा अन्यत्र जहाँ भी अश्व अथवा अश्व के अंगों का वर्णन है-अश्व के बलिदान की बात कही गयी है, वहाँ भौतिक अश्व से तात्पर्य नहीं है, बल्कि वह 'अज' अश्व है यानी सर्वव्यापक परमात्मा का ही 'अज' अश्व के रूपक से वर्णन है। चालीसवाँ अध्याय आत्मा-परमात्मा-ब्रह्म से ही सम्बन्धित है।

यजुर्वेद में चालीस अध्याय है और उन सब अध्यायों में कुल मिला कर उन्नीस सौ पिचहत्तर मन्त्र है। यजुर्वेद के मन्त्र अनुष्टुप, जगती, वृहती, पंक्ति, गायत्री त्रिष्टुपआदि छंदों में बद्ध है, और कुछ छन्द-बद्ध धन-मुक्त यानी गद्यमन्त्र भी है।

अलंकारों में उपमा, रूपक एवं सांगरूपक आदि प्रमुख हैं। यजुर्वेद में सांगरूपक तो बड़े सटीक और उत्कृष्ट है। जैसे अध्याय 17 के 64 वें मन्त्र में यज्ञ पुरुष का रूपक तथा 24 वें अध्याय में विराट् अश्व का रूपक हृदयग्राही है। अलंकारों के समान प्रायः याज्ञिक परिवेशीय भी हैं। यज्ञ के उपकरणों, पात्रों, कुशा, जल, हवि आदि का मानवीकरण करके वर्णन किया गया है, मानो श्रद्धारोपण से ये निर्जीव भी सजीव हो गये हैं।

यजुर्वेद के विषय एवं ज्ञान को जन साधारण तक लघु पुस्तिका के रूप में हिन्दी में पहुंचाने का यह प्रयास है। अतः यहाँ संक्षेपीकरण के प्रवृत्ति का भी यथास्थान सहारा लिया गया है। हमारे इस प्रयास से यदि जन साधारण वेद के निकट पहुंच सके तो हम अपने को सफल मानेंगे।

-राजबहादुर पाण्डेय

प्रथम अध्याय

ऋषि : प्रजापति।

हे मनुष्यों। सविता देव (परमात्मा) तुम्हारे प्राण, अन्त-काल और इंद्रियों को यज्ञादि श्रेष्ठ कर्मों के लगाएं। हम उत्तम-पदार्थों की प्राप्ति के लिए दाता सविता का आश्रय ग्रहण करते है। तुम भी ऐसा ही करके उन्नति करो। हे भगवान। पृथिवी आदि लोक हमें स्वस्थ इन्द्रियाँ, पशु एवं उन्नति के साधन प्राप्त कराएँ। हमें और हमारे पशुओं, धनों और सन्तानों को कोई हानि न पहुँचाएँ। पदार्थ हमें सुख देनेवाले हो ।।1।।

हे पुरुष! शुद्धि के हेतु, वायु को सर्वत्र फैलाने वाले संसार के धारक और सुख बढ़ाने वाले यज्ञ का त्याग मत कर ।।2।।

संसार के धारक, शुद्धिकारक, सुखदाता यज्ञ को सवितादेव पवित्र करें। हे परमेश्वर! हमें यज्ञ से पवित्र कीजिए ।।3।।

हे परमेश्वर। मैं तीन प्रकार की वेद वाणियों को धारण करना चाहता हूँ-वह जो विद्या प्राप्ति है; वह जो अनेक क्रियाओं को देने वाली है और तीसरी वह, जो शरीर एवं आत्मा को सुख देने वाली है। हे परमात्मा! मेरे यज्ञ के हव्य की रक्षा कीजिए ।।4।।

हे व्रतपति अग्नि! (परमेश्वर) मैं सत्य का व्रत लेना चाहता हूँ। मेरे व्रत की रक्षा कीजिए। मैं उस व्रत के पालन में समर्थ होऊँ और नियम पर चलूँ।।5।।

अच्छे कर्म करने की आज्ञा तुझे कौन देता है? वह परमेश्वर ही ऐसी आज्ञा देता है। वह तुझे सद्गुण और सद्विद्या प्राप्ति की आज्ञा देता है ।।6।।

मैं दुष्टों को सपयुक्त करूँ, उन्हें निर्मूल करूँ। और, इस प्रकार सुखद स्थान एवं अपार सुख प्राप्त करूँ ।।7।।

हे परमेश्वर! आप दोषनाशक एवं रक्षक हैं। इसलिए विद्वानों के सुखदाता, संसार को विद्याओं से पूर्ण करनेवाले और स्तुति योग्य आपकी उपासना करते है। आप दुष्टों को ताड़ित कीजिए। हे मनुष्य! तू अग्नि की स्तुति कर और चोर तथा दुष्टों को नष्ट कर ।।8।।

हे ऋत्विक! तुम हविर्धान (यज्ञ) को बढ़ाओ, उसका त्याग न करो। तुम पंच कर्मों से हव्य को अग्नि में हवन करो। सूर्य उस हव्य को वायु के द्वारा शुद्ध करने के लिए अन्तरिक्ष में भेजे ।।9।।

सुखदायक परमेश्वर के द्वारा उत्पन्न जगत में प्राण-वायु के ग्रहण और त्याग से अग्नि-विद्या सिद्ध करने के लिए मैं विद्वानों से स्तुत्य कर्म को स्वीकार करता हूँ और अग्नि-जल की विद्या से विद्वानों ने जिन कर्मों को चाहा है, उनके फल को स्वीकार करता हूँ।।10।।

मैं संसार के प्राणियों के दुःख-विनाश के लिए पदार्थों के रक्षक अग्नि की स्थापना करता हूँ। श्रेष्ठ कर्मों को करने वाला मैं अनेक सुखों को देखूं। मेरे स्वजन समृद्ध हों। मैं अग्नि का कभी त्याग न करूँ ॥11॥

हे विद्वानों! परमेश्वरोत्पन्न इस जगत् में पवित्र करने वाली सूर्यरश्मियों से प्राणापान की गति और जल पवित्र हों। मैं यज्ञ में जलों से याज्ञिकों को पवित्र करता हूं ॥12॥

जैसे इन्द्र वृत्र के वध के लिए जलों का वरण करते हैं; जैसे जल वायु का वरण करते हैं; हे मनुष्यों! तुम भी जलों को स्वीकारो और शुद्ध होओ। मैं शुद्धिकारक यज्ञ करता हूँ और उसे मेघमण्डल में पहुँचाता हूँ। यहां से वे जल शुद्ध हो ॥13-14॥

हे मनुष्यों! तुम्हारा घर सुखद हो, उससे दुष्ट-शत्रु दूर हों। तुम यज्ञ करने वाले होओ और यज्ञ से वायु-जल को शुद्ध करते हुए संसार के सुख को बढ़ाओ। हे विद्वानों! तुम हमें यज्ञ का उपदेश करो। हम वर्षाकारक उस यज्ञ को जाने। यज्ञ से दुष्टों और शत्रुओं का नाश हो ॥15-18॥

हे मनुष्यों! तुम सुखदायक और दुष्टविनाशक यज्ञ को जानो। यज्ञ अन्तरिक्ष और पृथिवी की त्वचा के समान है। यज्ञ से बुद्धि वृद्धि को प्राप्त होती है ॥19॥

यज्ञ से शुद्ध पदार्थ, बल, सुख तथा दृढ़ आयु प्राप्त होती है। यज्ञ नित्य करना चाहिए और ईश्वर की स्तुति नित्य करनी चाहिये ॥20॥

जैसे सविता (परमात्मा) के बनाये में मैं यज्ञ का विस्तार करता हूँ, हे मनुष्यों! तुम भी नित्य यज्ञानुष्ठान करो। जैसे जल औषधियों को बढ़ाता है, वैसे हम भी यज्ञ से वायु और जलों को शुद्ध करें ॥21॥

हे मनुष्यों! जैसे मैं इस सुखदायक यज्ञ का विस्तार करता हूं वैसे तुम भी यज्ञानुष्ठान करो। यज्ञ की हवि से संसार में सुख उत्पन्न होता है। यज्ञाग्नि तुम्हारे शरीर को पुष्ट करे ॥22-23॥

सविता देव (परमात्मा) की प्रेरणा से, सूर्य-चन्द्र तथा पूषा के द्वारा दिव्य सुख प्राप्त कराये जाने की इच्छा से मैं यज्ञ करता हूं ॥24॥

हे परमेश्वर। आपकी कृपा से मैं यह जो यज्ञ कर रहा हूँ वह वर्षा करने वाले उस मेघ को प्राप्त हो, जो वृष्टि रूप में गुणों को और प्रकाश को वर्षाता है। जो हमसे या हम जिससे द्वेष करते हैं, उसको हमारे, यज्ञ का फल बन्धन में डाले ॥25॥

हे देव सविता! पृथिवी पर देव-भजन से शत्रुओं का नाश हो। हम उत्तम गुणों को प्राप्त करें। हम वेदवाणी को सुन्दरता से प्रकट करे। हम जिससे या जो हमसे द्वेष करता है, हे सविता देव! आप इस पृथिवी पर उसे बंधनों में बाँधिए। हे दुष्ट पुरुष! तू उन्नति को प्राप्त न हो। तेरा विद्या रूपी रस तुझे आनन्द न दे। जैसे यह सूर्य का प्रकाश पृथिवी के समान अन्तरिक्ष को भी सींचता है, वैसे ईश्वर तुम्हारी कामना को वर्षाएं। जो हमसे द्वेष तथा हम जिससे द्वेष करते है, उन्हें सविता देव बंधनों में बाँधे ॥26॥

जिस यज्ञ से यह पृथिवी शोभायमान, सुख उत्पन्न करनेवाली, अन्न वाली और प्रशंसनीय रसों वाली होती है, उस यज्ञ को मैं गायत्री आदि छन्दों से सिद्ध करता हूँ और भौतिक अग्नि को ग्रहण करता हूँ।।27।।

हे जगदीश्वर! आपने प्राणियों को जीवन देने वाले अन्नादि पदार्थों से युक्त पृथिवी को ऊपर उठाकर चन्द्रलोक के समीप स्थापित किया है। इसी कारण उस पृथिवी पर आकर मनुष्य नित्य यज्ञानुष्ठान करते है तथा शत्रुओं को जीतकर राज्य को तथा विभिन्न पदार्थों को प्राप्त करते हैं। हे मनुष्यों! तू भी ईश्वर-पूजन एवं शत्रुओं का नाश कर।।28।।

मैं संग्राम में विघ्न डालने वाले और सत्य विरोधियों को दण्ड देने के लिए सेना और युद्ध-सेनाओं को शुद्ध करता हूँ। उस सेना से अवगुणी अपराधियों को निकालने के लिए सेना को उत्तम-उत्तम शिक्षाओं से शुद्ध करता हूँ।।29।।

हे जगदीश्वर! आप पृथिवी के पदार्थों को उत्पन्न करने वाले हैं और पदार्थों में व्यापक भी हैं। आप भौतिक अग्नि के जिज्हा रूप हैं। विद्वानों के लिए स्थान, नाम और जन्म की प्राप्ति के लिए और यजुर्वेद के मन्त्रों के अर्थ को प्रकाशित करने के लिए मैं अन्न को ज्ञान रूपी नेत्रों से देखता हूँ। आप मेरे पूजन को प्राप्त होइए।।30।।

जो यज्ञ परमेश्वर के द्वारा उत्पन्न संसार में निरन्तर पवित्र सूर्य की किरणों के साथ मिलकर पदार्थों को शुद्ध करता है, मैं उस यज्ञ में यज्ञकर्ता को पवित्र करता हूँ। हे ब्रह्मन्! क्योंकि आप प्रकाशवान् शुद्ध, वन्दनीय और विद्वानों के प्रिय हैं अतः मैं आपका ही आश्रय लेता हूं।।31।।

द्वितीय अध्याय

ऋषि : प्रजापति!

हे इध्म! (यज्ञीय काष्ठ) तुम अग्नि में वास करते हो। मैं तुम्हें जल से शुद्ध करता हूँ। हे वेदी! तुम जल की नाभि हो, तुम्हें जल से शुद्ध करता हूँ। हे दर्भ! मैं तुम्हें जल से शुद्ध करता हूँ।।1।।

हे जल! तुम इस वेदी को सींचो। हे कुशाओं! तुम यज्ञ की शिखा हो। हे वेदी! तुम मृदु हो। देवों के बैठने के लिए मैं तुम्हारे समीप कुशासन बिछाता हूँ। ये हवियाँ परमात्मा के लिए स्वाहुत हों।।2।।

हे परिधि! तुम पश्चिम दिशा में स्थापित होओ विश्वावसु तुम्हारे रक्षक हो। तुम यजमान की राक्षसों से रक्षा करो। यज्ञ में भुवनपति प्रस्तुत हो। ये परिधि, तुम इन्द्र की दक्षिण भुजा हो। अतः यजमान की विघ्नों से रक्षा करो। हे परिधि! मित्रावरुण, वायु और आदित्य उत्तर दिशा में तुम्हारी रक्षा करे। तुम यजमान की विघ्नों से रक्षा करो।।3।।

हे अग्नि महान्! तुम धन-संतान एवं समृद्धिदाता हो। हम तुम्हें समिधाओं से प्रदीप्त करते हैं।

हे इध्म! तुम अग्नि को प्रदीप्त करते हो। हे सूर्य! पूर्व दिशा से आगत विघ्नों से हमारी रक्षा करो। हे कुश! तुम सविता देव की भुजाएं हो। तुम मृदु हो। मैं देवताओं के बैठने को तुम्हें बिछाता हूँ ॥5॥

हे जूहू! हे उपमृत! घृतपूर्ण तुम आसनस्य होओ। हे स्रुवा! हे हव्य! घृतपूर्ण तुम आसनस्थ होओ। हे विष्णु! फल के निमित्त इस हव्य और यज्ञ तथा यजमान की रक्षा करो। हे परब्रह्म! तुम अध्वर्यु की रक्षा करो ॥6॥

अन्नोत्पादक हे अग्नि! अन्नोत्पादन के विघ्नों की शान्ति के लिए मैं तुम्हारा शोधन करता हूँ। यज्ञानुष्ठान के प्रति अनुकूल पितरों और देवो को मेरा नमन। हे जूहू! हे उपमृत, तुम सावधानी से घृत धारण करो ॥7॥

हे विष्णु! मैं वेदी पर पैर नहीं रखता अतः यह दोष मुझे न लगे। हे अग्नि! मैं तुम्हारे निकट बैठता हूं। हे वसुमती! तुम यज्ञ-स्थानरूप हो। यज्ञ-स्थान से उठकर शत्रुहनन करने वाले इन्द्र के लिए ही यह यज्ञ हो रहा है ॥8॥

हे अग्नि! तुम यज्ञ-होता और यज्ञ-दूत हो। द्यावापृथिवी तुम्हारी रक्षा करें; तुम उनकी रक्षा करो। देवों के सहित इन्द्र हमारी हवि से सन्तुष्ट होकर हमारा यज्ञ एवं अभीष्ट पूर्ण करें ॥9॥

इन्द्र यजमान को दिव्य-पार्थिव-धन दे, इच्छित पूर्ण करें और कामना फलित करें। स्तुति की गयी पृथिवी माता मुझे हविशेष के भक्षण की अनुमति दे। मैं अग्नि रूप से उसका भक्षण करूँ ॥10॥

पिता रूप सविता मुझे हविशेष के भक्षण की आज्ञा दे, मैं उसका भक्षण करूँ। हे प्राशिमी! सविता देव की प्रेरणा से अश्विनद्वय की भुजाओं तथा पूषादेव के हाथों से मैं तुम्हें ग्रहण करता एवं अग्नि देव के मुख से भक्षण करता हूँ ॥11॥

हे सविता! तुम्हारे निमित्त ही यह यज्ञ किया जा रहा है। इस यज्ञ की, यजमान की और मेरी रक्षा कीजिए ॥12॥

यह आज्यघृत सविता देव की सेवा करे। बृहस्पति यज्ञ का विस्तार एवं उसकी रक्षा करे। देवता इस यज्ञ से तृप्त हों। सविता देव यजमान के प्रतिकूल न हो ॥13॥

हे अग्नि! तुम इस समिधा से प्रदीप्त हो और हमें प्रबुद्ध एवं समृद्ध करो। तुम्हारे समृद्ध होने पर हम सन्तानादि से सम्पन्न होंगे। अग्नि सोम देवता यज्ञदूषक राक्षसों को नष्ट करें ॥14॥

अग्नि-सोम ने इस हवि को ग्रहण कर लिया है। इसीलिए मैं विजय प्राप्त कर सका हूँ पुरोडाश, जूहू उपमृत ने मुझे यज्ञ-कर्म में उत्तम हित किया है। हमारे राक्षस-शत्रुओं को अग्नि-सोमदेव तिरस्कृत करे ॥15॥

हे मध्यम परिधि! मैं वसुओं का यज्ञ करने के लिए तुम्हें घृतसिक्त करता हूँ। हे दक्षिण परिधि! रुद्रों का यज्ञ करने के लिए मैं तुम्हें घृतसिक्त करता हूँ। हे उत्तर परिधि! आदित्यो के यज्ञार्थ मैं

तुम्हें घृतसिक्त करता हूँ। हे द्यावा-पृथिवी! वायु, सूर्य तथा प्राणापान तुम्हें जल-वृष्टि-वेग से बचाये। हे प्रस्तर! अन्तरिक्ष में तुम मरुद्गण का अनुसरण करो और स्वर्ग में जाकर हमारे लिए वर्षा लाने वाले बनो ॥16॥

हे विश्वेदेवाओ। तुम घृतयुक्त हवि के भक्षण से ही महान हुए हो और परिधि से रक्षित पाषाण पर बैठते हो। यजमान के यज्ञ को निर्विघ्न करने के लिए यज्ञ में आओ। यह आहुति स्वाहुत हो ॥18॥

हे जूहू! हे उपभृत! तुम घृत से युक्त होओ। हे शकट वाहक! दोनों वृषभों को घृतयुक्त करो। हे सुखरूप! मुझे सुख दो। हे वेदी। प्रवृद्ध होओ, यज्ञानुष्ठान को श्रेष्ठ बनाओ। मेरा तुमको नमन ॥19॥

हे अग्नि! मंगल के लिए सर्वत्र व्याप्त होओ। शत्रु के पाशों से और विधि रहित यज्ञ से मुझे बचाओ। विषाक्त अन्न-जल से मुझे बचाओ। अग्नि एवं सरस्वती के लिए यह आहुति स्वाहुत हो ॥20॥

हे कुशमुष्टि निर्मित पदार्थ! तुम सबके ज्ञाता, यज्ञ-कर्म के ज्ञाता हो, मुझसे कल्याणकारी कर्म कराओ। हे देवताओं! तुम यज्ञ में आओ। हे ईश्वर! यह यज्ञ तुम्हें अर्पित हो। यह वायुदेव को पहुंचे ॥21॥

हे इन्द्र! तुम ऐश्वर्यवान हो। तुम हविघृत के कुशाओं को सिक्त करो। आदित्यगण, वसुगण और मरुदगण तथा विश्वेदेवा हविघृत से कुशाओं को सिक्त करें। यह बर्हि आदित्य को प्राप्त हो ॥22॥

हे प्रणीता पात्र! तुम्हें कौन किस प्रयोजन से त्यागता है? वह तुम्हें प्रजापति के सन्तोष के लिए और मैं तुम्हें यजमान के पुत्र-पौत्रादि सन्तोष के लिए त्यागता हूँ ॥23॥

हम ब्रह्म-तेज, दुग्धादि, समर्थ इंद्रियों और शान्त कर्म एवं मन से युक्त हो। त्वष्टा हमें धन एवं स्वास्थ्य दे। जो विष्णु अपने जगती छन्द रूप चरण से स्वर्ग में चढ़े है, सर्वव्यापी भगवान त्रिष्टुप छन्द रूपी चरण से अन्तरिक्ष पर चढ़े है और सर्वव्यापी भगवान ने गायत्री छन्द रूपी चरण से पृथिवी पर भ्रमण किया है। जो हमसे द्वेष तथा हम जिनसे द्वेष करते है; वे शत्रु भाग्यहीन करके स्वर्ग, अन्तरिक्ष और पृथिवी से निकाल दिये गये हैं ॥24॥

हम इस यज्ञ के फल से पूर्व दिशा में उदित सूर्य के दर्शन करते है। हम आह्वानीय ज्योति से युक्त हुए हैं ॥25॥

हे सूर्य। तुम स्वायंभू श्रेष्ठ, हिरण्यगर्भ और रश्मिवन्त हो। मेरे लिए ब्रह्म तेज दो। मैं सूर्य-प्रदक्षिणा को आहूत करता हूँ ॥26॥

हे अग्नि। मैं तुम्हें गृहपति-रूप में स्थापित करता हूँ, मैं भी गृहपति होऊँ। हम दोनों के ऐसा करने पर यज्ञादि कर्म सौ वर्ष तक होते रहे। मैं सूर्यात्मक प्रदक्षिणा के लिए आहूत करता हूँ ॥27॥

हे व्रतपति अग्नि! इस यज्ञ को मैंने तुम्हारी कृपा से ही किया है। मैं तो जैसा पहले था, वैसा अब भी हूँ ॥28॥

हम पितरों निमित्त हव्य अर्पित करते हैं। यह आहुति स्वाहुत हो। पितरों के अधिष्ठान एवं सोमदेव के निमित्त यह अग्नि स्वाहुत हो। पितरों के अधिष्ठान एवं सोमदेव के निमित्त यह अग्नि स्वाहुत हो। वेदी से असुर और राक्षस बाहर कर दिये गए हैं ॥26॥

पितरों के हव्य को भक्षण करने के लिए पितृ-यज्ञ में असुर राक्षस अनेक रूपों में पितरों का रूप बनाकर घूमते हैं। ऐसे राक्षसों को अग्नि देव यही से दूर करे ॥30॥

हे पितरों! तुम कुशासन पद बैठकर हवि रूप अपना भाग प्राप्त कर तृप्त होओ ॥31॥

हे पितरों! तुमसे सम्बन्धित वसन्त ऋतु, ग्रीष्म ऋतु, वर्षा ऋतु , हेमन्त ऋतु और शिशिर ऋतु को हमारा नमस्कार। हे षड्ऋतु रूप वाले पितरों! तुम्हें नमन। हम तुम्हारे लिए देय वस्तु देते हैं, तुम हमें भार्या-पुत्रादि युक्त घर दो ॥32॥

हे पितरों! इन ऋतुओं में देवता और तुम हमें इच्छित फल दो। अश्विनद्वय सदृश सुन्दर सन्तान दो ॥33॥

हे जल! तुम स्वादिष्ट साररूप और पुष्पों के साररूप हो। और पितरों के लिए हवि रूप हो; मेरे पितरों को तृप्त करो ॥34॥

तृतीय अध्याय

ऋषि: आंगिरस, याज्ञवल्क्य, मधुच्छन्दा, सुबन्धु, श्रुतबंधू, प्रबन्धु! आदि।

हे रूत्विजो। समिधाओं से अग्नि को दीप्त करो। अतिथि अग्नि को घृतों से प्रज्वलित करो। अग्नि को हव्य-पदार्थों से प्रदीप्त बनाओ ॥1॥

हे ऋत्विजो। प्रदीप्त अग्नि के लिए स्वादिष्ट और शुद्ध-धृत प्रदान करो॥2॥

हे अग्नि! हम तुम्हें समिधाओं और घृतों से प्रदीप्त करते हैं। तुम सदा तरुण हो अतः प्रदीप्त होओ ॥3॥

हे अग्नि! घृतसिक्त यह समिधा तुम्हें प्राप्त हो। तुम तेजस्वी को मेरी समिधाए सेवनीय हो ॥4॥

हे अग्नि! तुम द्यावा-पृथिवी में सर्वत्र वर्तमान हो। हे पृथिवी! तुम यज्ञयोग्य हो, तुम पर अग्नि की स्थापना करता हूँ। फिर जैसे अन्तरिक्ष नक्षत्रपूर्ण है, वैसे मैं भी घनों से पूर्ण होऊँ, और पृथिवी के समान आश्रयदाता बनूं। यह अग्नि शुद्धिकर्मी और श्रेष्ठ है ॥5॥

इस अग्नि ने गार्हपत्य, दक्षिण और आहनीय तीन रूप बनाये हैं। और पूर्व दिशा में इसने सूर्य रूप में स्थान पाया है ॥6॥

यह अग्नि प्राणापानादि रूप में शरीर के मध्य गमन करता है। जठराग्नि रूप में यह जीवन है। वायु और सूर्य रूप में संसार पर अनुग्रह करता है और यज्ञ के लिए प्रकाशित होता है ॥7॥

दिन-भर जो वाणी शोभित होती है, वही पूज्य वाणी यज्ञ के समय भी उच्चारण की जाती है। वह अग्नि की स्तुति करती है, अन्य की नहीं ॥8॥

अग्नि ही ज्योति और ज्योति ही अग्नि है, अग्नि ही सूर्य और सूर्य ही अग्नि है तथा अग्नि ही तेज और तेज ही अग्नि है, ऐसी अग्नि के लिए दी गयी आहुति स्वाहुत हो ॥9॥

सूर्य रूप परमात्मा की बनायी रात्रि को लाने वाले अग्नि को मैं यह आहुति देता हूँ। देव सविता के साथ समान प्रीति वाली उषा के देवता इन्द्र हैं, वह उषा और सूर्य इस आहुति को ग्रहण करें ॥10॥

यज्ञस्थान की ओर जाते हुए हम दूर या समीप स्थित अग्नि के लिए स्तोत्र का उच्चारण करते हैं ॥11॥

हे अग्नि! आकाश में सबसे ऊँचे रहने वाले सूर्य-मण्डल में रहते हैं। वृषभ शरीर में सर्वोच्च स्थान स्कन्ध के समान अग्नि भी सर्वोच्च स्थानीय हैं। ये संसार के महान् कारण है, पृथिवी के पालक एवं जलों के सार को पुष्ट करने वाले है ॥12॥

हे अग्नि। हे इन्द्र! तुम दोनों को आहूत करके प्रसन्न करना चाहता हूँ। तुम दोनों ही अन्न-धन-जल दाता हो। मैं तुम्हें यज्ञ में बुलाता हूँ ॥13॥

हे अग्नि! गार्हपत्याग्नि रूप में तुम्हारा उत्पत्ति-स्थान घर है। प्रातः-सायं तुम आह्वानीय रूप में उत्पन्न होते हो और यज्ञ में प्रदीप्त होते हो। हमारी दक्षिण वेदी में प्रदीप्त होओ और यज्ञ में धन की सुवृद्धि करो ॥14॥

अग्नि यज्ञ के होता है। यज्ञ कर्म के ज्ञाता भृगुओं ने इन्हें जनहितार्थ वनों में उत्पन्न किया ॥15॥

ऋषिगण ने अग्नि के तेज द्वारा ही गौ से सर्वोपयोगी दुग्ध-दधि, हवि के निमित्त दोहन किया ॥16॥

हे अग्नि! तुम स्वभावतः ही यज्ञकर्ताओं के देह-रक्षक हो। तुम जठराग्नि रूप में देह का पालन करने वाले हो, मेरी भी रक्षा करो। हे अग्नि! आयुदाता तुम मुझे पूर्णायु दो। ब्रह्मचर्य के दाता हे अग्नि! तुम मुझे तेज दो, मेरी देह को सर्वांगपूर्ण बनाओ ॥17॥

हे अग्नि! तुम्हारी कृपा से ही हम तेजस्वी, अन्न-सम्पन्न एवं बलशाली हुए है। हम सौ वर्ष तक तुम्हें निरन्तर प्रज्ज्वलित करते रहे ॥18॥

हे अग्नि! तुम रात्रि में सूर्य से संगत होते हो, तुम स्तोत्रों से संगत होते हुए स्तुतियाँ स्वीकारते हो और आहुतियों से संगत होते हो। तुम्हारी कृपा से मैं पूर्णायु, ब्रह्मचर्य तथा सन्तान- धन से संगत होऊं ॥19॥

हे गौओ! तुम क्षीरादि को उत्पन्न करने वाली होने के कारण अन्न रूप हो:, मैं तुम्हारी क्षीरादि का सेवन करूँ। तुम पूज्य हो, अतः मैं भी तुमसे महानता प्राप्त करूँ। तुम बलरूप हो, मैं

भी तुम्हारी कृपा से बलवान् बनूँ। तुम धनपोषिका हो, मैं भी तुम्हारी कृपा से धन सम्पन्न होऊँ ।।20।।

हे धनवती गौओ! इस यज्ञस्थान में, दोहन के पश्चात् गोष्ठ में यजमान की दृष्टि में और उसके घर में सदा श्रेष्ठभाव से रही, यहाँ से अन्यत्र न जाओ ।।21।।

हे गौ! अद्भुत रूप वाली तुम यज्ञकर्मों से सुसंगत होती हो; अपने क्षीरादि के द्वारा मुझमें प्रविष्ट होओ। हे अग्नि! तुम रात्रि में निरन्तर निवास करने वाले हो, हम तुम्हें श्रद्धा से नमन करते हुए हवि देते हैं ।।22।।

दीप्तमान यज्ञ-रक्षक, सत्यनिष्ठ और प्रबुद्ध अग्नि के सम्मुख हम उपस्थित होते हैं ।।23।।

पुत्र जैसे पिता के पास सरलता से पहुँच जाता है, वैसे हे अग्नि! हम तुम्हारे पास सुखपूर्वक पहुँच जाते हैं।हमारे मंगल के लिए यज्ञकर्म में लगाओ ।।24।।

हे अग्नि! तुम वसुओं के लिए आह्वानीय हो। तुम धनदाता हो, अतः यशाची हो। तुम हमारे रक्षक और हितैषी हो। तुम हमारे यज्ञस्थान में आओ तथा हमें धन-प्रदान करो ।।25।।

हे अग्नि! तुम स्वयं दीप्तिमान तथा अन्यों की दीप्ति के कारण हो। तुम मित्रों के कल्याण के कारण हो। हम उपासकों के आह्वान को सुनो, सभी पापों और शत्रुओं से हमारी रक्षा करो ।।26।।

हे धेनु! तुम पृथिवी के समान जन-पालिका हो, यहाँ आओ। तुम अदिति के समान देव-पालिका हो, यहां यज्ञ में आओ। तुम अभीष्टदात्री हो। मैं तुम्हारी कृपा से इच्छित फलों को पाऊँ ।।26।।

हे ब्रह्मणस्पति! जैसे अक्षीवान् को तुमने सोम याग में स्तुति रूप वाणी से सम्पन्न किया था, वैसे ही मुझे करो ।।28।।

जो ब्रह्मणस्पति सब धनों के स्वामी हैं, और पुष्टिवर्धक हैं, वे हमें सब कल्याणों से युक्त करें ।।29।।

हे ब्रह्मणस्पति! हमारी रक्षा करो। जो देवताओं और पितरों के निमित्त कोई कर्म नहीं करते, वे हमारे हिंसक न हों ।।30।।

मित्र-अर्यमा-वरुण अपनी कांति तथा सुवर्णादि धनों से हमारी रक्षा करे ।।31।।

इन तीनों के द्वारा रक्षित पुरुष की गति को गृह, मार्ग, वन और संग्राम में कोई नहीं रोक सकता।।32।। मित्र अर्यमा और वरुण अदिति के पुत्र हैं, वे यजमान को तेज एवं दीर्घायु दे ।।33।।

हे इन्द्र! तुम यजमान की हवि को शीघ्र ग्रहण करते हो। तुम तेजस्वी हो। यजमान तुमसे अपरिमित दान प्राप्त करता है ।।34।।

सविता देव का हम ध्यान करते हैं। वे सर्वपापनाशक और सत्यज्ञान-आनन्द के पुंज है। हमारी बुद्धियों को वे सत्कर्मों की ओर प्रेरित करते हैं ।।35।।

हे अग्नि! तुम्हारा रथ हमारे लिए सब दिशाओं में स्थित हो। उसी रथ में तुम यजमान की रक्षा करते हो ।।36।।

हे अग्नि! तुम्हारी कृपा से मैं श्रेष्ठ सन्तान से पूजनीय होऊँ और श्रेष्ठ सम्पत्तियों से सम्पतिवान् होऊँ। मेरे पुत्रादि की तुम रक्षा करो। तुम निरन्तर गमनशील हो ।।37।।

हे अग्नि! तुम सुदीप्त हो। अपरिमित धन के दाता हो। तुम अन्न-बल के सहित यहां आओ और हमें ये सब दो ।।38-39।।

जो दक्षिणाग्नि पुष्टिवर्धक है, मैं उनकी स्तुति करता हूँ। हे अग्नि! हमें धन-बल प्रदान करो ।।40।।

हे गृह के अधिष्ठाता देवो! तुम भयभीत न होओ। तुम्हारे पास जिस कारण से गृहपति आया है, तुम उस कारण से बलयुक्त होओ। मैं श्रेष्ठ बुद्धि और प्रसन्न मन गृहों में प्रविष्ट हुआ हूँ।।41।।

विदेश जाता हुआ यजमान, जिन घरों की कुशल कामना करता है, जिन घरों में उसकी प्रीति है, उन घरों का हम आह्वान करते हैं। उन घरों के अधिष्ठात्री देवता आगमन करें ।।42।।

हे गौओं! बकरियों! भेड़! श्रेष्ठ रूप घर में सुखपूर्वक रहो, जिससे अन्नात्मक रस हमारे घरों में रहे। हे गृहों! मंगल और अभीष्ट शान्ति के लिए मैं तुम्हारे पास आया हूँ। मेरा कल्याण हो ।।43।।

हे मरुद्गण! तुम दधियुक्त सत्तू से प्रसन्न होते हो। हे पापनाशक! मरुतो! हम तुम्हारा आह्वान करते हैं ।।44।।

गाँव में, वन में, मृगया में, सभा में असत्य भाषण में तथा इन्द्रियों से जो मुझसे पाप बन गये हैं , उनको नष्ट करने के लिए पापनाशक देवता को दी गयी मेरी आहुति स्वाहुत हो ।।45।।

हे इन्द्र.! तुम बलिष्ठ हो। मरूदगण सहित संग्राम में हमारी रक्षा करो। तुम्हारा यज्ञीय भाग पृथक् विद्यमान है। हम तुम्हारा और मरूद्गण का पूजन करते हैं तथा तुमको नमस्कार करते हैं ।।46।।

हे ऋषियों! तुमने देवों के निमित्त स्तुति के साथ अनुष्ठान को पूर्ण किया है। उसके पूर्ण होने पर घर को गमन करो ।।47।।

अवगृध यज्ञ! गमनशील तुम जलाशय पर मन्द गति वाले होओ। मैंने देवो के प्रति किये गए अपराध को जलों में विसर्जित कर दिया है। वह पाप तुम्हें न लगे ।।48।।

हे काष्ठपात्र! तुम थाली से अन्न ग्रहण करो और उसे इन्द्र को भेंट कर के हमारे लिए फल से भरे हुए हमारे पास आओ। हे इन्द्र! मैं तुम्हें हवि दूँ और तुम मुझे फल दो। यह आदान-प्रदान चलता रहे ।।49।।

हे यजमान! तुम मुझ इन्द्र को हवि दो, मैं तुम्हें धनादि दूँगा। इन्द्र के लिए दी गयी यह आहुति स्वाहुत हो ।।50।।

इस पितृभाग में पितरों ने हवि प्राप्त कर ली और तृप्त होकर सिर हिलाते हुए हमारी प्रशंसा की। हे इन्द्र! तुम भी इन पितरों से मिलने यहाँ आओ और पितरों के साथ सन्तुष्ट होओ ।।51।।

हे इन्द्र! तुम कृपालु हो। हम तुम्हारी स्तुति करते हैं। तुम अभीष्ट पूरक हो, यहाँ आगमन करो ।।52।।

हम मनुष्यों और पितरों के इच्छित स्तोत्रों से मन के देवता का आह्वान करते हैं ।।53।।

यज्ञानुष्ठान, कर्मोत्साह और दीर्घ जीवन के लिए हमारा मन हमें प्राप्त हो ।।54।।

हे पितरों! तुम्हारे अनुग्रह से दिव्य पुरुष हमारे मन को यह श्रेष्ठ कर्म दे। तुम्हारी कृपा से हम कर्म करते हुए जीवित रहे और सुख पाये ।।55।।

हे सोम! हम तुम्हारे व्रत में लगे हैं, तुममें मन लगाये हुए हैं। तुम्हारी कृपा से हम पुत्र-पौत्रादि वाले हों ।।56।।

हे रुद्र! अम्बिका-सहित तुम्हें प्रदत्त पुरोडाश तुम सेवन करो ।।57।।

पापियों के लिए सन्तापकारी अपने तीन नेत्रों की ज्योति से त्रिलोक को प्रकाशित करने वाले, और प्राणियों की आत्मा रुद्र को हम अन्य देवताओं से पृथक यशभाग देते हैं। वे हमें श्रेष्ठ निवास से युक्त करें, श्रेष्ठ बनाएँ और श्रेष्ठ कर्मों में लगाएँ ।।58।।

मनुष्यों को दोनों को औषधि के समान नष्ट करते हो। हमारे रोग नष्ट करो ।।59।।

मनुष्यों को दोनों लोक का फल देने वाले त्रिनेत्र रुद्र की हम पूजा करते हैं। वे हमें अकाल मृत्यु से बचाये। हम रुद्र की कृपा से जन्म-मरण चक्र से मुक्त हों। हमें दोनों लोकों का मिले ।।60।।

हे रुद्र! तुम हविशेष भोजन के साथ पर्वत के परवर्ती भागो में जाओ। हमारे यजमान को बाल, युवा और वृद्धावस्था वाली पूर्णायु प्राप्त हो ।।61।।

हे जगदीश्वर। आपका नाम शिव है। आप मेरे पालक हो, आपको मेरा नमस्कार। मुझे अल्प मृत्यु से बचाइए और मेरी आयु, विद्या तथा धन की पुष्टि कीजिए ।।62।।

चतुर्थ अध्याय

ऋषि: प्रजापति, आत्रेय, आगिरस, वतन, गौतम।

हे देवयज्ञ के स्थान पर आये हैं। यहाँ विश्वेदेवा प्रसन्न बैठे हैं। यहाँ सोमयाग करते हुए हम अन्न-धन से सम्पन्न हों। ये जल हमारे लिए कल्याणकर हो ।।1।।

जल हमें पवित्र करें। क्षरित जलों से हम पवित्र हो। जल पापों को अवश्य दूर करते हैं। जल-स्नान और जल-आचमन से मैं भीतर-बाहर पवित्र होता हूँ। हे क्षौम वस्त्र! मैं तुम्हें धारण करता हूँ। तुम यज्ञों के अंग हो कल्याणकर हो ।।2।।

हे नवनीत! गो-दुग्धोत्पन्न तुम तेज देने वाले हो, मुझे तेज दो। हे अंजन! तुम वृत्रासुर के नेत्र की कनीनिका हो, मेरे नेत्रों की ज्योति की वृद्धि करो ।।3।।

हे पवित्र! तुम मुझे शुद्ध करो। सूर्य मुझे पवित्र करे। हे परमात्मा! मैं तुम्हारे द्वारा पवित्र होऊँ। मेरी कामना पूर्ण हो ॥4॥

हे देवो! यज्ञारम्भ हो गया, तुम इससे फल के साथ आओ। हम यज्ञफलों के लाने के लिए तुम्हारी स्तुति करते है ॥5॥

हम अपने मन से ही यज्ञ-कर्म में प्रवृत्त हुए हैं। हम द्यावापृथ्वी अन्तरिक्ष के लिए स्वाहा करते हैं। हमारा यह यज्ञ पूर्ण हो ॥6॥

यज्ञ की बलवती इच्छा के साथ अग्नि के निमित्त मैं आहुति देता हूँ। यह आहुति सरस्वती, पूषा एवं अग्नि के निमित्त है। हे जल! तुम उज्ज्वल, महान् और सबको आनन्द देने वाले हो। हम द्यावापृथ्वी, अन्तरिक्ष और वृहस्पति के लिए आहुति देते हैं ॥7॥

कर्मानुसार फल के देने वाले, सविता देव की मित्रता के लिए स्तुति करो। वे पुष्टि के लिए अन्न प्रदान करें। उनके लिए यह आहुति स्वाहुत हो ॥8॥

हे कृष्ण-शुक्लरेखा! तुम ऋक-साम के मंत्रों की अधिष्ठात्री देवता की कुशलता के परिणामस्वरूप हो। मैं तुम्हारा स्पर्श करता हूँ। तुम इस यज्ञ की रक्षा करो। तुम्हें मेरा नमन ॥9॥

हे मेखला! तुम मृदुस्पर्शी हो; मुझे अन्न-रस दो। तुम सोमप्रिया हो। हे उष्णीष!, तुम यज्ञ में मंगलमय हो, मेरा कल्याण करो। हे कृष्ण विषाण! तुम मुझे श्रेष्ठ अन्न से सम्पन्न करो। हे वनस्पति से निर्मित दण्ड! तुम उन्नत होओ और यज्ञ समाप्ति तक मुझे पाप से बचाओ ॥10॥

हे ऋत्विजो! यह अग्नि तीन वेदों का रूप है, यज्ञ का साधन है। अनुष्ठानार्थ देवकर्म में प्रवृत, मंगलदायिनी, बुद्धि हमें प्राप्त हो। यह हवि प्राण के लिए स्वाहुत हो ॥11॥

हे जलों! पीये जाने पर तुम शीघ्र जीर्ण होकर उदर को सुखदायक होओ। ये जल रोगों के शामक, यज्ञ के निमित्त रूप, दिव्य एवं अमृत-सदृश है। ये हमारे लिए सुस्वादु हों ॥12॥

हे यज्ञ पुरुष! यह पृथिवी तुम्हारा यज्ञ-स्थान है। इसीलिए मैं मिट्टी के ढेले को ग्रहण करता। हूँ। हे मूत्ररूप जल! तुम अपवित्र हो। हमारी देह से निकलकर पृथिवी में प्रविष्ट होओ ॥13॥

हे अग्नि! हम सुखपूर्वक शयन करें। हमारी सर्वतः रक्षा करो ॥14॥

मेरा मन फिर से मेरे पास आ गया है। मेरी आयु फिर मुझे मिल गयी है। प्राण पुनः प्राप्त हो गये है। जीवात्मा, दर्शन-शक्ति और श्रवण-शक्ति मुझे फिर मिल गये हैं। अग्नि हमें निन्दित कर्मों से बचाएँ ॥15॥

हे अग्नि! तुम दिव्य हो, यज्ञों में तुम्हारी स्तुति की जाती है। हे सोम! हमें धन दो, बार-बार धन दो ॥16॥

हे अग्नि! तुम्हारा वर्ण तथा यह धृत दोनों उज्ज्वल है। तुम धृत से एकाकार होओ। हे वाणी! तुम वेगवती होकर यज्ञप्रीति से सम्पन्न होओ ॥17॥

हे संसार के निमित्त कारण रूप परमात्मा! जगत में तेरी कृपा से मैं शुद्ध और विद्वानों के लिए सुखप्रद वाणी को प्राप्त करूँ ॥18॥

हे जगदीश्वर! तेरे उत्पन्न किये इस जगत में मैं वह वाणी प्राप्त करूँ, जो चित है, ज्ञान-साधिका है तथा यज्ञीय है, जो उत्तम गुणयुक्त है, और व्यवहार तथा परमार्थ की साधिका है ॥19॥

हे मनुष्य! रुद्र (परमेश्वर) ने तुझे जिस वाणी को उत्तम पदार्थ समूह और सुख-प्राप्ति के लिए दिया है, उस दिव्य वाणी को तू सतत प्राप्त करे। इसको ग्रहण करने के लिए तुझे तेरे सभी सम्बन्धित प्रेरित करें ॥20॥

जो वाणी यज्ञ-सम्बन्धी है, सूर्यवत् सब विद्या की प्रकाशिका है, जिसको वृहस्पति ने धारण किया है और जिसकी मैं इच्छा करता हूँ, उस वाणी को सिद्ध करने की तू भी इच्छा कर ॥21॥

हे मनुष्य! देव-भजन में द्यावापृथ्वी-अन्तरिक्ष को जिस वाणी से स्वाहुत किया है और जो सर्वोत्कृष्ट है, उसको जैसे मैं प्रदीप्त करता हूँ, वैसे तू भी कर। जो विद्यादि मुझमें है, वह तुझमें भी हो। तुम्हारी-मेरी समृद्धि सब सुख के लिए हों। हम दोनों धन की पुष्टि से कभी अलग न हों ॥22॥

हे विद्वान! जैसे मैं दिव्य वाणी को प्रकट करता हूँ वैसे तू भी कर। मैं और तू उसे अविद्या से नष्ट न करे ॥23॥

हे अध्वर्यु! सोम से मेरी यह प्रार्थना कहो कि हे सोम! तुम गायत्री, जगती आदि छंदों से सम्बद्ध हो, तुम क्रय से हमें प्राप्त हुए हो। सब विद्वान तुम्हारे सार के ज्ञाता है ॥24॥

ध्यावा-पृथिवी में विद्यमान, दिव्य सविता देव का मैं पूजन करता हूँ। उनकी जो दीप्ति सर्वोपरि है, उससे नक्षत्र प्रकाशित हैं। वे स्वर्ग के रचयिता हैं। हे सोम! तुम्हारे दर्शन से प्रजा सुखी होगी। तुम्हारा अनुसरण करती हुई सब प्रजा जीवित रहे। तुम प्रजाओं का अनुसरण करो ॥25॥

हे सोम! तुम तेजस्वी हो। मैं तुम्हें सुवर्ण से क्रय करता हूँ। हे सोम-विक्रेता! तुम्हें गौ और सुवर्ण मूल्य रूप में दिये थे, उनमें से गौ तो यजमान के यहाँ आ जाय; किन्तु उसके बदले में दिया गया सुवर्ण तुम्हारे पास रहे। हे सोम! तुम्हारी कृपा से मैं पुत्र-पशुओं की पुष्टि पाऊँ ॥26॥

हे सोम! तुम मित्र होकर श्रेष्ठकर्मों का पालन करने वाले हो। तुम यहां आओ। प्रसन्न सात देवता सोम के रक्षक हों। शत्रु भी सोम को पीड़ित न कर सके ॥27॥

हे अग्नि! मेरे पाप को सर्वतः दूर करो। मुझे पुण्य में प्रतिष्ठित करो। मैं दीर्घायु प्राप्त कर सोमादि देवताओं का अनुसरण करता रहूँ ॥28॥

हम पापादि बाधाओं से रहित सुखप्रद मार्ग पर गमन करते है। उस मार्ग पर चलने वाला दुष्टों को रोकता हुआ धन-प्राप्ति करने में समर्थ होता है ॥29॥

हे कृष्णाजिन! तुम संकट में पृथिवी की त्वचा के समान हो। हे सोम! इस स्थान में सुस्थित होओ। वरुण पृथिवी को विस्तृत करके उसमें व्याप्त हो गये ॥30॥

वरुण ने आकाश को विस्तीर्ण किया, अश्वों में बल और पुरुषों में पराक्रम को बढ़ाया, गौओं में दुग्ध-वृद्धि की, हृदयों में संकल्प वाले मन को बनाया, प्रजाओं में जठराग्नि को स्थापित किया तथा पर्वतों पर सोम एवं अन्तरिक्ष में सूर्य की स्थापना की ॥31॥

हे कृष्णाजिन तुम अपने उदर में सोम रखते हो। तुम सूर्य और अग्नि के नेत्रों में चढ़ा ॥32॥

हे अनड्वाहो! तुम शकट-वहन से दुःखी न होना। तुम शकट-धूलि को धारण करने में समर्थ हो। तुम शकट में जुड़कर यजमान के घर को गमन करो ॥33॥

हे सोम! तुम कल्याणकारी हो। यज्ञविरोधी तुम्हें न जानें।तुम द्रुतगति से यजमान के घर जाओ ॥34॥

यम और वरुण अपने तेज से प्रकाशमान और द्युलोकपालक है। मैं उनको और सूर्य को प्रणाम करता हूँ। हे ऋत्विजो! तुम सूर्य के लिए यहां करो ॥35॥

हे कृष्णाजिन! तुम वरुण की प्रीति के लिए शकट में व्यवहत होते हो। हे आसन्दी! तुम वरुण की प्रीति के लिए यज्ञ-प्राप्ति के स्थान रूप हो। हे कृष्णाजिन। मैं तुम्हें बिछाता हूँ। हे सोम! तुम आसन्दी पर विराजो ॥36॥

हे सोम! ऋत्विज तुम्हारे रस से यज्ञपुरुष हो पूजते हैं। तुम यज्ञ में आओ और हमें पुत्र-पौत्रादि से सम्पन्न करो ॥37॥

पंचम अध्याय

ऋषि: गौतम, वशिष्ठ, दीर्घतमा, मधुच्छन्दा, अगस्त्य।

हे वनस्पति! तुम अग्नि के शरीर हो। मैं तुम्हें विष्णु भगवान् की प्रसन्नता के लिए काटता हूँ। तुम सोम देव के प्रतिनिधि हो, यज्ञ में आगत अतिथि का सत्कार करने वाले हो। हे सोम! यजमान का मंगल करने तुम यहां में आओ ॥1॥

हे अधरारणि! तुम अग्नि को उत्पन्न करने वाली हो, तुम्हारा दूसरा नाम उर्वशी है। हे आज्य! तुम अग्नि की आयु हो। हे उत्तरराणि! तुम अग्नि उत्पन्न करने वाली हो, तुम्हारा अन्य नाम पुरुरवा है ॥2॥

हे अग्नि! हमारे अपराधों पर भी क्रोध करते हुए तुम यज्ञ में आओ और मंगल रूप होओ ॥3॥

हे अग्नि! हमारे कल्याण के लिए निरालस्य होकर यज्ञ में आओ। तुम्हारे लिए घृताहुति अर्पित है ॥4॥

हे आज्य! वायु देवता के लिए मैं तुम्हें ग्रहण करता हूँ। प्राण की प्रीति एवं रक्षा की कामना एवं जठराग्नि के लिए मैं तुम्हें ग्रहण करता हूँ। तुम सर्वपूजनीय हो, देवताओं के लिए सार-पदार्थ हो और हमारे यश के रक्षक हो। हम शुद्ध अन्तःकरण से तुम्हारा स्पर्श करते हैं ॥5॥

हे अग्नि! हमारे यज्ञ-कर्म की रक्षा करो। हे अनुष्ठान कर्म! हम अग्नि और यजमान से संगति करें। सोम मेरी दीक्षा और तप को माने ॥6॥

हे सोम! तुम्हारे पान से इन्द्र प्रवृद्ध हों। हमें धन एवं मेधा दो। हमारा कल्याण हो। द्यावा-पृथिवी को हमारा नमन। वे हमारा कार्य सम्पन्न कराएँ ॥7॥

हे अग्नि! तुम देवों के कामफल-वर्षक और असुरों के नाशक हो। तुमको यह आहुति स्वाहुत हो ॥8॥

हे पृथिवी! तुम रत्न- धन की खान और कृषि-कर्म सम्पादनकारिणी हो, मुझे इच्छित ऐश्वर्य दो और मेरी रक्षा करो। हे अग्नि! तुम यहाँ आयु रूप होकर आओ। हे अग्नि! मैं तुम्हारे यज्ञयोग्य अनिन्ध्यरूप को यज्ञ में प्रतिष्ठित करता हूँ ॥9॥

हे वेदी! तुम सिंहनी के समान विकराल होओ और शत्रुओं को हराओ। हे उत्तर वेदी! तुम देवताओं की प्रसन्नता के लिए शोभित होओ और शत्रुओं को सिंहनी बनकर तिरस्कृत करो ॥10॥

हे उत्तर वेदी! वसुओं सहित इन्द्र तुम्हारी रक्षा करे। वरुण पश्चिम दिशा में, पितरों के सहित, यम उत्तर-दक्षिण दिशा में तुम्हारी रक्षा करें ॥11॥

हे वेदी! तुम सिंहनी-सदृश असुरनाशिका हो, तुम्हें यह हवि भेंट है। हे वेदी! तुम ब्राह्मण, क्षत्रिय से प्रीति करने वाली, श्रेष्ठ प्रजा और धन को पुष्ट करने वाली तथा सिंहनी के समान पराक्रम वाली हो, तुम्हारे लिए यह हवि भेंट है। हे धृतयुक्त जूहू! सब प्राणियों की प्रीति के लिए मैं तुम्हें वेदी पर ग्रहण करता हूँ ॥12॥

हे मध्यम परिधि! हे दक्षिण परिधि! हे उत्तर परिधि! तुम स्थिर होकर यज्ञ में रहती हो, अतः द्यावा-पृथिवी-अन्तरिक्ष को दृढ़ करो ॥13॥

वेदपाठी अद्भुतकर्मा ब्राह्मण ऋषियों को परमात्मा ने रचा है। वह सविता देव (परमात्मा) महान् है, उसके निमित्त ही यह हवि है ॥14॥

विष्णु ने इस चराचर विश्व को विभक्त करके द्यावा-पृथिवी, अन्तरिक्ष में पदनिक्षेप किया। इनके एक पद में विश्व अन्तर्भूत है, यह हवि उन्हीं के लिए स्वाहुत है ॥15॥

हे द्यावापृथिवी! तुम विपुल-अन्तवाली और प्रभूत गौओंवाली होओ। हे विष्णु! तुमने द्यावा-पृथिवी-अन्तरिक्ष को विभक्त करके स्तम्भित किया है ॥16॥

हे हविर्धनशकट! तुम पूर्वाभिमुख हो गमन करते हुए देवताओं को यज्ञभाग प्राप्त कराने के लिए जाओ। हे शकट रूप देवद्वय! पशुओं के गोष्ठ में रहो। यजमान को आजीवन रहने वाले धन दो। यजमान की आयु-वृद्धि और सन्तान वृद्धि करो। 17॥

विष्णु की महिमा अपरिमित है। उन्होंने द्यावापृथिवी अन्तरिक्ष और समस्त प्राणियों एवं परमाणुओं की रचना की है। वे तीनों लोकों में अग्नि, वायु और सूर्य सबमें विद्यमान है तथा सर्वस्तुत है ।।18।।

हे विष्णु! द्यावापृथिवी-अन्तरिक्ष के धनों को आप हमें दोनों हाथों से दीजिए ।।19।।

विष्णु पराक्रमी, अन्तर्यामी और सर्वव्यापी है, उन्हीं के पादप्रक्षेप में तीनों लोकों के प्राणी रहते है ।।20।।

यह जगत् विष्णु के प्रकाश से प्रकाशित है। सब जगत् यज्ञ-साधन है। जड़-चेतन जगत् के उत्पन्नकर्त्ता, हे जगदीश्वर! हम यज्ञघनुष्ठान आपके लिए ही करते हैं ।।21।।

हे विद्वान्! सविता देव के उत्पन्न किये हुए संसार में जैसे मैं यज्ञ को ग्रहण करता हूँ वैसे तू भी कर।जैसे परमेश्वर प्राप्ति के लिए मैं वृहती वाणी का उपदेश करता हूँ वैसे तू भी कर ।।22।।

अमात्यादि के द्वारा मेरे अनष्टि के लिए किये गए अभिचार कर्म को मैं बाहर निकालता हूँ। किसी समान पुरुष ने, मातुलादि सम्बन्धी, असम्बन्धी ने, समानजन्मा बान्धवादि ने अथवा शत्रुओं ने मेरा अहित करने के लिए यदि कृत्याकर्म किया है तो मैं उन सब कर्मों को सब स्थानों के बाहर निकालता हूँ ।।23।।

हे प्रथम, द्वितीय, तृतीय, चतुर्थ अवट! तुम तेजस्वी, सर्वेश्वर और तुम चारों शत्रुनाशक हो। हमारे शत्रुओं का नाश करो ।।24।।

हे गर्त! तुम राक्षरानाशक तथा अभिचार कर्म-निष्फलकर्ता हो। मैं तुम्हें कुशाओं से ढकता हूँ और दोनों गर्तों पर दो सीमाभिषवन-फलक स्थापित करता हूँ। हे अधिषवण! तुम विष्णु से सम्बन्धित हो और यज्ञ की रक्षा करने वाले हो।।25।।

हे अभ्र! सविता देव की प्रेरणा से, मैं तुम्हें ग्रहण करता हूँ। तुम हमारे हितकारक हो। मैं अटो से यज्ञ-विघ्नकारी राक्षसों को नष्ट करता हूँ। हे शस्य! हमारे शत्रुओं को भगाओ ।।26।।

हे गूलरों! तुम द्यावा-पृथिवी अन्तरिक्ष को स्तम्भित, दृढ़ और पूर्ण करो। मरुद्गण और मित्रवरुण तुम्हारी रक्षा करे। तुम ब्राह्मणों, क्षत्रियों, वैश्यों के द्वारा स्तुत्य हो, हमारी आयु और सन्तानों को बढ़ाओ ।।27।।

हे औदुम्बरो! तुम इस स्थान पर दृढ़ होओ। यह यजमान सन्तानादि का सुख पाये, इसका शरीर दृढ़ हो और इस हव्य के द्वारा पृथिवी पर तथा स्वर्ग में सम्पन्न रहे ।।28।।

हे स्तुत्य इन्द्र! तुम स्तुति को ग्रहण करो और प्रसन्न होओ। स्तुतियों हमें दीर्घायु करे ।।29।।

हे परमात्मा! जैसे सब पदार्थों का निवास-स्थान अन्तरिक्ष है, वैसे तुम सबके आधार हो। अतः हमको ऐश्वर्य से संयुक्त करने वाले हो और सूर्यादि लोकों को निश्चल करने वाले हो ।।30।।

हे जगदीश्वर! आप सर्वव्यापक हैं। जैसे अग्नि हवा वहन करता है, वैसे आप भी सब पदार्थों को सम्पादन करते हैं। जैसे प्राण सबको चेतना देते है, वैसे आप भी सबको चेतना देते हैं। आप सत्कार योग्य और ज्ञान के बढ़ाने वाले हैं ।।31।।

हे जगदीश्वर। आप सर्वव्यापक हैं। जैसे अग्नि हवा वहन करता है, वैसे आप भी सब पदार्थों को सम्पन्न करते हैं। जैसे प्राण सबको चेतना देते हैं, वैसे आप भी सबको चेतना देते हैं। आप सत्कारयोग्य और ज्ञान बढ़ाने वाले हैं ।।32।।

परमेश्वर सर्वव्यापक, अजन्मा और सबको गति देने वाले हैं। उनके एकपाद में ब्रह्माण्ड स्थित है। वे वाणी रूप हैं। परमेश्वर का स्थान हैं। हे धर्म का पालन करने वालो! उनकी स्तुति करो। हे ईश्वर! मुझे धर्म के मार्ग में पार कीजिए, मुझे सुख दीजिए ।।33।।

हे अग्नि रूप परमात्मा! मुझे मित्र की दृष्टि से देखिए। मुझे विद्या दीजिए। मेरी रक्षा कीजिए। मेरा आपको नमन ।।34।।

हे सोम! (जगदीश्वर) आप प्रकाशमान् और सब रूपों वाले है। सबका नियमन करने वाले है। मुझे धन-विद्या-बल दीजिएगा ।।35।।

हे अग्नि! (परमात्मा) कृपा कीजिए। मुझे उत्तम मार्ग से ले चलिए। कुटिल दुःख फल रूपी पाप को हमसे दूर कीजिए। हमारा आपको नमस्कार है ।।36।।

अग्नि (परमेश्वर) हम जीवों की निरन्तर रक्षा करें। हम शत्रुओं को नष्ट करने वाले हों और उन्हें हम विजय करे ।।37।।

हे सर्वव्यापक विष्णु! (परमेश्वर) हमें निवास योग्य गृह और ज्ञान-विज्ञान प्रदान कीजिए। हे पुरुष! जैसे अग्नि धृत पीकर पुष्ट होते है, वैसे तू भी अपने-अपने गुणों के द्वारा पुष्ट हो ।।38।।

हे सविता देव! दिव्य गुण युक्त, यह सोम तुमको अर्पित है। तुम्हारी प्रेरणा से प्राप्त हुए सोम की तुम रक्षा करो। हे सोम! देवो को यही लाओ और यजमान को धनादि से पुष्ट कराओ ।।36।।

हे अग्नि! तुम सब कर्मों के पालक हो। यज्ञ में जो तुम्हारा तेज व्यापक है, वह मुझमें व्याप्त हो। अग्नि ने मेरे दीक्षा-नियम और तप को स्वीकार कर लिया है ।।40।।

हे विष्णु! हमारे शत्रुओं और विघ्नों के प्रति अपना पराक्रम दिखाओ। यजमान की वृद्धि करो। हमारी यह आहुति तुम्हारे लिए है ।।41।।

हे वनस्पति! (यूपवृक्ष) अन्य वनस्पतियों को छोड़ मैं तुम्हारे पास आया हूँ। हम देवयज्ञ के लिए तुम्हें ग्रहण करते है। देवता तुम्हें स्वीकार करे ।।42।।

हे यूपवृक्ष! मेरे द्यावा-पृथिवी-अन्तरिक्ष अहिंसित रहें। हे कटे हुए वृक्ष! यह कुठार तुम्हें यज्ञ के निमित्त प्राप्त करता है। तुम पुनः इसी स्थान पर शतांकुरयुक्त होकर उत्पन्न होओ। हमारी भी वृद्धि हो ।।43।।

ऋषि: अगत्स्य, शाकल्य, दीर्घ तम मधुच्छन्दा, गौतम।

हे अग्ने! सविता देव की प्रेरणा से मैं तुम्हें ग्रहण करता हूँ। हे कुशासन! तुम पर पितर विराजमान होंगे ॥1॥

हे यूप! ऊपर उठो! सविता देव तुम्हें मधु-मृत से युक्त करे। हे चावली! श्रेष्ठ फल पाने के लिए मैं तुम्हें यूप पर स्थित करता हूँ। हे यूप तुमने अपने अग्रभाग से स्वर्ग, मध्यमार्ग से अन्तरिक्ष एवं मूलभाग से पृथिवी को दृढ़ किया है ॥2॥

हे यूप! हम तुम्हें यज्ञस्थान में पहुँचाना चाहते हैं, जो ऋषियों और साम गान की स्तुतियों से युक्त तथा विष्णु का धाम है। हे यूप! तुम ब्राह्मणों, क्षत्रियों और वैश्यों के द्वारा स्तुत्य हो ॥3॥

हे ऋत्विजो! भगवन विष्णु के कर्मों को देखो। उन्होंने अपने कर्मों के द्वारा ही यज्ञादि कर्मों के द्वारा ही यज्ञादि ॥4॥

मेधावी जन विष्णु के परम पद रूपी मोक्ष को सदा दृष्टि में रखते है। विष्णु ने ही सूर्यमण्डल में सूर्य को बढ़ाया ॥5॥

हे यूप! तुम रसरी से चारों ओर से लिपटे हुए हो। तुम स्वर्ग-पुत्र हो, पृथिवी तुम्हारा आश्रय-स्थान है और वन-पशु तुम्हारे हैं ॥6॥

हे तृणो! तुम पशु के पास रहते हो। दिव्य गुणों वाले पशु देवता के समीप जाये। देवता यजमान को स्वर्ग प्रदान करते हैं। हे हवि! तू सुस्वादु हो ॥7॥

हे पशुओं! तुम यजमान के यहां सदा रहो। हे बृहस्पति! हमारे धन तथा पशुओं को स्थिर करो। हे दिव्य हवि! मैं तुम्हें फलप्रदायक यज्ञ के बन्धन में बाँधता हूँ और यहां के द्वारा ही बन्धन-मुक्त करता हूँ ॥8॥

हे पशुओं! सविता की प्रेरणा से अग्नि और सोम के निमित्त मैं तुम्हें इस कर्म में योजित करता हूँ। मैं तुम्हें जल से स्वच्छ करता हूं ॥9॥

हे पशु! जलपायी तुम जलपान करो। यह दिव्य-जल तुम्हारे लिए सुस्वादु हो ॥10॥

हे धनयुक्त आशीर्वचनों! यजमान की कामना पूर्ण करो और इसको ज्ञानदान देने के लिए इसके शरीर में प्रविष्ट होओ। हे जलवृष्टि से उत्पन्न तृण! यजमान को इस यज्ञ में धारण करो। यह आहुति देवों के लिए स्वाहुत हो ॥11॥

हे यज्ञ! तुम्हें नमस्कार है। तुम बाधाओं से रहित हो, सम्पन्न होओ। हे यजमान पत्नी! यज्ञशाला शत्रुरहित है, अतः इसमें आओ ॥12॥

हे दिव्यजनो तुम स्वभावतः ही पवित्र हो। इस हव्य को देवों को प्राप्त कराओ ॥13॥

हे प्राणी। मैं तेरी इन्द्रियों को पवित्र करता हूं ॥14॥

तेरे मन, वाणी, प्राण और कर्म सब शान्त और दोष-रहित हो। हे औषधियों! यजमान का कल्याण हो। तुम इसकी रक्षा करो ॥15॥

हे तृण! तुम राक्षसों के भाग हो। विघ्न करने वाले राक्षस नष्ट हो गये। द्यावा-पृथिवी रूप में दोनों पात्र घृतयुक्त हैं। हे वायु! इनके सार रूप पूत को पियो। यह आहुति स्वाहुत हो। हे अरणीद्वय! हम तुम्हें अग्नि में डालते हैं। तुम स्वाहाकर होकर आकाशस्य वायु से संलग्न होओ ॥16॥

हे जलों पाप एवं अभिशापादि से प्राप्त अशौच तथा मिथ्याचरण से उत्पन्न दोष से हमें छुड़ाओ ॥17॥

मुझे प्राणों की तीव्र तपस्या का प्रभाव सूर्य के प्रभाव से प्राप्त हो। मेरा मन द्वेष-भाव से पृथक् हो ॥18॥

हे ध्यूतपायी देवो! इस पूत को पियो। हे हवि! तुम अन्तरिक्ष में जाओ। पूर्वादि दिशाओं के निमित्त ये आहुतियाँ दी जाती है ॥19॥

हे प्राणी! मेरे प्राण और उदान प्रत्येक अंग में स्थित रहें। दिव्य व्यक्तियों की संगति से तू उच्च स्थिति को प्राप्त हो ॥20॥

समुद्र, अन्तरिक्ष देवो, सविता देव, मित्रावरुण, अहोरात्र के देवता, छंदों के अधिष्ठात्री देवता, स्वर्ग, पृथिवी, यज्ञ के देवता, सोम देवता, आकाश और वैश्वानर अग्नि के लिए वे हवि प्राप्त हो ॥21॥

वे वरुण! तुम्हारे पाशवाले स्थानों में यदि हम भयभीत हो, तो पाशों से मुक्त करो। हे वरुण! हमें हिंसा के पाप से छुड़ाओ। जल-औषधि हमारे बन्धु हो॥22॥

हविधारक यजमान का यह यज्ञ हवि-सम्पन्न हो। सूर्य हविर्वान् हो और यजमान को यज्ञफल दे ॥23॥

हे जलों! तुम इन्द्र और अग्नि, मित्रावरुण तथा अन्य देवो के भाग हो। जो जल सूर्य की रश्मियों के पास स्थित है, वे हमारे यहां को तृप्त करे ॥24॥

हे सोम! मैं कर्मवान् मनुष्य और तेजवान् पितरों के लिए बुलाता हूँ। तुम यज्ञ के होतओं को स्वर्ग तक पहुँचा दो ॥25॥

हे सोम! तुम ऋत्विजों पर कृपा करो। हे अग्नि! आहुति पाकर मेरे आह्वान पर ध्यान दो। हे आवास गृह! तुम अभिषवण कर्म के लिए हो। तुम सब एकाग्रमन से मेरी स्तुति सुनो ॥26॥

हे जल देवियों! तुम्हारी लहर हवन योग्य और तृप्तिकारिका है। तुम उस लहर को सोमपायी देवों को दो, क्योंकि तुम भी तो देवताओं के ही भाग हो ॥27॥

हे धृत! तुम पापनाशक हो। हे जलों! मैं तुम्हें वसतीवरी जलों की अक्षुण्णता के लिए ग्रहण करता हूँ, तुम उनसे मिलो। सभी औषधियाँ परस्पर मिले ॥28॥

हे अग्नि! जिसके पास तुम हवि ग्रहण करने को जाते हो, वह श्रेष्ठ अन्न-धन पाता है ॥29॥

हे उपाशु सवन! सविता देव की प्रेरणा से मैं तुम्हें ग्रहण करता हूँ। तुम कामनाशक होओ। यज्ञ को विस्तृत करो। हे जलों! तुम इस यज्ञ में आओ और मुझे आश्वस्त करो ।।30।।

हे प्रजाजनो! तुम अपने गुणों से मेरे मन, वाणी, प्राणों, चक्षुओं, नेत्रों श्रोतों, आत्मा, सन्तान और सेवकों को तृप्त करो, जिससे मेरे कण कार्यों में उदास न हो ।।31।।

हे सोम! वसु, रुद्र, इन्द्र, आदित्य-इन्द्र, शत्रु हन्ता, गायत्री, अग्नि के निमित्त मैं तुम्हें परिमित करता हूँ ।।32।।

हे सोम! तुम्हारी द्यावा-पृथिवी-अन्तरिक्ष सम्बन्धी ज्योति यजमान को धनवृद्धि करे ।।33।।

हे जलों! तुम सोम के पालक हो। तुम यज्ञ को देवों को प्राप्त कराओ और हवि भेंट किये जाने पर उनको तृप्त करो ।।34।।

हे सोम! तुम पाषाण के आघात से भयभीत एवं कम्पित न होना। हे द्यावा-पृथिवी! तुम सुदृढ़ हो अतः सोम को भी दृढ़ करो। संस्कृत सोम से यजमान के पाप नष्ट होते हैं ।।35।।

हे सोम! तुम अपने चारों दिशाओं में बिखरे अंशों को एकत्र करके यही यज्ञ में आओ ।।36।।

हे इन्द्र! तुम सर्वव्यापक, महान् हो तथा बल एवं सुख देने वाले तुम्हारे अतिरिक्त अन्य कोई सुखदायक नहीं है ।।37।।

सप्तम अध्याय

ऋषि: गौतम, वसिष्ठ, काश्यप, भारद्वाज, देवश्रवा, विश्वामित्र आदि।

हे सोम! तुम अभिलाषाओं के फलों की वर्षा करने वाले हो। हमारे हाथों से शोधित तुम इस पात्र में वाचस्पति देव के निमित्त आओ ।।1।।

हे सोम! हमारे अन्न को मधुर एवं सुस्वादु बनाओ। देव-प्रीत्यर्थ यह आहुत स्वाहुति हो ।।2।।

हे उपांशुगृह! तुम सब पार्थिव और दिव्य तेजो से उत्पन्न हो। मन प्रजापति तुम्हें मेरी ओर प्रेरित करें। सूर्य की प्रसन्नता के लिए में तुम्हें आहुति देता हूँ, इसे स्वीकारो। मैं तुम्हें यही स्थापित करता हूँ ।।3।।

हे इन्द्र! तुम इस कलशस्थ सोम की रक्षा करो। हमारे पशु-अन्नादि की रक्षा करो ।।4।।

हे इन्द्र! मैं तुम्हारी कृपा से द्यावा-पृथिवी-अन्तरिक्ष की अन्तः स्थापना करता हूँ। तुम आहुति से तृप्त होओ ।।5।।

हे उपांशुगृह! सब इन्द्रियों एवं पार्थिव और दिव्य प्राणियों से तुम आविर्भूत हुए हो। मनरूप प्रजापति तुम्हें मेरी ओर प्रेरित करें ।।6।।

हे अग्नि! हे वायु! तुम यज्ञ में आओ। तुम सर्वव्यापक हो, तुम्हारे हजार वाहन है। सोम तुम्हारी सेवा में समर्पित है। हे सोमरस! मैं तुम्हें वायु की प्रीत्यर्थ ग्रहण करता हूँ ।।7।।

हे इन्द्र! हे वायु! सोमरस तुम्हारे निमित्त अभिषुत है। इसको पीने तुम हमारे यज्ञ में आओ ॥8॥

हे इन्द्र! हे वायु! यह यज्ञस्थल तुम्हारा स्थान है। हे सोम! मैं तुम्हें इन्द्र-वायु की प्रीति के लिए इस स्थान में स्थापित करता हूँ। हे मित्रवरुण! तुम्हारी प्रसन्नता के लिए सोम निष्पन्न किया गया है, तुम हमारे आह्वान को सुन यज्ञ में इसे ग्रहण करने आओ। हे सोमरस! मैं तुझे मित्रावरुण की प्रसन्नता के लिए उपयाम-पात्र में ग्रहण करता हूं ॥9॥

हे मित्रवरुण! तुम हमें अन्य पुरुष को अप्राप्य गौ प्रदान करो ॥10॥

हे अश्विनद्वय! तुम अपनी सत्यवती वाणी से इस यज्ञ को सिंचित करो। हे सोम! अश्विनद्वय के निमित्त मैं तुम्हें यही स्थापित करता हूँ ॥11॥

हे इन्द्र! यज्ञो में बार-बार सोमरस का पान करके तुम प्रवृद्ध होते हो। यहां में कुशासन पर बैठकर सोम-पान करने वाले हे इन्द्र! हम तुम्हारी स्तुति करते हैं। हे शुक्रग्रह! यही स्थापित होओ। हे ग्रहों हम तुम्हें यहाँ प्राप्त करे ॥12॥

हे ग्रह! तुम श्रेष्ठ धनवाले हो। इस यजमान को धन और सन्तान से पुष्ट करो ॥13॥

हे सोम! तुम अखंड पराक्रम से युक्त हो। हम तुम्हारी कृपा से धनशील रहें। 14॥

मेधावी ब्रहस्पति देव मुख्य है। इन्द्र के निमित्त यह सोमाहुति दी जाती है, यह इन्द्र के द्वारा गृहीत हो ॥15॥

महान् चन्द्रमा मेधावी सोम की शिशु के समान स्तुति करते है। हे सोम! मैं यही तुम्हें स्थापित करता हूँ ॥16॥

श्रेष्ठकर्मा मेधावी सोमभाग में मन लगाते हैं। वे सोम को अंगुलियों से सत्तू में मिलाते हैं। हे मन्थगृह! तू यजमान को सन्तति की रक्षा कर ॥17॥

हे सुप्रजायुक्त ग्रह! यजमान को अपत्यवान् करते हुए इसके धन की पुष्टि करो ॥18॥

हे विश्वेदेवाओ! तुम स्वर्ग और अन्तरिक्ष में ग्यारह रहते हो और पृथिवी अपनी महिमा से बारह हो जाते हो। तुम इस यज्ञकर्म को स्वीकार करो ॥19॥

हे ग्रह! तुम इस यज्ञ की और इस यजमान की रक्षा करो। यज्ञ-स्वामी विष्णु यज्ञ की रक्षा तीनों सेवनों में करे ॥20॥

सोम ब्राह्मणो और क्षत्रियों का प्रीतिपात्र होने के निमित्त ग्रह-पात्र में क्षरित होता है। यह सोम अन्न, दुग्ध, अभीष्ट और धान्य की वृद्धि के लिए क्षरित होता है और पृथिवी को परिपूर्ण करता तथा त्रिलोक के प्राणियों की अभीष्ट-सिद्धि करता है ॥21॥

हे सोम! तुम उपयाम पात्र में एकत्र हुए हो। उकथग्रह! तुम्हें मित्र-वरुण की प्रीति के लिए ग्रहण करता हूँ। हे वृहतत्साम के पुत्र सोम! मैं तुम्हें इन्द्र की प्रसन्नता के लिए ग्रहण करता हूँ।

हे सोम! तुम्हें देव प्रसन्नकर्ता मानकर मित्रवरुण, अग्नि, इन्द्र, वरुण, बृहस्पति और विष्णु आदि देवो की प्रसन्नता तथा यज्ञ की निर्विघ्न समाप्ति के लिए मैं प्रसन्नता के लिए ग्रहण करता हूँ ॥23॥

सूर्य के मूर्द्धा रूप एवं सूर्य द्वारा प्रकाशित तथा हव्य द्वारा सम्मानित अग्नि देव को देवताओं ने चमसपात्र से प्रकट किया ॥24॥

उपयामपात्र में रखे गये हे सोम! तुम स्थिर निवास वालों में स्थिरतम और अच्युतों में भी अच्युत हो। इसीलिए ध्रुव नाम से विख्यात हो। मैं तुम्हें जनहितकारी इन्द्र देवता की प्रसन्नता के लिए इस स्थान पर प्रतिष्ठित करता हूँ ॥25॥

हे सोम! रसपात्र में डालते समय तुम्हारा अंश पृथिवी पर गिर जाता है। पाषाण से कूटते समय जो अंश

इधर-उधर छिटक जाता है, अभिषवण करते समय फलक में नीचे जो अंश गिर जाता है अथवा अध्वर्यु के द्वारा निष्पन्न करने में जो अंश नष्ट हो जाता है; उन सब अंशों को भी मन से ग्रहण करके मैं तुम्हें अग्नि में होम करता हूँ ॥26॥

हे उपांशु ग्रह! तेजस्वी तुम मेरे प्राण-व्यान वायु, वर्चस्, वाणी, कार्यकुशलता, श्रोतृ-शक्ति और नेत्र ज्योति में वृद्धि करो ॥27॥

हे ग्रह! तुम स्वभावतः कान्तिदाता हो। मुझे आत्म-तेज, बल सम्बन्धी तेज, वर्चस, आयु और सर्व तेज प्रदान करो ॥28॥

हे द्रोण कलश! तुम प्रजापति हो। हम तुम्हें सोम से परिपूर्ण कर चुके हैं। हमें अभीष्ट दो और यश दो। हे अग्नि! हे वायु! हे सूर्य! मैं सुन्दर सन्तानवाला होकर तथा धनसम्पन्न होकर यश प्राप्त करूँ ॥29॥

हे प्रथम, द्वितीय, तृतीयादि द्वादश ग्रहों! मैं तुम्हें, वैशाखादि द्वादश मासो की सन्तुष्टि के लिए ग्रहण करता हूँ ॥30॥

हे इन्द्राग्नि! तुम ऋक साम-यजुर्मन्त्रों से आदित्य के समान स्तुत्य हो अतः सोमपानार्थ यज्ञ में आओ और अपना भाग ग्रहण करो। हे चौबीसवें ग्रह! तुम उपयाम पात्र में ग्रहण किये गये हो। मैं तुम्हें इन्द्राग्नि के प्रीत्यर्थ ग्रहण करता हूँ। हे इन्द्राग्नि! तुम्हारा यह स्थान है। मैं तुम्हें तुम्हारी प्रसन्नता के निमित्त यही अधिष्ठित करता हूँ ॥31॥

हे विश्वेदेवा! तुम हमारे रक्षक हो। तुम मनुष्यों को पुष्ट करते हो। तुम यजमान के पास सोमपान के निमित्त आओ। हे पच्चीसवें ग्रह! तुम्हें उपयाम पात्र से विश्वेदेवो को प्रसन्न करने के लिए मैं गृहीत करता हूं ॥32-33॥

हे विश्वेदेवो! यज्ञ में आगमन करो और आसनस्थ हो। हे ग्रह! तुम्हें उपयाम पात्र में विश्वेदेवों के लिए गृहीत करता हूँ। हे विश्वेदेवा! यह तुम्हारा स्थान है, मैं तुम्हारी प्रसन्नता प्राप्ति के लिए तुम्हें यही स्थापित करता हूँ ॥34॥

हे इन्द्र! जैसे शर्याति के यज्ञ में तुमने सोमपान किया था, वैसे हमारे यज्ञ में भी करो। तुम्हारे आज्ञावर्ती याज्ञिक तुम्हारी सेवा को प्रस्तुत है। हे ग्रह! उपयाम पात्र में गृहीत तुम्हें मैं इन्द्र के लिए गृहीत करता हूं ।।35।।

मरुद्गण से युक्त तथा वर्षाकारक इन्द्र को हम रक्षा के लिए बुलाते है। उपयाम पात्र में गृहीत हे द्वितीय ग्रह! मरुत्वान् इन्द्र की प्रीति के लिए मैं तुम्हें स्थापित करता हूं। हे तृतीय ग्रह! तुम्हें मरुद्गण से बल-प्राप्ति के लिए स्थापित करता हूँ ।।36।।

हे इन्द्र! सर्वज्ञाता, वृत्रहन्ता तुम हमारे यज्ञ के स्वीकार करने वाले हो, यहां यज्ञ में आओ और मरुतों के साथ सोमपान करो। शत्रुओं को नष्ट करो। हमें अभयदान करो। हे ग्रह! तुम उपयाम मात्र में गृहीत हो, इन्द्र की प्रसन्नता के लिए तुम्हें स्थापित करता हूँ। तुम्हें मरुतों के निमित्त ग्रहण करता हूँ ।।37।।

हे मरुत्वान् इन्द्र। तुम जलवृष्टि करने वाले हो। सोम रसपान करके तुम हर्षित होओ। तुम प्रतिपदादि तिथियों में सम्पन्न सोम के राजा हो। हे ग्रह! उपयाम मात्र में स्थित तुम्हें मैं इन्द्र की प्रीति के लिए ग्रहण करता हूं ।।38।।

हम पर अनुकूल इन्द्र पराक्रम के लिए प्रवृद्ध होते है। वे हमारे बल को बढ़ायें। हे चतुर्थ ग्रह! तुम उपयाम पात्र में गृहीत हो, मैं तुम्हें इन्द्र की प्रसन्नता के लिए ग्रहण करता हूँ। यह तुम्हारा स्थान है। महेन्द्र के लिए मैं तुम्हें यही स्थापित करता हूँ ।।36-4 0।।

सूर्य देवता रश्मियों के समूह वाले, सर्व पदार्थों के ज्ञाता और दिव्य तेज वाले है। सूर्य रश्मियाँ सम्पूर्ण

जगत् को प्रकाशित करती हैं। यह हवि उनको स्वाहुत हो ।।41।।

ये सूर्य दिव्य-रश्मियों के पुंज है। वे मित्र, वरुण और अग्नि के प्रकाशित नेत्र रूप है। विश्व की आत्मा और जगत् के प्रकाशक सूर्य उदित होकर विद्यावापृथिवी अन्तरिक्ष को अपने तेज से परिपूर्ण करते हैं। यह आहुति सूर्य के लिए स्वाहुत हो।।42।।

हे अग्नि! तुम सम्पूर्ण मार्गों के ज्ञाता हो। हमको ऐश्वर्य के निमित्त सुपथों से ले चलो। कर्म की बाधा रूप पाप को हमसे दूर करो। हम तुमको नमस्कार एवं हवि भेंट करते है ।।43।।

यह अग्नि हमें धन दे। हमारे शत्रुओं को नष्ट करो। शत्रु का धन हमें दे। हम शत्रु पर विजय पाये। उनके लिए यह आहुति स्वाहुत हो ।।44।।

दक्षिणा रूप में प्राप्त हे गोओ! तुम्हें ब्रह्मा ऋत्विजों को दे। हम तुम्हें पाकर स्वर्ग के देवयान मार्गों को देखते है। और अन्तरिक्ष में पितृयान मार्ग को देखते हैं। हे ब्रह्मा! ऐसा करो कि ऋत्विजों को दक्षिणा में देकर भी कुछ और शेष बच जाय ।।45।।

ओजस्वी, यशस्वी पिता और पितामह वाले, ऋषिकल्प मंत्रों के व्याख्याता ब्राह्मण को मैं प्राप्त करूँ, जिसके पास सम्पूर्ण सुवर्ण दक्षिणा में जाय! हे दक्षिणा! ऋत्विजों के पास जाओ और देवों को प्रसन्न करो ।।46।।

अग्नि वरुण मुझे स्वर्ण दे। स्वर्ण मुझे नीरोगता दे। हे स्वर्ण! तुम दाता को परमायु दो। प्रति-गृहीता मैं भी सुखी होऊँ। हे गौ! रुद्र रूप वरुण तुम्हें मुझे दें। गौ मुझे नीरोगता दे। हे गौ! तुम दाता के प्राण बल को बढ़ाओ और प्रतिगृहीता के आयु-बल को बढ़ाओ ॥47॥

किसने दान किया? कामना ने दान किया। कामना ही प्रतिगृहीता है। किसको दान किया? यज्ञफल की कामना को ही दान किया ॥48॥

अष्टम अध्याय

ऋषि: आंगिरस, कुत्स, भरद्वाज, अत्रि, गौतम आदि।

हे सोम! तुम उपयाम में गृहीत हो। मैं तुम्हें आदित्यों की प्रसन्नता के लिए ग्रहण करता हूं। हे स्तुत्य विष्णु! तुम्हें सोम समर्पित है। तुम इसकी निर्विघ्न रक्षा करो ॥1॥

हे इन्द्र! हिंसा तुम्हारा स्वभाव नहीं है। तुम हवि को पास आकर सेवन करते हो। तुम्हारा हवि-दान तुम्हीं से सम्बन्धित होता है ॥2॥

हे आदित्यो! तुम निरालस्य हो। देवों और मनुष्यों की रक्षा करते हो। तुम्हारा, सत्य, अविनाशी, विज्ञान एवं आनंदमय, पराक्रम सूर्यमण्डल में प्रतिष्ठित है ॥3॥

यह यज्ञ आदित्यो की प्रसन्नता-प्राप्ति के लिए है। हे आदित्यो कल्याण करो, हमें मंगलमयी वृद्धि प्राप्त कराओ, पापियों की धनवृद्धि भी हमारे अभिमुख करो ॥4॥

हे सूर्य! तुम अन्धकारनाशक हो। पात्र में तुम्हारे निमित्त जो सोम है, उसे पीकर प्रसन्न होओ। हे कर्मवान् पुरुषों! तुम्हारे सशक्त आशीर्वाद से यजमान-दम्पति यज्ञ के फल एवं पुत्रोत्पति को प्राप्त करे ॥5॥

हे सविता देव! हमें वरणीय यहां-फल दीजिए। हम भविष्य में भी नित्य यज्ञफल प्राप्त करते हुए स्थायी-दिव्य-सिद्ध फल भोगें ॥6॥

हे सोम! तुम उपयाम पात्र में गृहीत हो। तुम सविता से संबंधित हो। तुम अन्न-धारक हो, अतः मुझे भी अन्न दो। मुझे यज्ञ-फल दो। मुझसे और यजमान से स्नेह करो। मैं सविता के लिए तुम्हें ग्रहण करता हूँ ॥7॥

हे महावैश्व देवग्रह! तुम उपयाम पात्र में गृहीत हो। भली प्रकार पात्र में स्थित हो। विश्व के रचयिता प्रजापति के लिए यह अन्न है। मैं तुम्हें विश्वेदेवी के लिए गृहीत करता हूँ ॥8॥

हे सोम! तुम दिव्य हो। उपयाम पात्र में गृहीत हो। ब्राह्मण ऋत्विजों से निष्पन्न तुम्हें, तुम्हारे रसयुक्त बल को मैं समृद्ध करता हूँ। परमात्मा रूप होकर मैं ही स्वर्गादि उन्नत लोकों में और पृथिवी पर स्थित हूँ। अन्तरिक्ष मेरा पिता समान पालक है। परम रूप होकर ही जो हृदय रूप गुहा अत्यन्त गोप्य है, वह मैं ही हूँ ॥9॥

हे अग्नि! तुम त्वष्टा-सहित सोमपान करो। तुम्हारे लिए यह आहुति स्वाहुत हो। हे उद्गाता! तुम वीर्यवान् हो, प्रजापालक हो। तुम्हारी कृपा से मैं बलवान् पुत्र पाऊँ ॥10॥

हे पंचम ग्रह! तुम उपयाम पात्र में गृहीत हो। तुम्हारे वर्ण वाले सोम रूप हों। मैं ऋक् एवं सामवेद की प्रीति के निमित्त तुम्हें ग्रहण करता हूँ। हे सोमयुक्त धान्यो! तुम इन्द्र के दोनों हर्यश्वों के निमित्त ग्रह से मिलते हो ॥11॥

हे सोमसिक्त धान्य। यजुर्मन्त्रों के कामना किये गए और ऋक् मंत्रों से स्तुत तथा उक्थों से प्रवृद्ध, हे सोम! तुम्हारे सेवन से पशुधन प्राप्त होता है। तुम्हारे भक्षण के उस फल की कामना करता हुआ मैं तुम्हारा भक्षण करता हूँ॥12॥

हे शकल! अग्नि में डालने योग्य तुम देवों के प्रति किये गए, मनुष्यों के प्रति किये गए, पितरों के प्रति किये गए, सभी प्रकार के अपराधों और पापों को नष्ट करते हो। मैंने जो जाने या अनजाने में पाप किये है हमारे उन सभी पापों को दूर कीजिए ॥13॥

हम ब्रह्म तेज से युक्त होते हुए दुग्ध-रसादि को प्राप्त करे, अपनी देह की न्यूनता को पूर्ण करे ॥14॥

हे इन्द्र! तुम ऐश्वर्यवान हो। हमें श्रेष्ठ मन तथा गवादि धन दो। हमें श्रेष्ठ विद्वानों से युक्त करो और हमारा कल्याण करो। हमारा यहां कर्म तुम्हारे निमित्त हो ॥15॥

हम ब्रह्म तेज से युक्त हों, सामर्थ्यवान देह वाले और दुग्धादि पदार्थ पायें। त्वष्टा हमें ऐश्वर्य दें और देहगत न्यूनता दूर करें ॥16॥

दानशील धाता, सविता, त्वष्टा, प्रजापति और विष्णु हमें ऐश्वर्य प्रदान करे और हमारी हवि ग्रहण करे। ये यजमान को धन-संतान दें और आहुति स्वाहुत हो ॥17॥

हे देवो! तुम यज्ञ में यज्ञ सेवन के लिए आये हो। तुम्हारे स्थानों को हमने वरणीय बना दिया है। हे देवो! तुम सबमें निवास करने वाले हो। हव्य को अपने रथों में रखकर ले जाते हो। जिनके पास रथ नहीं है, उनका भी हव्य उन तक पहुंचाओ। हमें श्रेष्ठ धन दो। यह तुम्हारे लिए दी गयी आहुति स्वाहुत हो ॥18॥

हे अग्नि! तुम यज्ञ में जिन देवताओं को बुलाकर लाये थे, उन्हें अपने-अपने स्थानों में पहुंचा। हे देवो! तुम सभी पुरोडाश खाकर सोम पीकर यहां पूर्ण होने पर स्वर्ग में स्थान ग्रहण करो। यह आहुति स्वाहुत हो ॥19॥

हे अग्नि! यज्ञार्थ हमने इस स्थान का वरण किया, तुम्हें प्रदीप्त किया, देवों का आह्वान किया और यज्ञ किया। अब यज्ञ पूर्ण हुआ, तुम भी अपने स्थान को जाओ। यह आहुति स्वाहुत हो ॥20॥

हे यज्ञ के जानने वाले देवगण! यज्ञ में आओ, तृप्त होओ और फिर अपने-अपने मार्ग रो गमन करो। हे परमात्मा! यहां तुम्हें समर्पित है। तुम इसे वायु में प्रतिष्ठित करो ॥21॥

हे यज्ञ! तू सफल के निमित्त विष्णु की ओर एवं सुफल देने के लिए यजमान की ओर तथा वायु की ओर जा। यह आहुति स्वाहुत हो। हे यजमान! तुम्हारा ऋक साम मंत्रों और पुरोडाश वाला यज्ञ सर्वांगपूर्ण है। तुम यज्ञ का फल पाओ। यह आहुति स्वाहुत हो ॥22॥

हे रज्जु-मेखला! तुम जल में गिरकर सर्पाकार न होना। हे कृष्ण विषाण! तुम अजगराकार मत होना ॥23॥

हे अग्नि। तुम्हारा मुख अपनिपात है, उसे जलों में प्रविष्ट करो और राक्षसों को मारो। फिर समिधा युक्त धृत से मिलो। तुम्हारी जिव्हा धृत-ग्रहण के लिए उद्यत हो। 24॥

हे सोम! तुम्हारा हृदय जलों में है, मैं तुम्हें वहीं भेजता हूँ। तुम औषधियों और जलों में प्रविष्ट होओ। यज्ञ के पालक तुमको हमारा नमन। यह आहुति स्वाहुत हो ॥25॥

हे जलों! सोमकुंभ तुम्हारा स्थान है। तुम इसे पुष्टिप्रद करो। हे सोम! तुम्हारा स्थान जलरूप है। तुम इसमें अवस्थान करते हुए कल्याणकारक हवन करो और हमारी दुःखों से रक्षा करो ॥26॥

हे अवगृथ यज्ञ! तीव्रगति वाले तुम अब मन्दगति से गमन करो। देवो के प्रति, ऋत्विजों तथा यज्ञदर्शकों के प्रति हमसे जो पापापराध बन गया है, उसे हमने जल में विसर्जित कर दिया है। तुम्हारी कृपा से हम पापों से दूर हों ॥27॥

दश महीने पूर्ण होने पर जरायु में लिपटा गर्भ चलायमान हो और जैसे वायु तथा समुद्र की लहरे हिलती हैं, वैसे हिलता हुआ वह जरायुसहित बाहर आये। 28॥

हे सुलक्षणा नारी! तेरा गर्भ यज्ञ से सम्बद्ध है, वह यज्ञसदृश शुद्ध है। उसके सर्वावयव पूर्ण है, वह अकुटिल और श्रेष्ठ है। उसे मैं भली प्रकार माता (तुझ) से मिलाता हूँ। यह आहुति स्वाहुत हो ॥29॥

गर्भाशय स्थित मेधावी गर्भ महिमा को प्रकट करे। वह माता को एकपदी, द्विपदी और चतुष्पदी रूप में तथा चारों वर्णों एवं चारों आश्रमों से युक्त अष्टपदी रूप में प्रशंसित करे। आहुति स्वाहुत हो ॥30॥

हे मरुद्गण! जिस यजमान के यज्ञ में तुमने सोमपान किया, वह चिरकाल जिये॥31॥

प्रशंसनीय द्यावापृथिवी यज्ञानुष्ठान को पूर्ण करें और जलवर्षा करके उपयोगी स्वर्णादि धन दें ॥32॥

हे वृत्रहला इन्द्र! ऋक-साम-यजुर्मन्त्रों से तुम्हारे अश्व रथयोजित हुए हैं। तुम रथ पर चढ़ो, यज्ञ में आओ। सोमाभिषव में उत्पन्न प्रस्तरों की ध्वनि तुम्हारे मन को यज्ञाभिमुख करे ॥33॥

हे इन्द्र! तुम्हारे दोनों हरितवर्णी अश्व दृढ़वयववान् और दीर्घकेश है, उन्हें रथ में योजित करो। यही आओ, सोमपान करके प्रसन्न होओ और हमारी स्तुतियों को सुनो ॥34॥

इन्द्र के घोड़े महान् इन्द्र को यज्ञ में स्तोताओं की स्तुतियों के और यजमानों के समीप लाते हैं ||35||

सर्वश्रेष्ठ, अन्तर्यामी रूप से त्रैलोक्य में विद्यमान, सोलह कलात्मक इन्द्र प्रजाओं के स्वामी हैं और प्रजाओं के द्वारा व्यादृत हैं। वह प्राणिपालन के निमित्त सूर्य, अग्नि और वायु-तीनों तेजों में प्रविष्ट होते है ||36||

हे सोसीग्रह! इन्द्र और वरुण ने ही प्रथम तुम्हारे सोम को ग्रहण किया यजुर्वेद था। उसके पश्चात् अब मैं सोमान्न का भक्षण करता हूँ। सरस्वती तृप्ति को प्राप्त हो। यह आहुति स्वाहुत हो ||37||

हे अग्नि! तुम यजमान को धन दो हमें ब्रह्मतेज दो। हे तेजस्वी अग्नि! मैं तुम्हारी कृपा से तेजस्वी होऊं ||38||

हे इन्द्र! तुम अपने तेज-सहित उठकर सोमरस का पान करते हुए चिबुक कम्पित करो। हे द्वितीय ग्रह! तुम उपयाम पात्र में गृहीत हो, मैं तुम्हें इन्द्र की प्रसन्नता के लिए ग्रहण करता हूँ और यही स्थापित रहता हूँ। हे ओजस्वी इन्द्र! मुझे सर्वाधिक ओज दो ||39||

सूर्य रश्मियाँ सब पदार्थों में व्याप्त है, जैसे अग्नि। हे तृतीय ग्रह! तुम उपयाम पात्र में गृहीत हो। मैं तुम्हें सूर्य की प्रसन्नता के लिए ग्रहण करता हूँ और यहाँ स्थापित करता हूँ। हे सब देवताओं में अधिक तेजस्वी सूर्य! मैं तुम्हारी कृपा से सर्वाधिक तेजस्वी होऊं ||40||

विश्व को दृष्टिदान देने के लिए सूर्य-रश्मियां सूर्य को वहन करती हैं। तब अन्धकार दूर होने पर दृष्टि काम करने लगती है। हे ग्रह! तुम उपयाम पात्र में गृहीत हो, तुम्हें सूर्य के निमित्त ग्रहण करता हूँ. और यही स्थापित करता हूँ। 41||

हे गौ! इस द्रोणकलश को सूंघो। तुम्हारी नासिका में पहुँचे। फिर तुम श्रेष्ठ दुग्ध-रस हमें दो। हमारे द्वारा सुत, तुम हमें विपुल धन, दुधारू गौएँ और ऐश्वर्य देकर हमारा घर भर दो ||42||

हे गौ! सर्वस्तुत्य तुम मनुष्यों और देवताओं द्वारा अभिलषित, अदिति के समान अदीना, दुग्धवती, अवध्या और महिमाययी हो। तुम्हारे अनेक नाम हैं। यज्ञ में आह्वान की गयी तुम हमारे रमणीय यज्ञ को देवों को जनाओ ||43||

हे इन्द्र! समुपस्थित युद्ध में शत्रुओं को पतित करो, पराजित करो, हमारे पीड़क को नरक में डालो। हे इन्द्र ग्रह! तुम उपयाम पात्र में गृहीत हो, रणक्षेत्र में गृहीत इन्द्र के लिए तुम्हें ग्रहण करता हूँ ||44||

इन्द्र को हम यज्ञ में अपनी समृद्धि और रक्षा के लिए बुलाते हैं। हे इन्द्र ग्रह! तुम्हें तुम्हारे स्थान पर विश्वकर्मा इन्द्र के लिए स्थापित करता हूँ ||45||

हे परमात्मन्! तुम भक्तों को प्रबुद्ध करते हो। हवि-प्रदान और स्तुति को चाहते हो, प्राचीन ऋषियों से भी तुम प्रणम्य हो, तुमने इन्द्र को विश्व-रक्षा करने तथा स्वयं अवध्य रहने वाला और

प्रणम्य बनाया। तुम्हारे हविरूप पराक्रम से ही इन्द्र भी महिमावान् हुए। हे ग्रह! तुम उपयामपात्र में गृहीत हो। तुम्हें परमात्म देव की प्रसन्नता के लिए ग्रहण करता हूँ और यहाँ स्थापित करता हूँ ॥46॥

हे सोम! तुम उपयाम पात्र में गृहीत हो। गायत्री छन्द के वरणीय तुम्हें अग्नि की प्रीति के लिए ग्रहण करता हूँ। हे द्वितीय ग्रह! अनुष्टुपछन्द के वरणीय, तुम्हें इन्द्र की प्रसन्नता के लिए ग्रहण करता हूँ। उपयाम पात्र में गृहीत जगती छन्द के वरणीय तृतीय ग्रह को विश्वेदेवो की प्रसन्नता के लिए ग्रहण करता हूँ। हे सोम! अनुरूप छन्द तुम्हारी स्तुति के लिए प्रयुक्त है ॥47॥

हे सोम! उदरस्थ जल वाले मेघों से कल्याणकारी वृष्टि कराने के लिए मैं तुम्हें कम्पायमान करता हूँ। है सोम! तुम पवित्र हो, मैं तुम्हें पवित्र जल से कम्पित करता हूँ और सूर्य-रश्मियों से कम्पित करता हूँ ॥48॥

हे वृषभरूप! तुम सेवन-समर्थ हो, तुम्हारे ककुभ आदित्य के समान तेजस्वी है। आदित्य सोम के पुरोगामी है अथवा सोम ही सोम के पुरोगामी है। हे सोम! चैतन्य नाम वाले तुमको मैं ग्रहण करता हूँ ॥49॥

हे सोम देव! तुम्हें प्राप्त करके सभी सेवन की इच्छा वाले होते हैं अतः तुम अग्नि के भक्ष्य बनो। हे सोम! तुम तेजस्वी हो, और इन्द्र के प्रिय अन्न हो तथा हमारे मित्ररूप हो ॥50॥

हे गौओ! तुम यजमान से सन्तुष्ट रहो, उससे प्रीति करो, उसी के यहां रमण करो। यह आहुति स्वाहुत हो। धारणकर्ता पार्थिव अग्नि को आविर्भूत करता और पृथिवी के रस का पान करता हुआ हमें पुत्र-पौत्रादि ऐश्वर्य से सम्पन्न करे। यह आहुति स्वाहुत हो ॥51॥

हे हविर्धान! तुम यज्ञ-समृद्धि के समान हो। हम तुम्हारी कृपा से सूर्य-ज्योति को प्राप्त करते हुए अमृतत्व की कामना करते है और देवता जानें कि हम स्वर्ग जाने की कामना भी करते है ॥52॥

हे इन्द्र और मरुत्! हमसे संग्राम के इच्छुक शत्रु को तुम वज्र से हिंसित करो। तुम्हारा वज्र दूर रहने वाले शत्रु को भी पा जाए और उसे चीर डाले। हे अग्नि, वायु, सूर्य! तुम्हारी कृपा से हम श्रेष्ठ सन्तान, धन प्राप्त करें ॥53॥

सोमयाग में प्रवृत 'सोम' का नाम 'परमेष्ठी' है। यज्ञ में विघ्न होने पर 'परमेष्ठिनः स्वाहा' कहकर आज्य-आहुति दें। सोम के निमित्त जब मन्त्र वाणी उच्चरित होती है, तब सोम का नाम प्रजापति होता है। तब यज्ञ में विघ्न होने पर 'प्रजापतये स्वाहा' मन्त्र से आहुति दें। सोम जब अभिमुख होता है, तब उसका नाम होता है-अन्ध। तब विघ्न होने पर 'अन्धरो स्वाहा मन्त्र' से आज्याहुति दे। यज्ञ-भाग रक्षित होने पर सोम-नाम होता है-सविता। तब विधु होने पर 'सवित्र स्वाहा' से आज्याहुति दे। दीक्षा में सोम नाम होता है-विश्वकर्मा तब विघ्न होने पर 'विश्वकर्मणे स्वाहा' से आहुति दें। क्रयणी गौ लाने पर नाम 'पूषा' होता है, तब विघ्न होने पर 'पूर्णे स्वाहा' मन्त्र से आज्याहुति दे ॥54॥

क्रयार्थ प्राप्त होने पर सोम के इन्द्र मरुत नाम होते हैं, तब विघ्न होने पर 'इन्द्राय मरुद्भ्यः स्वाहा' इस मन्त्र से आज्याहुति दें। क्रय करने पर 'असुर' नाम होता है। तब विघ्न होने पर 'असुराय स्वाहा' यह कह कर आज्याहुति दें। क्रय किया हुआ सोम 'मित्र' नाम वाला होता है, तब विघ्न होने पर 'मित्राय स्वाहा'

मन्त्र से, यजमान के अश में प्राप्त हुआ सोम विष्णु संज्ञक होता है, तब विघ्न होने पर 'विष्णवे शिपिविष्टाय स्वाहा' इस मन्त्र से आज्याहुति दे। शकट में रखकर ग्रहण किया जाता हुआ सोम का नाम है- 'विष्णु' तब शान्ति के लिए 'विष्णवे स्वाहा' इस मन्त्र से आज्याहुति दें ।।55।।

शकट के द्वारा आने वाला सोम 'सोम' होता है। उस समय विघ्न शान्ति के लिए 'सोमाय स्वाहा' मन्त्र से आज्याहुति दे। आसन्दी में रक्षित सोम 'वरुण' नामक है। तब विघ्न होने पर 'वरुणाय स्वाहा' इस मन्त्र से आज्याहुति दें। आग्नीध्र में विद्यमान सोम का नाम है- 'अग्नि'। तब विघ्न होने पर 'अग्नये स्वाहा' इस मन्त्र से आज्याहुति दें। हविर्धान में विद्यमान सोम 'इन्द्र' नाम का है। तब 'इन्द्राय स्वाहा' कहकर आहुति विघ्न शान्ति के लिए दें ।।56।।

खण्डों में खण्डन करके रखा हुआ सोम 'विश्वेदेवा' वृद्धि को प्राप्त सोम 'विष्णु' सोमाभिषव होने पर 'यम' नामक, अभिषुत सोम विष्णु संज्ञक है, छाना जाता हुआ सोम 'वायु' संज्ञक, छनकर शुद्ध हुआ 'शुक्र' संज्ञक, छना हुआ 'शुक्र' संज्ञक, सम्तू मिश्रित 'मन्त्र' संज्ञक होता है। इन उक्त समयों पर विघ्न उपस्थित होने पर क्रमशः-विषये देवेभ्यो स्वाहा' 'विष्णवे स्वाहा', 'यमाय स्वाहा', 'वायवे शुक्राय स्वाहा', 'शुक्राय स्वाहा', 'मन्थिने स्वाहा,' इन मंत्रों से आज्याहुतियाँ दे ।।57।।

चमस पात्रों में गृहीत सोम विश्वेदेवा नामक होम को उद्यत सोम 'असु' नामक, द्यमान सोम 'रुद्र' नामक, हुतशेष सोम 'वात' नामक, हुतशेष, रसपान के लिए निवेदित सोम 'नृचक्ष' नामक, भक्षण किया जाता हुआ - 'भक्ष' नामक और भक्षण कर लेने पर 'पितर' नामक, होता है। उक्त स्थितियों में यज्ञ में विष्णु होने पर क्रमशः-विश्वेभ्यो देवेभ्यो स्वाहा, असवे स्वाहा, रुद्राय स्वाहा, वाताय स्वाहा, नृचक्षसे स्वाहा, भक्षणे स्वाहा, और पितृभ्यो नाराशंसेभ्यः स्वाहा इन मंत्रों को बोलकर आज्याहुति दें ।।58।।

अवगृथ के निमित्त उद्यत सोम 'सिन्धु' नामक, ऋजीष कुंभ में जल के ऊपर अवस्थित सोम 'समुद्र' नामक और ऋजीष कुम्भ में जलमग्न किया जाता हुआ सोम 'सलिल' नामक होता है। इन स्थितियों में यज्ञ में विघ्न होने पर क्रमशः सिन्धवे स्वाहा, समुद्राय स्वाहा और सलिलाय स्वाहा इन मंत्रों से आज्याहुति दें।

विष्णु और वरुण के ओज से सब लोक अपने-अपने स्थानों पर अवस्थित हैं ये दोनों अपने पराक्रम से पराक्रमी है और उनका बल अधर्ष्य है, अतः यज्ञ में पहले इन दोनों का ही आह्वान

होता है। इन्हीं विष्णु और वरुण के पास सोम गया। विष्णु ही वरुण और वरुण ही विष्णु हैं। यह मंगलमयी हवि इन दोनों को ही अर्पित है ॥59॥

स्वर्ग में रहने वाले देवताओं के निमित्त यह यज्ञ उनकी ओर गया। स्वर्ग रूप उस यज्ञ के फल के रूप में विशिष्ट भोग मुझे प्राप्त हो। फिर वह मनुष्य लोकों में आता हुआ अन्तरिक्ष में पहुँचा। अन्तरिक्षस्थ उसके फल के रूप में मुझे धन प्राप्त हो। यह यज्ञ धुएँ के द्वारा पितरों के पास जाकर जब पृथिवी पर आये, तब वह मुझे ऐश्वर्य की प्राप्ति कराए ॥60॥

चौंतीस प्रायश्चित्तों के पश्चात् यज्ञ की वृद्धि करने वाले प्रजापति आदि चौंतीस देवता अन्नादि का पोषण करते हैं। यज्ञ-विस्तारक देवों का जो अंश छिन्ना हुआ है, उसे मैं धर्मपात्र में एकत्र करता हूँ। यह आहुति उन देवों की प्रसन्नता के लिए उनके लिए स्वाहुत हो ॥61॥

जो यज्ञ आहुति वाला है, उसका फल बड़े और सब दिशाओं में व्याप्त हो। द्यावा-पृथिवी-अन्तरिक्ष में व्याप्त यह यज्ञ मुझे सन्तान और महानता दे। मैं यश और पूर्णायु पाऊँ। यह आहुति स्वाहुत हो ॥62॥

नवम अध्याय

ऋषि: इन्द्र बृहस्पति, वसिष्ठ, तापस, वरुण, देववात।

हे सविता देव! वाजपेय यज्ञ को प्रारम्भ करो। यजमान की ऐश्वर्य प्राप्ति के लिए अनुष्ठान को प्रेरित करो। सूर्य हमारे अन्न को पवित्र करें। वाचस्पति हमारी हवि को आस्वादन करें। यह आहुति स्वाहुत हो ॥1॥

हे प्रथम ग्रह! तुम उपयाम पात्र में गृहीत हो। इन्द्र के लिए मैं तुम्हें गृहीत करता हूँ। हे द्वितीय ग्रह! तुम उपयाम पात्र में गृहीत हो तथा जल, घृत और आकाश में रहने वाले हो। मैं तुम्हें इन्द्र की प्रसन्नता के लिए ग्रहण करता हूँ। हे तृतीय ग्रह! तुम उपयाम पात्र में गृहीत हो। तुम पृथिवी, स्वर्ग, अन्तरिक्ष, देवों और देव-स्थानों में स्थित होने वाले हो। मैं तुम्हें इन्द्र की प्रसन्नता के लिए तुम्हारे इस स्थान पर स्थापित करता हूँ ॥2॥

हे चतुर्थ ग्रह! सूर्य में विद्यमान जलों के सार वायु और वायु के सार प्रजापति हैं। उन्हें मैं देवों की प्रसन्नता के लिए ग्रहण करता हूँ। हे ग्रह! तुम उपयाम पात्र में गृहीत हो। प्रजापति की प्रसन्नता के लिए मैं तुम्हें ग्रहण करता हूँ ॥3॥

हे ग्रहों! अन्न-रस के आह्वान के कारण तुम इन्द्र को श्रेष्ठ मति प्राप्त कराते हो। मैं भी यजमान के लिए अन्न-रस प्राप्त करता हूँ। हे पंचम ग्रह! तुम उपयाम पात्र में गृहीत हो। मैं इन्द्र की प्रसन्नता के लिए ग्रहण करता हूँ। हे सोम! हे सुराग्रह तुम दोनों सम्मिलित हो, मुझे कल्याण युक्त करो। तुम दोनों अलग भी हो, मुझे पाप से अलग रखो ॥4॥

हे अन्नदाता रथ! तुम इन्द्र के समान हो। तुम्हारी सहायता पाकर यजमान अन्न-लाभ करे ॥5॥

जलों में अमृत है और औषधियाँ भी स्थित हैं। हे अश्वो (सूर्य रश्मियों) ऐसे जलों में वेगवान् होकर तुम प्रशस्त मार्गों में प्रविष्ट होओ। हे जलों तुम्हारी ऊँची लहरों से सिक्त अश्व यजमान को श्रेष्ठ-अन्न देने में समर्थ हों ।।6।।

10 प्राण + वायु तथा मन 2 + 10 इंद्रियां + 5 सूक्ष्म भूत-ये कुल सत्ताईस पदार्थ (गन्धर्व) हैं। हे जगत् में अश्व को (व्यापकता और वेगादि गुणों को) योजित करते हैं और वेग को धारण करते हैं ।।7।।

हे अश्व! योजित किये जाने पर तुम इन्द्राश्व के समान शोभित हो। तुम्हें मरुद्गण रथ में योजित करें, त्वष्टा तुममें वेग-स्थापन करे ।।8।।

हे अश्व। तुम्हारा जो वेग हृदयस्थ है, उससे वेगवान् हो हमारे लिए अन्न-विजेता होओ और वृहस्पति के चरा को सूँघो ।।9।।

सविता देव की आज्ञा में रहने वाला मैं वृहस्पति के स्वर्ग में चढ़ता हूँ और स्वर्ग-कामना के चक्र पर चढ़ता हूँ ।।10।।

हे दुन्दुभियों! बृहस्पति से निवेदन करो कि हे बृहस्पति! तुम अन्न जीतो। बृहस्पति के लिए अन्न लाभ कराओ। तुम इन्द्र से कहो-हे इन्द्र! तुम अन्न को जीतो ।।11।।

हे इन्द्रानियों! बृहस्पति ने अन्न जीत लिया। अब तुम बृहस्पति के रथ को दौड़ाओ ।।12।।

सविता देव की आज्ञावर्ती मैं वृहस्पति-सम्बन्धी अन्नों को जीतू। हे अश्वों! अन्तजेता तुम मार्गों को तय करते हुए योजनों को पार करो। तुम अठारह निमेष में ही एक् योजन चले जाते हो ।।13।।

यह अश्वग्रीवा, कक्ष और मुख में बँधा है। वह मार्ग के विघ्नों को पार करता है और द्रुतगति से दौड़ता है। यह आहुति स्वाहुत हो ।।14।।

यह अश्व विघ्नों को पार करता हुआ वेग से जाता है जैसे पक्षी को पंख शोभित करते है, वैसे इस अश्व को अलंकारादि शोभित करते हैं ।।15।।

यज्ञ में आहुति दिये जाने पर प्रचुरवेगवान् अश्व बाधाओं का नाश करके कल्याण देने वाले हैं। वे हमारी सब व्याधियों को दूर करे ।।16।।

यजमान के मनोनुकूल चलने वाले यह अश्व हमारे आह्वान को सुनने वाले हैं। ऋजु कुटिल मार्गों पर चलने वाले ये हमें अन्नादि से संतुष्ट करते है। और युद्ध में अपरिमित धनों को जीत लाते है ।।17।।

हे अश्वों! तुम मेधावी और अविनाशी हो। दौड़ने से पहले तुम मधुर-हवि को सूंघो, तृप्त होओ फिर देवयान मार्ग में जाओ ।।18।।

अन्न हमारे घर आए और द्यावापृथिवी, माता-पिता के समान हमारे रक्षक हो। सोम हमारे लिए अमृत हो जाय। हे अश्वों तुम अन्न को जीतने के लिए चरु को शुद्ध करके वृहस्पति-सम्बन्धी भाग को सूँघो ॥19॥

व्यापक संवत्सर और आदित्य के निमित्त यह आहुति स्वाहुत हो। प्रजापति के निमित्त दी गयी यह आहुति स्वाहुत हो। व्यापक प्रजापति, यज्ञरूप, जगत के कारण और स्थिति रूप के लिए, दिन के स्वामी के लिए, मुख्य नाम वाले के लिए, सब लोकों के स्वामी के लिए, प्राणों की उत्पत्ति-स्थिति और विनाश करने वाले के लिए दी गई आहुतियाँ स्वाहुत हो ॥20॥

इस वाजपेय यज्ञ के फलस्वरूप हमारी आयु की और प्राणों की वृद्धि हो। इस यज्ञ के फल से हमारे नेत्रेन्द्रिय एव कर्णेन्द्रिय समर्थ हों। यज्ञफल से हमारी पीठ पर बल और यज्ञ की क्षमता बड़े ॥21॥

हे चारों दिशाओं! तुमसे सम्बन्धित इन्द्रियाँ हममें हो; तुम्हारा धन हमें प्राप्त हो; तुमसे सम्बन्धित। पृथिवी माता को नमस्कार है ॥22॥

प्रजापति ने सृष्ट्यारम्भ में औषधि और जलों में तेजस्वी सोम को उत्पन्न किया। सोम, औषधि और जल हमारे लिए रसमय और मधुर हो। उनसे अभिषिक्त हम राज्य में सबका कल्याण चाहते हुए सावधानी से रहे ॥23॥

परमात्मा के स्वर्ग और सबलोक बनाये हैं। वे मुझ हविदाता को आहुति-दान को प्रेरित करते है। वे हमें सन्तान-धन-सम्पन्न करे। यह आहुति स्वाहुत हो। 24॥

प्रजापति ने सब लोको को उत्पन्न किया। वे सर्वज्ञ और सर्वप्रिय है। वे हमें सन्तान-धन दे। यह आहुति स्वाहुत हो ॥25॥

प्रजापति ने हमारे पालन करने के लिए सोम, वैश्वानर अग्नि द्वादश आदित्य, ब्रह्मा और वृहस्पति को नियुक्त किया है। प्रजापति के लिए हम आहुति देते हैं। यह आहुति स्वाहुत हो ॥26॥

हे प्रभो। तुमने अर्या, बृहस्पति, इन्द्र, सरस्वती, विष्णु आदि को रचा है। इनको हमें धन-अन्न देने को प्रेरित करो। यह आहुति स्वाहुत हो ॥27॥

हे अग्नि! इस यज्ञ में हमारी ओर अभिमुख होओ, श्रेष्ठ मन वाले होओ और हमारे लिए हितकारी वचन कहो। धनदाता तुम हमें धन दो, हमारी याचना स्वीकारो। यह आहुति स्वाहुत हो ॥28॥

हे परमात्मा! तुम्हारी कृपा से अर्यमा, पूषा, बृहस्पति, सरस्वती हमारी कामनाएँ पूर्ण करें ॥29॥

सविता देव की प्रेरणा से यजमान को वृहस्पति के राज्य में अभिषिक्त करता हूँ और सरस्वती के ऐश्वर्य में प्रतिष्ठित करता हूँ ॥30॥

एकाक्षर छन्द से अग्नि ने प्राण को जीता। मैं भी उसके प्रभाव से जीतूँ। दो अक्षर वाले छन्द से अश्विद्वय ने मनुष्यों को जीता, मैं भी उससे मनुष्यों को जीतूँ। तीन अक्षर वाले छन्द से विष्णु ने तीन लोकों को जीता, मैं भी उससे त्रिलोक-विजयी होऊँ। चार अक्षर वाले छन्द से सोम ने उपायों को जीता, मैं भी उससे पशुओं को जीतूँ॥31॥

पंचाक्षर छन्द से पूषा ने पांच दिशाओं को जीता, मैं भी उससे पशु-विजयी होऊँ। षडक्षर छन्द से सविता ने छह ऋतुएँ जीती, मैं भी उससे ऋतुविजयी होऊँ। सप्ताक्षर छन्द से मरुदगण ने गौआदि सात ग्राम-पशुओं को जीता, मैं भी उससे दिग्-विजयी होऊँ। अष्टाक्षर छन्द से वृहस्पति ने गायत्री देवताओं को जीता, मैं भी उससे उसे जीतूँ ॥32॥

नवाक्षर छन्द से मित्रदेव ने त्रिवृतसोम को जीता, मैं भी उससे जीतूँ। एकादशाक्षर छन्द से इन्द्र ने त्रिष्टुप छन्द के देवता को जीता, मैं भी उसे जीतूँ। द्वादशाक्षर स्तोत्र से विश्वदेवताओं ने जगती छन्द के देवता का जीता, मैं भी उससे जीतूँ ॥33॥

त्रयोदशाकर छन्द से वसुओं ने त्रयोदशस्तोम को जीता, मैं भी उससे उसी प्रकार जीतूँ। चतुर्दशाक्षर छन्द से रुद्रगण ने चतुर्दश स्तोम को जीता, मैं भी उसके द्वारा जीतूँ। पंचदशाक्षर छन्द से आदित्यों ने पंद्रहवें स्तोम पर विजय पायी, मैं भी उसके द्वारा पाऊं। षोडशाक्षर छन्द रो अदिति ने सोलहवें स्तोम को जीता, मैं भी द्वारा जीतूँ। सप्तदशाक्षर छन्द से प्रजापति ने सत्रहवें स्तोम को जीता, मैं भी जीतूँ ॥34॥

हे पृथिवी! तुम अपने यज्ञभाग का सेवन, करो, यह आहुति स्वाहुत हो। पूर्व दिशा ने निवासी देवताओं के नेता अग्नि, दक्षिण दिशा के देवों के नेता यम, पश्चिम के विश्वेदेवा और उत्तर दिशा के मित्रावरुण अथवा मरूद्गण-इन सभी देवो को दी गयी हमारी आहुतियाँ स्वाहुत हो ॥35॥

पूर्व दिशा के जिन देवताओं के नेता अग्नि हैं, उन देवों को, दक्षिण दिशा के उन देवताओं को, जिनके नेता यम हैं; पश्चिम दिशा के जिन देवताओं के नेता विश्वेदेवा है; उन देवों को और उत्तर दिशा के जिन देवो के नेता मरूद्गण हैं, उन देवों को दी गयी हमारी आहुति स्वाहुत हो ॥36॥

हे अग्नि! शत्रु-सेना को हराओ, शत्रु-सेना को चीर डालो। तुम्हारी गति अरोक है, शत्रुओं का तिरस्कार कर, अनुष्ठाता यजमान को तेज प्रदान करो ॥37॥

हे आयुध! सविता देव की प्रेरणा से मैं तुम्हें ग्रहण करता हूँ। हे आयुध! मैं तुम्हें राक्षसों के सहारार्थ प्रक्षेप करता हूँ। राक्षसवंश नष्ट हुआ, शत्रु-वध हुआ, शत्रु हत हो गया ॥38॥

हे राजन्! सविता देव प्रजा के शासन-कार्य में तुम्हें प्रेरित करे। अग्नि देवता तुम्हारा गृहस्थों पर आधिपत्य स्थापित कराएँ। सोमवेद वनस्पतिविषयक सिद्धि दें। बृहस्पति तुम्हें वाणी पर प्रतिष्ठित करे। इन्द्र ज्येष्ठाविषयक सिद्धि दें। बृहस्पति तुम्हें वाणी पर प्रतिष्ठित करें। इन्द्र ज्येष्ठाधिपत्य में, रुद्र पशु आधिपत्य में, मित्र सत्य व्यवहार में और वरुण तुम्हें धर्माधिपत्य में प्रतिष्ठित न करें ॥39॥

हे देवो! अमुक नामवाले अमुक के पुत्र को महान क्षात्रधर्म के लिए और जन-शासक होने के लिए शत्रु-शून्य करो तथा इसे अमुक जाति का राजा बनाओ। हे प्रजागण! यह तुम्हारा राजा हो और ब्राह्मणों का राजा सोम हो ॥40॥

दशम अध्याय

ऋषि: वरुण, देववात, वामदेव, शुनःशेष।

इन मधुर-रसयुक्त-सुशोभित जलों को इन्द्रादि देवों ने ग्रहण किया। जलों से मित्रवरुण ने अभिषेक किया, उन जलों को हम ग्रहण करते हैं ॥1॥

हे जल की लहर! तुम शक्तिशालिनी हो, मुझे शक्तिशाली राष्ट्र प्रदान करो, यजमान को शक्तिशाली राष्ट्र प्रदान करो। यह तुम्हें दी गयी आहुति स्वाहुत हो ॥2॥

हे प्रवाहयुक्त जलों! तुम स्वभावतः ही राष्ट्रदाता हो; मुझको राष्ट्र-दान दो, अमुक यजमान को राष्ट्र-दान दो। यह आहुति स्वाहुत हो ॥3॥

हे जलो! तुम सूर्य की त्वचा में रहने वाले हो और स्वभाव से राष्ट्र-प्रदाता हो, मुझे और अमुक यजमान को राष्ट्रदान दो। तुम्हें दी गयी यह आहुति स्वाहुत हो। हे तृणस्थ, तृणाग्रस्थ जलों, हे मधुरूप जलो! हे गौर से सम्बन्धित जलो! हे जनभूत जलों! हे विश्वभृत जलो! हे मरीचिरूप जलो! हे मधुरस जलो! तुम सब स्वभावतः ही राष्ट्र के प्रदाता हो, मुझे तथा इस यजमान को शक्ति-सम्पन्न राष्ट्र का दान करो। तुम सबके लिए पृथक्-पृथक् दी गयी आहुतियाँ स्वाहुत हों ॥4॥

हे चर्म! तुम सोम कान्ति-युक्त हो, वह कान्ति मुझमें प्रविष्ट हो। यह आहुति अग्नि के लिए, सोम की प्रसन्नतार्थ, सविता की प्रीति के लिए, सरस्वती के लिए, इन्द्र की प्रीत्यर्थ, घोषयुक्त देवता के लिए, जलों के प्रशंसित कर्मों के लिए, पाप-पुण्य विभाजन के लिए और अर्यमा के लिए पृथक-पृथक स्वाहुत हो ॥5॥

हे पवित्र कुशद्वय तुम यज्ञ-कार्य में लगो। सविता देव की आज्ञा से मैं छिद्ररहित 'पवित्री' से और सूर्यरश्मियों से तुम्हें सींचता हूँ। हे जलो! तुम राक्षसों से कभी नहीं हारे। तुम वाणी के बन्धु हो। 'स्वाहा' से शुद्ध होकर तुम इस यजमान को राज्यश्री से विभूषित करो ॥6॥

यह जल चार पात्रों में स्थित है। ये पात्र अभिषेक-कर्म में वरण किये गये हैं, ये घर के समान सबके धारक और मातृरूप में विश्व निर्माणकर्ता हैं। जलो के शिशु रूप यजमान ने इन्हें सादर स्थापित किया है ॥7॥

हे वस्त्र! तुम यजमान के लिए गर्भधारणभूत जल-सदृश हो। हे रक्त कम्बल! तुम इस यजमान के लिए हो। हे उष्णीष! तुम इसके लिए हो। हे धनुष! तुम यजमान के पुत्र-रूप शत्रु-वधकर्ता आयुध हो। हे धनुष की दक्षिण कोटि! तू मित्र सम्बन्धी और वाम कोटि, तू वरुणदेव सम्बन्धित है। हे धनुष! तेरे द्वारा यह शत्रु-वध करे। हे वाणी! तुम इसके शत्रुओं के भंगकर्ता, कपाने वाले और चीरनेवाले होओ और इसकी पूर्व, पश्चिम, उत्तर दिशा तथा सभी दिशाओं में रक्षा करने वाले होओ ॥8॥

पृथिवी पर रहने वाला मनुष्य-समूह, अग्नि, इन्द्र, मित्रवरुण, सूर्य चन्द्रमा, पूषा, विश्वेदेवा, द्यावापृथिवी और अदिति उस यजमान को जाने ॥9॥

हे यजमान! अब तुम पूर्व दिशा को जाओ। गायत्री छन्द तुम्हारी रक्षा करे। रथन्तर सोम, त्रिवृत रत्तोम, वसन्त ऋतु, परब्रह्म और धनरूप ऐश्वर्य तुम्हारी रक्षा करें ॥10॥

हे यजमान! तुम दक्षिण दिशा में जाओ। वृहत्साम, पंचदशस्तोम, सप्तदश स्तोम, ग्रीष्म ऋतु क्षात्र धर्म और ऐश्वर्य तुम्हारी रक्षा करे ॥11॥

हे यजमान! तुम पश्चिम दिशा में जाओ। जगती छन्द, वैरूप साम, सप्तदश सोम, वर्षाऋतु, , वैश्यधर्म और ऐश्वर्य तुम्हारी रक्षा करें ॥12॥

हे यमजान! तुम उत्तर दिशा में जाओ। अनुष्टुप छन्द, वैराज साम, एकविंश स्तोम, शरद् ऋतु और ऐश्वर्य तुम्हारे रक्षक हों ॥13॥

तुम ऊर्ध्वलोक पर आरोहण करो। पंक्ति छन्द, शकर सोम, तैंतीस स्तोम, हेमन्त, शिशिर ऋतु, तेजात्मक ऐश्वर्य तुम्हारे रक्षक हो ॥14॥

हे व्याघ्र चर्म! तुम सुनहरी त्वचा के सदृश तेजवान् हो। तुम्हारा तेज मुझमें प्रविष्ट हो। हे सुवर्ण! तुम मुझे शत्रु से बचाओ। हे सुवर्ण मुकुट! तुम विजय के लिए साहसी होओ। तुम साहस के कारण बलरूप हो और अविनाशी हो ॥15॥

हे शत्रु-निवारक दक्षिण युग्म और मित्र-सम हितैषिणी वाम भुजा! तुम दोनों वरुण मित्र रूप हो। तुम दोनों इस पुरुष में संगत होओ। सुवर्णालंकारो से युक्त और सामर्थ्यवाली तुम दोनों रात्रि के अन्त तक जागृत रहो। प्रातः सूर्य तुम्हारी सम्भावनाओं के प्रकट करने को उदित होते है। फिर दिति और अदिति तुम्हारे पाप-पुण्य को देखते हैं ॥16॥

हे क्षत्रपति यजमान! मैं तुम्हें चन्द्र कान्ति से अभिषिक्त करता हूँ। तुम अभिषिक्त होकर राजाधिराज होकर, प्रवृद्ध होओ, शत्रु-नाश करो और प्रजा-पालन करो। हे सोम! तुम यजमान

की रक्षा करो। हे यजमान! मैं तुम्हें अग्नि के तेज से अभिषिक्त करता हूँ। तुम क्षत्रियाधिपति हो, समृद्ध होओ। शत्रुजय एवं प्रजापालन करो। हे यजमान! तुम्हें सूर्यतेजाभिषिक्त करता हूँ। तुम क्षत्रियाधिपति, शत्रुरहित और प्रजा पालक होओ ॥17॥

हे श्रेष्ठ हविवाले देवी! इस अमुक के पुत्र अमुक नाम वाले को इन्द्र के समान ऐश्वर्य देकर अमुक स्थान और अमुक जाति की प्रजा का पालन करने के लिए अधिष्ठित करो तथा इसे शत्रुहीन करो। हे प्रजाजनों! ये तुम्हारे राजा हैं और ब्राह्मणों के राजा सोम हैं ॥18॥

संसार को सींचने वाले, गतिशील, फल प्रेरक और आहुति के परिणाम रूप जल, पर्वत पृष्ठ से सूर्यमण्डल की ओर गमन करते है। (यजमान भी इसी प्रकार उन्नति की ओर गमन करे) ॥19॥

हे प्रजापति! संसार के ये जो जीव-प्रकृति आदि सब वस्तुएं हैं, उन्हें आपके अतिरिक्त अन्य कोई नहीं जान सकता। हम जिस कामना से यह यज्ञ कर रहे है, वह पूर्ण हो। यह आहुति स्वाहुत हो ॥20॥

हे रथ! तुम इन्द्र के वज्र के समान काष्ठ से निर्मित हो। हे अश्वों! तुम्हें मित्रावरुण के बल से इस रथ में योजित करता हूँ। हे रथ! देश के भय निवारणार्थ एवं सुशिक्षसम्पादनार्थ इन्द्र के समान मैं तुम पर चढ़ता हूँ। हे अश्व! मरुद्गण की आज्ञा पाकर वेगवान् हो और शत्रुओं पर विजय प्राप्त करो ॥21॥

हे इन्द्र! तुम वज्रधारी और तेजस्वी हो। तुम जिस रथ पर चढ़ते हो, उससे हम विमुक्त न हों ॥22॥

गृहपति अग्नि को यह आहुति स्वाहुत हो। सोम की प्रसन्नता के लिए, मरुद्गण के ओज के लिए, इन्द्र के पराक्रम के लिए दी गयी आहुतियाँ स्वाहुत हो। पृथिवी माता तुम मुझे हिंसित न करो, मैं भी तुम्हें असन्तुष्ट न करूँ ॥23॥

आदित्य रूप आत्मा पवित्र स्थान में स्थित होकर अन्धकार को दूर करता है। वायु रूप से अन्तरिक्षस्थ होता है। अग्नि रूप से पृथिवी पर और प्राण रूप से जीवों पर रहता है। इस प्रकार सर्वत्र रहता है। मतयादि रूप से जल में, पशु आदि रूप से वीर्य में, अग्नि रूप से पाषाण में तथा अग्नि रूप से ही जल में रहता है। ऐसा परब्रह्म ही उपासनीय है ॥24॥

हे परमेश्वर! इतनी आयु मुझे दीजिए, जितनी आप सबको देते हैं। आप वर्चस् (तेज) है, मुझको तेज धारण कराइए। आप बल-पराक्रम हैं, मुझको बल धारण कराइए। हे पुरुषों! इन्द्र (परमात्मा) के आश्रय से तुममें पराक्रम धारण करता हूँ ॥25॥

हे आसन्दी (राजपत्नी)! आप सुखरूप हैं, सुन्दर व्यवहार वाली है और न्यायकर्त्री है। इसीलिए आप सुखाकारक सुशिक्षा में तत्पर हो तथा प्रजाजनों को भी सुखकरी शिक्षा दे ॥26॥

हे आसन्दी (राजपत्नी)! जैसे आपका सदाचारी, बुद्धिमान् सुकिया-युक्त उत्तम पति साम्राज्य को चलाने के लिए न्याय करता है, वैसे आप भी न्यायकारिणी हो ॥27॥

हे सर्वजेता यजमान राजा! पाँच दिशाएं तुम्हारे अधीन है। हे ब्रह्मन्! तुम ब्रह्मा ही हो। हे यजमान! तुम अत्यन्त महिमावान् होने से सविता हो। अमोघवीर्य तुम प्रजाओं के दुःख दूर करने से वरुण हो। जनों के ऐश्वर्यरक्षक होने से इन्द्र हो। आश्रितों को सुख देने वाले तथा शत्रुओं को रुलाने वाले होने से तुम रुद्र हो और महिमावान् होने से ब्रह्मा हो ॥28॥

अग्नि सर्वदेवों में प्रथम पूजनीय है। वे संसार के धारणकर्ता, हविसेवनकर्ता और गृहस्थ धर्म के साक्षी हैं। हमारी अग्नि के। दी गयी आज्याहुति स्वाहुत हो ॥29॥

सविता, वाणीरूप, सरस्वती रूप के अधिष्ठाता त्वष्टा, पशुओं के अधिष्ठाता पूषा, इन्द्र, वृहस्पति वरुण' अग्नि, चन्द्रमा और यज्ञस्वामी विष्णु का आज्ञावर्ती मैं देवों के समीप जाता हूँ ॥30॥

हे क्षत्रपति! हे प्रजाजनों! तुम अश्विद्वय के समान शुद्ध बुद्धिवाले होओ। परम ऐश्वर्य के लिए पुरुषार्थ करो। शुद्ध धर्म के आचरण से वायु के समान निर्दोषता प्राप्त करो। सद्गुणों से युक्त ऐश्वर्य से युक्त, ज्ञानागार परमेश्वर के भक्त होओ ॥31॥

हे ज्ञानवान्! बहु ऐश्वर्यवान, विद्वान, सदाचारी आपको हम अपनी रक्षा के लिए स्वीकार करते हैं। सत्-असत् का विचार करके हमारी रक्षा कीजिए ॥32॥

हे अश्विद्वय! तुमने सोम को प्राप्त करके इन्द्र की सुरक्षा की ॥33॥

हे इन्द्र! जब तुम अशुद्ध सोम को पीकर विपत्तियों में पड़े तब अश्विद्वय ने तुम्हारी उसी प्रकार रक्षा की, जैसे माता-पिता पुत्र की रक्षा करते हैं ॥34॥

एकादश अध्याय

ऋषि: प्रजापति, शुनःशेष, गृत्समद, सिन्धुद्वीप आदि।

सविता मन को एकाग्र करके, अग्नि के तेज का विस्तार करके और अग्नि को पशु आदि सब में प्रविष्ट जानकर प्रारम्भ में उसे पृथिवी से निकालकर लाये ॥1॥

सर्वप्रेरक सविता की प्रेरणा से हम एकाग्र मन से स्वर्ग-प्राप्ति के कर्म में लगते हैं ॥2॥

सविता देव कर्म और ज्ञान से दिव्य स्वर्गलोक में गमन करने वाले तथा महान ज्योति के संस्कर्ता है। वे देवों को अग्नि चयन और यज्ञकर्म में लगाते है तथा स्वयं अग्नि को प्रदीप्त करते हैं ॥3॥

होता, ऊर्ध्वर्यु, अपने मन और बुद्धि को अग्नि-चयन में लगाते है। सविता देव ऋत्विजों के उद्देश्य को जानते हैं। सविता ने ही विश्व-रचना की है, उनकी महिमा वेदों में उक्त है ॥4॥

हे यजमान दंपत्ति! मैं तुम्हारे लिए वह अग्नि-चयन कर्म करता हूँ जो कि अन्न एवं घृताहुति वाला है, ऋषि अनुष्ठित है और आत्मज्योतिवर्धक है। यजमान का यज्ञ दोनों लोकों में बढ़े। देवता यज्ञ को स्वीकारें ॥6॥

हे सविता देव! यजमान को यज्ञ-कर्म के सौभाग्य के प्रति प्रेरित कीजिए। सविता देव हमारे ज्ञान को ब्रह्म-ज्ञान से पवित्र करें तथा वाणी को मधुर बनाएँ॥7॥

यज्ञ देवताओं को तृप्तिदायक है, ब्रह्म को वश में करने वाला और धनदाता है। हे सविता देव! ऐसे यज्ञ के फल को सम्पन्न करो। यह आहुति स्वाहुत हो ॥8॥

हे अग्नि! सविता देव की प्रेरणा से गायत्री छन्द प्रभाव से अंगिरा के समान मैं तुझे ग्रहण करता हूँ। तू पृथिवी के भीतर से अग्नि का आहरण कर ॥9॥

हे अग्नि! तुम काष्ठ विशेष से निर्मित हो और शत्रु-शून्य हो। जगती छन्द के प्रभाव से तुम पृथिवी के भीतर व्याप्त अग्नि को अंगिरा के समान बाहर लाने में समर्थ हो ॥10॥

हे सविता- देव! अंगिरावत् सुवर्ण-अग्नि को हाथ में लेकर अनुष्टुप छन्द के प्रभाव से पृथिवी के भीतर से अग्नि-ज्योति को बाहर लाइए ॥11॥

हे अश्व! इस यज्ञ-स्थान पर शीघ्र आओ। आदित्य के समान तुम स्वर्गोत्पन्न हो, अन्तरिक्ष में तुम्हारी नाभि और पृथिवी पर तुम्हारा स्थान है ॥12॥

हे यजमान दंपत्ति! तुम दोनों धन-वृद्धि करने वाले हो। अग्नि-कर्म में अपने हितकारी अग्नि का वहन करने वाले अश्व को युक्त करो ॥13॥

परस्पर मित्रभाव को प्राप्त, उत्साही एवं बलवान् ऋत्विज-यजमान इस देवयज्ञ-पितृयज्ञ में रक्षार्थ 'अज' (परमात्मा) के लिए आहुति देते हैं ॥14॥

हे अश्व (अज)! तुम शत्रुहन्ता, रुद्रगणों पर आधिपत्य प्राप्त हो, अतः हमारे सुख के लिए यही यज्ञ में आओ और कल्याणकारी द्यावापृथिवी के वहन करने वाले होओ ॥15॥

हे अभ्री! पृथिवी के स्थान से अंगिरा ऋषि के समान तू अग्नि को निकाल। हम उस अग्नि से अंगिरा के समान यज्ञ-सम्पादन करें ॥16॥

उषाकाल से पूर्वप्रकाशमान अग्नि सूर्य-रश्मि-संचालक हैं। वह ही द्यावापृथिवी मे क्रमशः व्याप्त होते हैं ॥17॥

हे अश्व! तू पृथिवी को कुरेदता हुआ यह बता कि अग्नियुक्त मृत्तिकावाले इस प्रदेश में अग्नि कहा है, जिससे हम उसे खोदकर निकालें ॥18॥

यह द्रुतगामी अश्व युद्धों को कम्पायमान करता है तथा यज्ञस्थल को प्राप्त स्थिर नेत्रों से अग्नि को देखता है ॥19॥

हे अश्व! स्वर्ग तुम्हारी पीठ है, पृथिवी तुम्हारे पाँव हैं, अन्तरिक्ष तुम्हारी आत्मा है और समुद्र तुम्हारा उत्पत्ति-स्थान है। तुम शत्रुओं को अपने पैरों से रौंद डालो ॥20॥

हे अश्व! धनदाता तुम सौभाग्य वृद्धिहेतु यही से उठो और पृथिवी को पैरों से खोदकर पृथ्वी के ऊपरी भाग में विद्यमान अग्नि का संकेत करो ॥21॥

हम अश्व के द्वारा पृथिवी स्थित अग्नि को खोजने का प्रयत्न करते है ॥22॥

सर्वलोकवासी अग्नि को मैं प्रदीप्त करता हूँ ॥23॥

सर्वत्र व्याप्त अग्नि को मैं आज्याहुति से प्रदीप्त करता हूँ। तुम आहिताग्नि का सेवन करो। अग्नि सेवनीय है, अग्राह्य नहीं ॥24॥

हे मन्थनोत्पन्न अग्नि! तुम पुरुष- रूप से शरीरों में रहकर उनका पालन करते हो; ब्रह्म रूप से राक्षसों एवं पापों के नाशक हो। हम तुम्हारा ध्यान करते है ॥25॥

हे अग्नि! तुम जनपालक, पवित्र, तेज से अन्धकार एवं आर्द्रता के निवारक एवं नित्य जलों में विद्युत-रूप से रहते हो। तुम पाषाण-घर्षण एवं अरणि-मंथन से उत्पन्न होते हो तथा यज्ञकर्ता यजमान के रूप हो ॥26॥

हे अग्नि! सविता की प्रेरणा से, अश्विद्वय की भुजाओं एवं पूषा के हाथों से भूमि के अन्तर्प्रदेश से मैं पशु-सम्बन्धी अग्नि को खनन-द्वारा प्राप्त करता हूँ ॥27॥

हे अग्नि! तुम ज्वालामुख हो। प्रजा के हितार्थ शान्त रहते हो। मैं अंगिरा के समान तुम्हें पृथिवी के नीचे से खनन करता हूँ ॥28॥

हे विद्वान्! आप सर्वत्र व्याप्त विद्युदग्नि के ज्ञाता तथा विद्या एवं क्रिया-कुशलता के बढ़ानेवाले हैं। अतः जलों के आधारभूत समुद्र एवं उसमें विद्यमान सभी पदार्थों को जानकर उनके तथा विद्युत् के उपयोग से बढ़ने वाले सुखों को अपने ज्ञान से बढ़ाइए ॥29॥

हे दम्पति! तुम दोनों ने गृहस्थाश्रम एवं उसकी सामग्री को प्राप्त किया है। अतः उसकी सब प्रकार से रक्षा करते हुए तथा अग्नि-आराधन (यज्ञ) करते हुए निर्दोष तुम दोनों सुखपूर्वक रहो ॥30॥

हे दम्पति! तुम भली प्रकार सुख को प्राप्त करते हुए रहो। प्रकाशयुक्त एवं सब पदार्थों में विद्यमान विद्युत-अग्नि को उत्पन्न करके और उसके विभिन्न उपयोग करके लक्ष्मी प्राप्त करो और उसका भोग करो ॥31॥

हे अग्नि! तुम पशुओं के हितैषी और सब प्राणियों के पालक हो। सर्वप्रथम अथर्वा ने जल के मन्थन से तुम्हें उत्पन्न किया और फिर ऋत्विजों के सादर तुम्हें अरणि-मन्थन से उत्पन्न किया ॥32॥

हे अग्नि! तुम श्रेष्ठ मार्ग में अवस्थित मन को पुष्ट करने वाले हो। तुम पापी के धनों के जेता हो। मैं तुम्हें प्रदीप्त करता हूँ ॥33॥

हे अग्नि! तुम सचेष्ट हो, यज्ञ कार्यारम्भ करो। देवों को प्रसन्नता देने वाले हे अग्नि! तुम हवि द्वारा देवों को तृप्त करते हो। यजमान को दीर्घायु एवं विपुल अन्नवान् बनाओ ।।34-35।।

तेजस्वी और सहस्रों के पालक पार्थिव-अग्नि प्रदीप्त हो प्रतिष्ठित होते हैं ।।36।।

हे अग्नि! तुम देवों के प्रीतिपात्र और महान हो। तुम प्रदीप्त होते हुए आज्याहुति से दर्शनीय रूप वाले हो। तुम धूम का त्याग करो ।।37।।

हे अध्वर्यु! प्राणियों के अरोग के निमित्त दिव्य एवं तेज सम्पन्न जलों से इस प्रदेश को सींचो और यही श्रेष्ठ औषधियों को खनन द्वारा प्राप्त करो ।।38।।

हे पृथिवी! तुम्हारा हृदय उदार है। वायु देवता तुम्हें जल-प्रक्षेप एवं तृणादि से पूर्ण करे। हे वायु देव! तुम सर्वत्र विचरते ही हो तुम्हें हम प्रजापति रूप से वषट्कार से युक्त करते हैं ।।39।।

हे अग्नि! तुम भली प्रकार दीपा होकर ज्योति-वैभव वाले हो। तुम इस कृष्णाजिन को व्यवहार में लो ।।40।।

हे अग्नि! तुम यज्ञ-कर्म निर्वाहक हो। उठो और दिव्य-गुण कर्म वाली वृद्धि से पुष्ट करो। तुम श्रेष्ठ रश्मियों से युक्त, तेजस्वी एवं दर्शनीय हो ।।41।।

हे अग्नि! सविता देव हमारी रक्षा करे। हमें सविता देव एवं तुम अन्न प्रदान करो। तुम्हारे निमित्त ऋत्विज मन्त्रोच्चारण कर रहे हैं ।।42।।

हे अग्नि! तुम श्रेष्ठ, पूजनीय, औषधिपोषक एवं विद्यावापृथिवी के मध्य उत्पन्न होने वाले उनके गर्भ के समान हो। तुम अधिकार को हटाते हुए औषधियों-वनस्पतियों के समीप से गमन करो ।।43।।

हे पुत्र! तू विद्याग्रहणार्थ दृढ़ हो। नीतियुक्त होकर बलवान् अवयवों से युक्त हो और शीघ्र कर्म करने वाला हो। तू अग्नि-सम्बन्धी सुन्दर व्यवहारों में स्थित और शुभ कर्मों को करने वाले एवं सुख का विस्तार करने वाला हो ।।44।।

हे प्रिय संतान! तू मनुष्यों आदि प्रजाओं के लिए कल्याणकारी हो। द्यावापृथिवी अन्तरिक्ष और वनस्पतियों के विषय में शोक रहित होकर पदार्थों की रक्षा का विधान एवं उनके उपकार के लिए प्रयोग कर ।।45।।

वेगवान् अश्व शब्द करता हुआ, दिशाओं को कम्पित करता हुआ चले और कर्म से पूर्ण रहता हुआ, नष्ट न हो। यह जलों में विद्युत रूप और समुद्र में वरुण रूप अग्नि को धारण करता हुआ चले। हे अग्नि! हवि-भक्षणार्थ आओ ।।46।।

आदित्य रूप और ऋत सत्य रूप अग्नि का अंगिरा के समान हम चयन करते हैं। औषधियों! इस स्थान में आते हुए अग्नि को प्रसन्न करो। हे अग्नि! तुम यही विराजमान होकर हमारे सब अकल्याणों एवं रोगादि को दूर करते हुए हमारी मति को यज्ञोन्मुख करो ।।47।।

हे औषधियों! तुम इस अग्नि को ग्रहण करो। यह अग्नि ऋतुकाल प्राप्त एवं प्राचीन स्थान में स्थित है ॥48॥

हे अग्नि! तुम महान् बल वाले हो। ऋतु के कुप्रभावों, शत्रुओं और व्याधियों तथा राक्षसों को दूर करो ॥49॥

हे जलो तुम कल्याणप्रद एवं सुखदायक हो। तुम हमारे लिए श्रेष्ठदर्शन एव ब्रह्मानन्द की अनुभूति के निमित्त स्थापित होओ ॥50॥

हे जलो! तुम्हारा यह जो कल्याणप्रद रस है, उसको तुम हमें उसी प्रकार दो, जैसे माता शिशु को पिलाती है ॥51॥

हे जलो! तुम्हारे विश्वपालक रस की प्राप्ति के लिए हम तुम्हारे समीप आये है। तुम हमें वह रस दो और हमें प्रजोत्पादक बनाओ ॥52॥

द्यावापृथिवी की ज्योति रूप 'अंग' (आत्मा) के मित्र देवता मुझे देते है। मैं उस प्राणरूप अग्नि को पिण्ड (शरीर) में स्थापित करता हूँ ॥53॥

जिन रुद्रो ने पार्थिव पिण्ड को पाषाण रूप देकर उससे अग्नि उत्पन्न की, उन रुद्रो का तेज देवों के मध्य प्रकाशित है ॥54॥

अमावस्या का देवता सिनीवाली, वसुगण एवं रुद्रगण सुसिद्ध मृत्तिका को हाथों में ले मृदु करके उसे कर्मयोग्य बनायें ॥55॥

हे पूजनीय देवमाता अदिति! हे सुन्दर केश, मस्तक और देह-वाली सिनीवाली! अपने हाथों में पाकपात्र 'उखा' को रथापित करो ॥56॥

अदिति सुमति से पाकपात्र को अपने हाथों में पकड़े और वह पाकपात्र अपने में अग्नि को उसी प्रकार धारण करे, जैसे माता अपनी गोद में शिशु को धारण करती है ॥57॥

हे उखा! गायत्री छन्द के प्रभाव से वसुगण तुम्हें पृथिवी के समान दृढ़ करे, त्रिष्टुप-छन्द के प्रभाव से रुद्रगण तुम्हें अन्तरिक्ष के समान दृढ़ करे, जगती छन्द के प्रभाव से आदित्यगण तुम्हें स्वर्ग के समान दृढ़ करे, तथा अनुरूप के द्वारा विश्वेदेवा तुम्हें दिशाओं के समान दृढ़ करे; तुम मुझ यजमान के लिए सन्तान-पशु-धन पुष्टि-वीर्य प्रदान करके बांधवों का सौहार्द दृढ़ करो ॥58॥

हे उखा! तुम्हारे मध्यभाग को अदिति ग्रहण करे। अदिति ने उरवा को बनाया और यह कहते हुए पाककार्य के निमित्त देवताओं को दिया कि पुत्रो! तुम इससे पकाओ ॥59॥

हे उखा! गायत्री छन्द के प्रभाव से वसुगण, जगती छन्द के प्रभाव से आदित्यगण; अनुरूप छन्द के प्रभाव से वैश्वानर विश्वेदेवा; अगिरा के समान तुम्हें धूपित करते है। तुम्हें इन्द्र और विष्णु भी धूपित करें ॥60॥

हे गर्त! पृथिवी के ऊपरी भाग में अदिति तुम्हें खननें करें; देवियाँ और देवता तुम्हें पृथिवी पर स्थापित करें, वाणी तुम्हें पृथिवी के ऊपर दीप्तियुक्त करे; देवों-सहित अहोरात्र के देवता तुम्हें

पृथिवी के ऊपर पकाएं और नक्षत्रों के देवता सब देना के साथ पृथिवी के ऊपर तुम्हें पकाएं ॥61॥

मनुष्यों के पुष्टिदाता, मित्र देवता से रक्षित और श्रवणीय यज्ञ की हम याचना करते है ॥62॥

हे उखा! सूर्य और सविता अपनी बुद्धि-शक्ति ले तुम्हें प्रकाशित करें ॥63॥

हे उखा। पाक गर्त से बाहर आकर महिमामयी बनो और अपने काम में लगो। हे मित्र देवता! प्राणिहितकारिणी उर्वा को मैं तुम्हें रक्षार्थ देता हूँ ॥64॥

हे उखा! गायत्री छन्द के प्रभाव से वसुगण तुम्हें अजा-दुग्ध से सींचें तथा त्रिस्टुप छन्द के प्रभाव से

रुद्रगण; जगती छन्द के प्रभाव से आदित्यगण और अनुष्टुप छन्द के प्रभाव से विश्वेदेवा तुम्हें अंगिरा के समान अजा-दुग्ध से सींचे ॥65॥

यज्ञ-प्रेरक अग्नि के लिए दी गयी यह आहुति स्वाहुत हो। प्रजापति एवं वैश्वानर के लिए दी गयी यह आहुति स्वाहुत हो ॥66॥

सभी मनुष्य फल प्राप्त कराने वाले परमात्मा की मित्रता की कामना करें। ज्ञान-तुष्टि के लिए अन्न की कामना करे। जिस परमात्मा से धन की याचना की जाती है, उसके लिए दी गयी यह आहुति स्वाहुत हो ॥67॥

हे उखा! तुम विनष्ट मत होना। प्रसन्नतापूर्वक अग्नि और तुम हमारे इस कर्म को पूरा करो ॥68॥

हे उखा! यजमान के मंगल के लिए दृढ़ होओ। हमारा हविरत्न देवो को प्रसन्न करने वाला हो। जब तक यज्ञ पूर्ण हो, तुम यहीं रहना ॥69॥

अग्नि का मुख्य भक्ष्य पलाश-काष्ठ और मुख्य पेय मृत है। ऐसे अग्नि इन समिधाओं का भक्षण करें ॥70॥

हे अग्नि! शत्रुओं के द्वारा किये संग्राम में हमारे वीरों की रक्षा के लिए सम्मुख आओ। इस स्थान की सुरक्षा करो ॥71॥

हे अग्नि देव! तुम सर्वप्रिय हो और दूरवर्ती स्थान के वासी हो। हमारे यज्ञ में तुम आओ और रणक्षेत्र में शत्रुओं को नष्ट करनेवाले होओ ॥72॥

हे अग्नि! तुम्हें जो समिधा भेंट की जाय, उसे तुम धृत के समान प्रिय मानकर भक्षण करो ॥73॥

हे अग्नि! दीमक लगा काष्ठ तुम्हें घृत के समान प्रिय हो ॥74॥

हे अग्नि! हम अत्यन्त सावधानी के साथ तुम्हें समिधा भेंट करते हैं। जैसे अश्वशाला में अश्व को तृणादि देते है, वैसे तुम हमें धन और अन्न दो ॥75॥

पृथिवी की नाभि के समान उरवा के मध्य प्रदीप्त, साम-उक्थ और अन्न से सन्तुष्ट, अग्नि का हम यजमान की धनपुष्टि के लिए आह्वान करते हैं ।।76।।

जो शत्रु-सेना हमें ललकार रही है, जो शस्त्रधारी चोर-डाकू है, उन सबको हे अग्नि! मैं तुम्हारे मुख में डालता हूँ ।।77।।

ऐश्वर्य सम्पन्न हे अग्नि! प्रत्यक्ष चोरी करने वाले अथवा अप्रत्यक्ष धन का अपहरण करने वाले तस्करों को तुम चबा डालो। डकैतों और अन्य चोरों को पीड़ित करो तथा कुकर्मियों का भक्षण करो ।।78।।

मलिम्लुच, स्तेन, तस्कर लोभवश मनुष्यों के हिंसक पापियों को, हे अग्नि! मैं तुम्हारी दाढ़ों में डालता हूँ ।।79।।

हमारे शत्रुओं, हमें देय धन न देने वालों, हमारे निंदकों और हमारे हिंसक पापियों को, हे अग्नि! तुम भस्म करो ।।80।।

हे अग्नि! तुम्हारी कृपा से मेरा ब्राह्मणत्व तीक्ष्ण हुआ है, मेरी इन्द्रियाँ कार्यों के करने के लिए सामर्थ्यवान हुई है और मेरे यजमान का क्षात्रधर्म विजयशील हुआ है। 81।।

अग्नि की कृपा से ब्राह्मणों और क्षत्रियों ने अपनी भुजाओं को ऊँचा किया है, ब्रह्मतेज दीप्त हुआ है, बल संदीप्त हुआ है। मैं अभिमन्त्रित जल से शत्रुओं को नष्ट करता हूँ और अपने पुत्र-पौत्रादि को श्रेष्ठ बनाता हूँ ।।82।।

हे अन्न के पालनकर्ता अग्निदेव! हमारे लिए बलदायक अन्न दीजिए। हमारे मनुष्यों और पशुओं को अन्न दीजिए। हमारी सब प्रकार वृद्धि कीजिए ।।83।।

द्वादश अध्याय

ऋषि: वत्सप्री, कुलन, रयावाश्य, शुनः शेप, विरूपाक्ष आदि।

जैसे दिव्य-सूर्य प्रकाशवान् हैं, उसी प्रकार पुरोडाश से प्रदीप्त अग्नि प्रकाशवान है। कुमार, हरित, भिषक्, वरुण रूप में सर्वत्र व्याप्त है वह अग्नि-सूर्य आदि का कारण है ।।2।।

जो ग्रहण करने योग्य है; जिसकी दृष्टि और बुद्धि सर्वत्र है, जो सर्वत्र है; वह परमेश्वर सवितारूप में प्रातःकाल प्रकाशित होता है और द्विपद, चतुष्पद सब जीवों तथा सब पदार्थों को प्रकाशित करता है ।।3।।

जैसे शाखा, पत्र-पुष्प-फलादि से वृक्ष शोभित होते हैं, वैसे वेदादि-शास्त्रों के पढ़ने वाले विद्वान ज्ञान से प्रकाशित होते हैं। जैसे पशु, पूंछ आदि अवयवों से अपने काम करते हैं, वैसे ही मनुष्य विद्या और सुशिक्षा से पुरुषार्थ के साथ सुखों को प्राप्त हो ।।4।।

हे मनुष्यों! तुम विष्णु (व्यापक ईश्वर) की कृपा से शत्रुओं का नाश करो। पृथिकादि पदार्थों के प्रति अनुकूल व्यवहार करो। ज्ञान को ग्रहण करो और सुखों से संयुक्त होओ। विज्ञान को प्राप्त होओ ।।5।।

हे अग्नि! तुम शब्द करते हुए पृथिवी का आस्वादन करो। प्रदीप्त होकर अपनी ज्वालाओं से वृक्षों को अंकुरित करते हुए औषधियों में व्याप्त हो। हम तुम्हारी पर्जन्य के समान स्तुति करते है ॥6॥

हे अग्नि! तुम हमारे समक्ष प्रदीप्त होते हो। तुम आयु, तेज, सन्तान, श्रेष्ठ बुद्धि, धन और सुस्वास्थ्य आदि हमें प्रदान करो ॥7॥

हे अग्नि! तुम सैकड़ों पराक्रमों से युक्त हो। अपनी शक्तियों से हमारी धन-पुष्टि करो ॥8॥

हे अग्नि! तुम दुग्धादि रसों के साथ पुनः आओ और आयु तथा अन्नादि हमें देते हुए पापों से हमारी रक्षा करो ॥9॥

हे अग्नि! तुम हमें देने योग्य धन लेकर आओ। वृष्टि की जल धारा से तृण, लता, औषधियों और वनस्पतियों आदि को सिंचित करो ॥10॥

हे अग्नि! मैंने तुम्हारा आहरण किया है। तुम अविचल स्थित होओ। हमारी प्रजाएँ तुम्हारी कामना करें।राष्ट्र तुमसे कदापि शून्य न हो ॥11॥

हमारे अंगों को पाश-मुक्त करो। हे वरुण! तुम बन्धनों के मोचक हो। हे वरुण! हम अदीन होकर ऐश्वर्यवान् हो ॥12॥

अग्नि रात्रिरूपी अन्धकार से निकलकर उषाकाल से पूर्व उन्नत हो। दिन में प्रकट हुए प्रकाश-रश्मियों से आवृत हो। सुन्दर देह वाले हुए और उत्पन्न होते ही इन्होंने सब लोकों में अपना तेज व्याप्त किया ॥13॥

कर्मों के प्रवर्तक वेदी में स्थित अग्नि वायु-द्वारा अन्तरिक्षस्थ होते हैं। वे होता रूप में पूजनीय अग्नि प्राणरूप में मनुष्यों के शरीरों में स्थित है। हे अग्नि! तुम महिमामय हो ॥14॥

हे सर्वज्ञाता! हे अग्नि! तुम उखा माता की गोद में स्थित हो, इसे सन्तप्त न करना और प्रकाशित रहना ॥15॥

उखा रूप स्वगृह में दीप्त सर्वज्ञाता हे अग्नि! तुम स्वज्योति से तेजस्वी होते हुए मंगलकारी होओ ॥16॥

हे अग्नि! तुम मेरे लिए मंगलमय एवं कल्याणकारी होते हुए उखारूप श्रेष्ठ-स्थान में प्रतिष्ठित होओ ॥17॥

जातवेद अग्नि सूर्यरूप से अन्तरिक्ष में उदित हुए। ब्राह्मण रूप में पृथिवी पर आविर्भूत हुए। जल में 'बड़वा' रूप से प्रकट हुए। इस प्रकार ये बहुजन्मा हैं। बुद्धिमान यजमान इस अग्नि को प्रकट करने वाला है ॥18॥

हे अग्नि! तुम्हारे तीन रूप-सूर्य, अग्नि और बड़वा-हैं। गाई पत्य, आह्वनीय, अन्वाहार्य, पचन, शुध्य और विद्युत आदि भी तुम्हारे ही रूप है ।।19।।

हे अग्नि! तुम्हें प्रजापति ने हितकारी 'बड़वा' रूप में जलों में, विद्युत रूप में, सूर्यमण्डल में सूर्यरूप में और मनुष्यों में प्राण रूप में प्रवृद्ध किया है ।।20।।

मेघ-सम गर्जनशील अग्नि पृथिवी पर वनस्पति और औषधिरूप में अंकुरित होते हैं। वे द्यावापृथिवी में व्याप्त होते हुए स्वमहिमा से तेजस्वी होते हैं ।।21।।

ये अग्नि ऐश्वर्यदाता, धनधारक, अभीष्टवर्धक, यज्ञरक्षक, सबके निधान, मथन-पुत्र, जलस्थ हो वरुण रूप में, मेघस्थ हो विद्युत् रूप है तथा सूर्य के पूर्व उदित प्रकाशवती उषारूप हैं ।।22।।

हे अग्नि संसार के केतुरूप, हृदय में प्राणा वायु-रूप-आत्मारूप है। ये द्यावापृथिवी को तेज-परिपूर्ण करते हैं ये चन्द्ररूप में गतिशील है। तथा मेघविदारक भी है। हम उन्हीं के लिए पंचजन-यज्ञ करते हैं ।।23।।

प्राणियों द्वारा काम्य, सर्व-शोधक, मेधावी, अमृतरूप अग्नि देवो के द्वारा मनुष्यों में स्थापित किये गए हैं। ये अपने निरुपद्रव-धूम को आकाश में व्याप्त करके वर्षा के कारण बनते है। ये विश्वधारक हैं और अपनी महिमा से स्वर्ग में भी व्याप्त है ।।24।।

अतिअनुरणीय अग्नि अपने प्रकाश से प्राणियों को श्री-सम्पन्न करते है। ये पुरोडाशादि से प्रदीप्त होते हैं। देवों ने महानकर्मा अग्नि को प्रकट किया है।।25।।

मंगलमयी दीप्ति तथा दिव्य गुणों से सम्पन्न, हे अग्नि! जो यमजान तुम्हें घृत सिंचित् करता है अथवा घृताक्त पुरोडाश देता है, उसे उत्कृष्ट स्थान एवं दिव्य-सुख दो ।।26।।

हे अग्नि! यजमान के यशवृद्धि-कारक यज्ञानुष्ठान में अनुकूल होओ। यजमान को अपना प्रीतिमात्र बनाओ। इसे पुत्र-पुत्रादि सन्तानवान् एवं सुख-समृद्धिवान करो ।।27।।

हे अग्नि! यज्ञनुष्ठान में लगे तुम्हारे सेवक यजमान सर्वसुख प्राप्त करते हुए देवयान-मार्ग से स्वर्ग को जाते हैं ।।28।।

जठराग्नि रूप में जनहित-कारक तथा सोमरक्षक अग्नि की ऋषि स्तुति करते हैं। और द्वेषरहित द्यावा-पृथिवी की अधिष्ठात्री देवता अग्नि को आहुति करते हैं। देवो! हमें वीर सन्तान एवं ऐश्वर्य प्रदान करो ।।29।।

ऋत्विजो! समिधादान से अतिथि रूप अगिन की सेवा करो और इन्हें प्रदीप्त करने के लिए आज्याहुति दो ।।30।।

हे अग्नि! देवता तुम्हें स्वबुद्धियों से उन्नत करे और ऊँचे उठते हुए तुम सुमुख एवं सुदीप्तिवान होकर हमारा कल्याण करो ।।31।।

हे अग्नि! तुम कल्याणकारिणी ज्वालाओं से प्रकाशित होओ। स्वरश्मियों से दीप्तिमान होकर हमारी संतानों को सुख दो और हमारे संकटों को दूर करो ।।32।।

हे अग्नि! तुम मेघसम गर्जना करते हुए पृथिवी का आस्वाद करो और अन्न-वृक्षादि को अंकुरित करते हुए प्रदीप्त होओ। जैसे मेघ विद्युत के द्वारा द्यावापृथिवी के मध्य प्रकाशित होता है, वैसे महिमामय अग्नि भी प्रकाशित होते हैं। 33।।

अग्नि हविधारक यजमान के आह्वान को सुनकर प्रदीप्त होते है। जो अग्नि युद्ध में राक्षसों के संहारक है, वे हमारा कल्याण करे ।।34।।

हे दिव्य-जलो! तुम (वेदीस्थ) भस्म को ग्रहण करो। यह मंगल-मयी भस्म, पुष्प- धूप अग्नि के योग से सुरक्षित हुई है। हे जलो! तुम्हारे देवता वरुण हैं। तुम वृक्षादि के तथा अग्नि के उत्पन्न-कर्ता हो। जैसे माता पुत्र को गोद में धारण करती है, वैसे तुम भी इस भस्म को अंक में धारण करो। हम अनुष्ठाता तुम्हें प्रणाम करते हैं ।।35।।

हे भस्म रूपी अग्नि! तुम्हारा स्थान जल में ही है। वही भस्म जल के द्वारा गवादि के रूप में परिणत होकर अरणी के मध्य से पुनः प्रकट होती है ।।36।।

हे अग्नि! तुम औषधियों वनस्पतियों, सभी प्राणियों और जलों के गर्भरूप हो और सबके उत्पन्न करने वाले हो ।।37।।

हे अग्नि! तुम भस्म के द्वारा जलों और पृथिवी को प्राप्त होकर पुनः तेजयुक्त हो उरवा स्थित होओ ।।38।।

हे अग्नि! तुम महान कल्याण रूप हो। तुम जलों और पृथिवी को प्राप्त करके माता रूप उखा में शयन करते हो ।।39।।

हे अग्नि! तुम दुग्ध-अन्न और जीवन को लेकर यही आओ और हमारी पापों से रक्षा करो ।।40।।

हे अग्नि! तुम धनदात रूप में आओ और सर्वोपयोगी वर्षा की जलधारा से तृणों लताओं, तथा वनस्पतियों को सींचो ।।40।।

हे युवा श्रेष्ठ, धन सम्पन्न अग्नि! मेरे बार-बार के निवेदन को सुनो मेरे अभिप्राय को जानो। कुछ मनुष्य तुम्हारे स्तोता है और कुछ निंदक। मैं तो तुम्हारा स्तोता ही हूं तुम्हारी वन्दना करता हूँ ।।42।।

हे धन स्वामी, धनदाता अग्नि! सर्वज्ञ! तुम हमारे अभिप्राय को जानो और हमसे प्रसन्न हो हमारे दुर्भाग्य को दूर करो। तुम जगत्स्रष्टा हो। हमारी तुम्हारे लिए दी गयी आहुति स्वाहुत हो ।।43।।

हे अग्नि! तुम धन के निमित्त हो। तुम्हें आदित्य, रुद्र और वसुगण प्रदीप्त करें। ऋत्विज तुम्हें प्रदीप्त करे। तुम घृत से प्रवृद्ध हो और तुम्हारी वृद्धि से ही तो यजमान के मनोरथ पूर्ण होते हैं ।।44।।

हे यमदूतों! तुम इस स्थान से दूर जाओ। तुम अनेक स्थानों से दूर चले जाओ। इस यजमान को यम ने पृथिवी का अवकाश दिया है और यम ने भी इसे पृथिवी लोक दिया है ।।45।।

हे उषा! तुम ज्ञान सम्पादन की सामर्थ्य यजमान को दो। हे सिकता! तुम भस्मरूप हो। हे सर्करा! तुम पृथिवी पर सर्वत्र हो, इस गार्हपत्य स्थान पर आओ ।।46।।

यह अग्नि है अग्नि-चयन के इच्छुक इन्द्र के अभिषव किये हुए अन्न को इन्होंने उदर में धारण किया है। हे अग्नि! तुम हव्य भक्षण करते हुए ऋत्विजों की स्तुतियाँ प्राप्त करते हो ।।47।।

हे अग्नि! तुम्हारी ज्योति स्वर्ग में है। पृथिवी पर औषधियों में, जलों में है और अन्तरिक्ष में विद्युत रूप में है। वह ज्योति संसार को प्रकाशित करने वाली और मनुष्यों के कर्मों को देखने वाली है ।।48।।

हे अग्नि! तुम जल में विद्यमान हो। प्राणों में विद्यमान हो और सूर्यमण्डल के जलों तथा सूर्य मण्डल के परे और नीचे जो जल है, उनमें भी विद्यमान हो ।।49।।

अग्नि पशुओं के हितैषी, समान मनवालों में प्रीति युक्त और अहिंसाशील हैं। वे इस, यज्ञ को सेवित करे और हमें अन्नदान दे ।।50।।

हे अग्नि! हमें गौ और अन्न प्रदान कीजिए। हम प्रजावान पुत्र पाए। हमें हितकारिणी बुद्धि प्राप्त हो ।।51।।

हे अग्नि! गार्हपत्याग्नि तुम्हारा उत्पत्ति स्थान है। प्रदीप्त तुम दक्षिण कुण्ड में आरोहण करो। इस यज्ञ के फल रूप में हमारी धन वृद्धि करो ।।52।।

हे इष्टका! तुम चित् हो, परिचित हो। तुम अंगिरा देवता के समान दृढ़ता से स्थित होओ ।।53।।

हे इष्टके! तुम पूर्व इष्टकाओं से अनाक्रान्त होती हुई रिक्त स्थान को भरो ओर दृढ़तापूर्वक स्थित होओ। इन्द्र, अग्नि, बृहस्पति तुम्हें इस स्थान पर स्थापित करते हैं ।।54।।

दिव्य एवं धान्यादि के सम्पादक जल द्यावा-पृथिवी-अन्तरिक्ष में यज्ञात्मक सोम को परिपक्व करते है ।।55।।

हे अग्नियों! तुम स्तुति रूप हो, समुद्र के समान व्यापक हो और महारथी, अन्न स्वामी तथा सत्य के अधीश्वर इन्द्र को प्रवृद्ध करती हो ।।56।।

हे अग्नियों! तुम ज्योतिर्मान हो, समान मन वाले और श्रेष्ठ हो। तुम अन्न घृतादि का उपभोग करते हुए यज्ञ-कर्म का सुसम्पादन करो ।।57।।

हे अग्नियों! तुम्हारे मनों को और कर्म को सुसंगत करता हूँ। हे पुरीष्याग्नि! तुम हमारे स्वामी हो। यजमान को अन्न और बल दो ।।50-56।।

हे विवाहित दम्पत्ति! तुम दोनों हमारे लिए एक विचार वाले, एक बोध वाले और अपराध रहित होओ। धर्म को हिंसित न करो। यज्ञपति के प्रति अपराध न करो। हमारे लिए मंगलकारी होओ ।।60।।

मृत्तिका रूप पृथिवी से बनी हुई उखा ने हितकारक अग्नि को अपने में उसी प्रकार धारण किया, जैसे माता गर्भ को अपने में धारण करती है। विश्वेदेवा, प्रजापति और ऋतुएं उसे पाशमुक्त करे ।।61।।

हे निऋति! यज्ञ न करने वाले और देवों को हव्य न देने वाले पुरुषों के पास ही तू जा। हमारे पास मत आ। हम तुझे नमन करते है ।।62।।

हे निऋति! तुमको हमारा नमन है। तुम जन्म-मरण रूपी हमारे लौह-पाश के समान दृढ़ बन्धन को तोड़ो और इस यजमान को स्वर्ग प्रदान करो ।।63।।

हे क्रूर निऋति! मैं यजमान के पाप-पाश को नष्ट करने के लिए तुम्हारे लिए हव्य देता हूँ। किन्तु मैं तुम्हें पाप देवी ही मानता हूँ ।।64।।

हे यजमान! मैं अग्नि के द्वारा तुम्हारे निऋति-पाश को काटता हूँ। तुम इस श्रेष्ठ हव्यान्न को भक्षण करो। देवी निऋति को हमारा नमन ।।65।।

अग्नि यजमान के यहाँ स्थित होते, और यज्ञ-सम्पादन करते हैं। अग्नि ही सब रूपों को प्रकाशित करते है। अग्नि ही इन्द्र के समान संग्राम में स्थित होते है ।।66।।

मेधावी एवं क्रान्तदर्शी अग्नि ही हलों से बैलों को जोड़ते है और बैलों के जोड़ो को वहन करने की शक्ति देते है ।।67।।

हे कृषको! हलों को ठीक करो। बैलों के कंधों पर जुआ रखो। संस्कारित भूमि में बीज बोओ। सभी अन्न सफल होकर पुष्ट हों। पकने पर अन्नों को दराँती से काटो और काटकर हमारे निकटस्थ घर में उन्हें रख दो ।।68।।

हे हल! तुम श्रेष्ठ फाल से युक्त हो। इस भूमि को जोतो। हल बैलों के साथ कृषक सुख पूर्वक विचरण करे ।।69।।

हे फाल! तुम मधुर-धृत-सिंचित होओ और अन्न तथा दुग्ध-दधि-घृतादि से दिशाओं को भर दो ।।70।।

यह फाल युक्त हल पृथिवी को खोदने वाला, सोम-निष्पादक एवं यजमान को सुखकारी है। वह गौ आदि पशुओं को प्राप्त कराता है ।।71।।

हे हल! तुम अभीष्टदाता हो। मित्र, वरुण, इन्द्र, पूषा और अश्विद्वय प्रजाओं के लिए काम्य भोगो का सम्पादन करे ॥72॥

हे मनुष्यों! तुम जैसे दिव्य-भोगो की प्राप्ति के लिए रक्षा योग्य गौओं को प्राप्त और सुसंस्कृत अन्नों का उपभोग करके रोग मुक्त रहते हो, वैसे हम भी हो ॥73॥

जलों को देने वाला सवंत्सर-मास-दिवसादि अपने अवयवों से प्रीति करता है। उषा गौओं से प्रीति करती है। अश्विद्वय चिकित्सादि कर्मों से प्रीति करते है। इन सबके लिए यह आहुति स्वाहुत हो ॥74॥

जो पृथिवी से उत्पन्न सोमलतादि औषधियाँ हैं, जो पूर्ण सुख-दान में समर्थ है; जो सेवन करने वाले रोगियों की एक सौ सात नाडियों के मर्मों में व्याप्त हो, उन्हें निरोग करती है, उनको मैं जानूं ॥75॥

हे बुद्धि एवं क्रियाओं से युक्त चिकित्सकों! तुम शत-सहस्रान्कुर औषधियों से मेरे इस शरीर को निरोग करो। हे माता! तू भी ऐसा ही कर ॥76॥

हे मनुष्यों! तुम लोग अश्व के समान शक्तिशाली, रोगजेता, दुःखों से पार लगाने वाली, सोमलतादि औषधियों को प्राप्त करके सुख प्राप्त करो ॥77॥

हे औषधियों! तुम माता के समान पालन करने वाली और जगत्-निर्मात्री हो। हे यज्ञपुरुष! हम तुम्हारी कृपा से अश्व, गौ, वस्त्र और नीरोग शरीर को भोगे। हमारी प्रार्थना को औषधियाँ भी सुन ले ॥78॥

हे मनुष्यों! औषधियों के द्वारा ही तुम इस भंगुर शरीर में निवास करते हो। कमल-पत्र पर जल के समान चलायमान संसार में ईश्वर ने तुम्हें जन्म दिया है। अतः तुम औषधियों से पूर्ण देहवाले होओ और सुख प्राप्त करते हुए संसार में रहो ॥79॥

हे औषधियों! तुम रोगों को जीतने के लिए चिकित्सक के पास ऐसे हो, जैसे राजा शत्रु जीतने को संग्राम में जाता है। चिकित्सक रोगों का नाश करता है ओर रोगों का नाशक होने से ही वह वैद्य कहाता है ॥80॥

इस यजमान के रोगादि को दूर करने के लिए गवादि पशुओं को उपयोगी, सोमभागादि में उपयोगी और बल-प्राणपोषण औषधियों को मैं भली प्रकार जानता हूँ ॥81॥

हे यज्ञपुरुष! तुम्हारे धनरूप हवि देने की कामना करती हुई औषधियों के द्वारा ही बल प्रकट होता है। जैसे गोष्ठ से गौएँ निकलती है वैसे ही व्यवहार में आने पर औषधि-गुण प्रकट होता है ॥82॥

हे औषधियों! भूमि तुम्हारी माता है। जैसे भूमि सब रोगों की नाशिका है, वैसे तुम भी रोगनाशिका हो। तुम मनुष्यों के रोगों को नष्ट करो ॥83॥

ये सब औषधियाँ सब ओर से सब रोगों को दूर करती है। औषधियाँ शरीर में व्याप्त हो जाती है और शरीर-रोग को अपनी सामर्थ्य से नष्ट करती है ।।84।।

जब मैं इस औषधि का पूजन कर, इसे हाथ में ग्रहण करता हूँ तो यक्ष्मा रोग इसके खाने से पहले ही नष्ट होने लगता है। जैसे वध-गृह को ले जाता हुआ पुरुष वध होने से पहले ही अपने को वध किया हुआ मान लेता है, वैसे ही रोग अपने को नष्ट हुआ मानता है ।।85।।

हे औषधियों! तुम जिस रोगी के अंगों में रमती हो, तो उसके यक्ष्मा रोग को बाधित करती है ।।86।।

हे व्याधियों! तुम परस्पर एक-दूसरी औषधि के गुणों की रक्षा करती हो। ऐसी औषधियाँ मेरे लिए समान गतिवाली होकर मेरे रोग नाश के निवेदन को सत्य करे ।।88।।

ब्रहस्पति के द्वारा ज्ञात फलवाली, पुष्पवाली, फलरहित और पुष्परहित सब औषधियाँ हमारे रोग का नाश करे ।।89।।

शपथ के कारण, पाप के कारण, जलविहार के कारण, यम सम्बन्धित पाप से अथवा देवो के क्रोध के कारण जो रोग हुआ है, ऐसे सभी रोगों को औषधियाँ नष्ट करें ।।90।।

स्वर्ग से पृथिवी पर आती हुई औषधियाँ कहती हैं कि हम जिसके शरीर में रम जाती है, उस पर रोग आक्रमण नहीं करते ।।91।।

जिन औषधियों के राजा सोम है, वे अति-गुणवती औषधियाँ उनके मध्य विद्यमान हों। हे औषधि! तू श्रेष्ठ हो और हमारी कामना-पूर्ति तथा कल्याण करने वाली हो ।।92।।

सोम जिनके राजा हैं वे विभिन्न औषधियाँ, हमारे द्वारा ग्रहण की गयी औषधि को शक्तिशाली बनाएँ, जिससे हमारी रक्षा हो ।।93।।

निकटस्थ अथवा दूरस्थ औषधियाँ हमारे निवेदन को स्वीकार करके हमारे द्वारा गृहीत औषधि को बलवती करें, जिससे हमारी रक्षा हो सके ।।94।।

हे औषधियों! रोग-चिकित्सार्थ जो खननकर्ता तुम्हें खोदता है, उसके अपराध पर ध्यान न दो। तुम्हें मैं चिकित्सार्थ खोदता हूँ मेरा अनिष्ट न हो। हमारे स्त्री-पुरुष रोगरहित हों ।।95।।

सोम राजा से औषधियों ने कहा कि जो ब्राह्मण चिकित्सार्थ हमारे मूल, फल-पत्रादि को ग्रहण करता है, उसके भी रोग को हम दूर करती है ।।96।।

हे औषधि! तुम क्षय, मेदरोग और श्रीपदादि रोगों की की नाशिका हो और शताधिक अन्य रोगों की भी नाशिका हो ।।97।।

हे औषधि! गन्धर्वों, इन्द्र और बृहस्पति ने तुम्हारा खनन किया। सोम ने तुम्हारे गुणों को जानकर सेवन किया और यक्ष्मा रोगों से मुक्ति पायी। तुम्हारे गुणों के ज्ञाता तुम्हें पाकर रोगमुक्त हुए ।।98।।

हे औषधि! तुम शत्रुओं को तिरस्कृत करने में समर्थ हो। शत्रुओं पर विजय प्राप्त करो और हमारे अमंगलों को दूर करो ॥99॥

हे औषधि! तेरा खननकर्ता दीर्घायु हो। जिस रोगी के लिए तुझे खोदा गया है, वह दीर्घायु हो। तुम दीर्घायु प्राप्त करो ॥100॥

हे औषधि! तुम श्रेष्ठ हो। तुम्हारे समीपस्थ शाल, तमालादि वृक्ष उपद्रवों को दूर करने वाले एवं दायादि से प्राणियों का उपहार करने वाले है ॥101॥

प्रजापति पृथिवी के उत्पन्न करने वाले और जल-स्रष्टा है। वे प्रजापति हमारे रक्षक हो। यह हवि उनके लिए है ॥102॥

हे पृथिवी! यज्ञानुष्ठान और उसके सुफल वृद्धि के सहित हमारे अभिमुख होओ। प्रजापति के द्वारा प्रेरित अग्नि तुम पर प्रतिष्ठित हो ॥103॥

हे अग्नि! उज्ज्वल-ज्योति सम्पन्न, यज्ञ-सम्पादक तुम्हारे श्लाघनीया देह को हम देव-कार्य-सिद्धि हेतु प्रदीप्त करते हैं ॥104॥

यज्ञोत्पत्ति के कारण रूप अन्त, दधि दुग्ध, घृत आदि की कामना वाले के निमित्त में हव्य धारण करता हूँ। अग्नि मेरे पुत्रादि का कल्याण करे ॥105॥

हे अग्नि! तुम ज्योति रूप ऐश्वर्यवाले हो और यजमान के अभीष्ट को जानते हो। तुम्हारा प्रकाशित धूम देवो के पास पहुंचता है। तुम यजमान को शस्यादि देने वाले हो ॥106॥

हे अग्नि! तुम शुद्ध ज्योति-सम्पन्न एवं निर्मल दीप्तिवान् हो, अपनी महिमा से श्रेष्ठ एवं पूर्ण शक्तिशाली हो; सर्वत्र विचारणीय एवं देवो तथा मनुष्यों के रक्षक हो ॥107॥

है अग्नि! तुम अन्नपालक, यज्ञ में स्तुतियों से वर्धित अनेक रूपवाले हो। तुम्हारा वल अद्भुत और जन्म सुन्दर है। तुम हव्य-ग्राहक यजमान के अनुकूल होओ। 108॥

हे अग्नि! यजमानों के हव्य से प्रदीप्त तुम हमें धन से प्रवृद्ध करो। अत्यन्त दर्शनीय तुम हमारे संकल्पों की पूर्ति में पूर्ण समर्थ हो ॥109॥

हे अग्नि! तुम श्रेष्ठ मन वाले और यज्ञ स्रष्टा हो। तुम यजमान के लिए उत्कृष्ट ऐश्वर्य देते हो। इस यजमान को श्रेष्ठ धन दो ॥110॥

हे अग्नि! सुबुद्धि वाले ऋत्विज-यजमान पूर्णिमादि पर्वों में तुम्हारी स्तुति करते है और सत्यरूप, महिमामय दर्शनीय, यशस्वी, देवहितैषी तुमको यश के निमित्त आह्वानीय रूप से पूर्वभाग में स्थापित करते हैं ॥111॥

हे सोम! तुम्हें तेज सर्वतः प्राप्त हो। तुम श्रेष्ठ वीर्य से स्वयं प्रबुद्ध होओ। रसयुक्त तुम यज्ञादि कर्मों के लिए प्राप्त होओ ॥112॥

हे सोम! तुम पापनाशक उत्तम पेय हो। तुम दुग्धरूप अन्न से सुसंगत होओ और हम तुमसे सुसंगत हों। तुम यजमान की वृद्धि करो। हमारी श्रेष्ठ अन्नवाली आहुति ग्रहण करो ॥113॥

हे सोम! तुम्हारा अन्तःकरण तृप्त है। तुम्हारा मन सर्वत्र प्रसृत है। तुम अपने सूक्ष्मावयवों से सदा प्रबुद्ध होओ। मित्र रूप में तुम हमारी सहायता करो ॥114॥

हे अग्नि! यजमान तुम्हारे पुत्र के सदृश हैं। वह तुम्हारी स्तुति कर रहा है। वह अपने मन को स्वर्ग से भी हटाकर तुम्हारी स्तुति में और यज्ञ में लगा रहा है ॥115॥

हे अग्नि तुम हवि-भक्षक हो। स्वर्ग लोक की प्रापक और अभीष्ट वर्षक स्तुतियों तुम्हारे लिए की जा रही है ॥116॥

उत्पन्न अथवा उत्पन्न होने वाले सभी प्राणियों के कामनापूरक तथा सबके सम्राट् रूप अग्नि अपने श्रेष्ठ तथा प्रिय स्थानों में विराजित होते है ॥117॥

त्रयोदश अध्याय

ऋषि: वत्सार, हिरण्यगर्भ, वामदेव, अग्नि आदि।

मैं यजमान, धन-पुष्टि, सन्तान, पराक्रमादि की इच्छा करता हुआ इस अग्नि को आत्मा में ग्रहण करता हूँ। सब देवता मुझे आश्रय दे ॥1॥

हे परमेश्वर! तुम सब ओर से सर्वत्र व्यापक जलों के अधिकरण हो। अग्नि के उत्पत्तिकर्ता हो, समुद्र के कारण हो। मेरे हृदय रूपी अन्तरिक्ष में अपनी व्यापक शक्ति के साथ विराजो ॥2॥

सूर्यरूप ब्रह्म ने प्रथम पूर्व दिशा में उदित होकर भूलोक तथा अन्य लोकों को प्रकाशित किया। इन्होंने अन्तरिक्ष तथा दिशाओं और घटपटादि पदार्थों को भी प्रकाशित किया ॥3॥

सर्वप्रथम हिरण्यगर्भ रूप प्रजापति उत्पन्न हुए। उन्होंने स्वर्ग, अन्तरिक्ष और पृथिवी इन तीनों लोकों की रचना की। उन्हीं की प्रीति के लिए हम हवि का विधान करते है ॥4॥

सर्वप्रथम उत्पन्न, सबके आदि रूप, सबको रस से तृप्त करने वाले और तीनों लोकों में विचरणशील आदित्य को प्रजापति ने स्थापित किया ॥5॥

जो इस जगत् में लोक-लोकान्तर में, अन्तरिक्ष में और जो स्वर्ग में प्राणी है उन सब प्राणियों के लिए नमस्कार है ॥6॥

जो यातुधानो के साधन रूप प्राणी हैं, जो वनस्पतियों पर आश्रित प्राणी हैं, जो गुप्त स्थानों में रहने वाले प्राणी हैं, उन सबको हमारा नमस्कार है ॥7॥

जो स्वर्ग के ज्योतिर्मय स्थान में हैं, जो अप्रत्यक्ष हैं, जो सूर्यरश्मियों में या जल में रहने वाले हैं, उन सभी जीवों को हमारा नमन हो ॥8॥

हे अग्नि! तुम शत्रु-नाश करने में समर्थ हो। अतः हमारे शत्रुओं का नाश करो। तुम शत्रुओं पर आक्रमण करो और राक्षसों को ललकारो ॥9॥

हे अग्नि! आप अपनी द्रुतगामी ज्वालाओं से सन्तापदायी राक्षसों को भस्म कर दो। वे नाश को प्राप्त हो ॥10॥

हे अग्नि! हमारे दूरस्थ तथा समीपस्थ शत्रुओं पर अपना वेगवान् बन्धन फेंको। हमारी सन्तान की रक्षा करो ।।11।।

हे अग्नि! उठो, चैतन्य हो, ज्वालाओं को बढ़ाओ और उत्साहित होकर शत्रुओं को भस्म करो। हमारे दान के बाधक शत्रु को भस्म कर डालो ।।12।।

हे अग्नि! ऊँचे उठो। हमारे ऊपर आक्रमण करने वाले शत्रुओं को प्रताड़ित करो और देव सम्बन्धी कर्मों को प्रारम्भ करो। राक्षसों के धनुषों को प्रत्यंचाहीन करो ।।13।।

यह अग्नि स्वर्गलोक के शिर के समान है। जैसे बैल का कंधा उसके शरीर में सर्वोच्च होता है ।।14।।

हे अग्नि! जब तुम अपनी ज्वालाओं को प्रकट करते हो, तब हव्य देवता यज्ञ के और उस यज्ञ के फलस्वरूप जल के प्रवृत्त करने वाले होते है। तुम सूर्य मण्डल के मध्य स्थित होते हो ।।15।।

हे स्वयंमातृणे! तुम जगत् की धारणकर्त्री हो और विश्वकर्मा द्वारा विस्तृत की जाती हुई दृढ़ होती हो। तुम्हें समुद्र और वायु नष्ट न करे। तुम अविचल रह भू भाग को दृढ़ करने वाली होओ। हमारी भूमि को दृढ़ करो ।।16।।

तुम विस्तृत जलों के ऊपर समुद्र में स्थापित की जाओ और प्रजापति के द्वारा विस्तार को प्राप्त होओ। तुम पृथिवी द्वारा बनने के कारण पृथिवी रूप ही हो ।।17।।

हे स्वयंमातृणे! तुम विश्वपोषिका अदिति हो। तुम सब जग की धारिका होकर इस भूमि के अनुकूल होओ और भू भाग को दृढ़ एवं अविनाशी बनाओ ।।18।।

हे स्वयंमातृणे! विश्व के प्राण, अपान, उदान और व्यान के लिए मैं तुम्हें इस स्थान पर स्थापित करता हूँ। तुम्हारी महिमा के द्वारा अनल देव तुम्हारी रक्षा करे ।।19।।

हे दूर्वा! तुम प्रत्येक काण्ड और पूर्व में अंकुरित होती हो। सैकड़ों-हजारों अंकुरों के समान हमारे पुत्र-पौत्रादि को बढ़ाओ ।।20।।

हे दिव्य गुणवाली दूर्वा इष्टके! तुम सैकड़ों शाखाओं और हजारों अंकुरों से बढ़ती हो, हम तुम्हारे लिए हवि देते है ।।21।।

हे अग्नि! सूर्यमण्डल में स्थित हो, स्वर्गलोक को प्रकाशित करने वाली अपनी ज्योति को हमारे पुत्र-पौत्रादि की प्रसिद्धि के लिए प्रेरित करो ।।22।।

हे रूद्राग्नि हे! बृहस्पते! हे देवो आपकी जो ज्योति सूर्यमण्डल, गौओं और अश्वों में वर्तमान है, उनसे हमारे पुत्र-पौत्रादि की वृद्धि कीजिए ।।23।।

उन सभी दीप्तियों से अत्यन्त शोभित होकर तुम हमारे लिए आरोग्य और कान्ति दो। विराट् रूप संसार ने अग्नि की ज्योति को धारण किया। ज्योतिष्मान् विराट् रूप देवलोक ने अग्नि-तेज

को धारण किया। हे अग्नि! सम्पूर्ण जगत् के लिए प्राण-व्यान के निमित्त प्रजापति रूप में ज्योति दीजिए ।।24।।

चैत्र-वैशाख दोनों मास वसन्त ऋतु से सम्बन्धित है। तुम दोनों अग्नि को अन्तर्विद्यमान करके दृढ़ता से स्थित होओ। समान कर्मस्थित अनेक नाम वाली अग्नियाँ वसन्त ऋतु का सम्पादन करती हुई इस कर्म के आश्रित हो ।।25।।

हे इष्टका! तुम स्वभावतः शत्रुओं को जीतनेवाली हो। तुम शत्रु को सहन न करती हुई उसे तिरस्कृत करो। युद्धेच्छुक शत्रुओं को परास्त करो। तुम अत्यन्त पराक्रम वाली हो और मुझ पर प्रसन्न हो ।।26।।

यज्ञानुष्ठान के इच्छुक यजमान के लिए वायु पुष्य-रसरूप मधु को वहन करे, नदियाँ मधुर जल बहाएं और औषधियाँ मधुर रस से युक्त हो ।।27।।

पिता के समान पालक स्वर्ग लोक मधुमय हो, माता के समान पृथिवी मधुमय हो और रात्रि-दिवस हमारे लिए मधुमय हों। सब ओर हमारा मंगल हो ।।28।।

सभी वनस्पतियाँ हमारे लिए मधुमयी हो। सूर्य हमें माधुर्य से भरे। गौ हमें मधुर दुग्ध दें ।।29।।

हे मनुष्य! तू ग्रीष्म ऋतु में जलों के गहन स्थान में स्थित हो, सूर्य तुझे सन्तप्त न करें। वैश्वानर अग्नि तुझे सन्तप्त न करें। प्रजा तेरे अनुकूल हो। शुद्ध गुणयुक्त वर्षा तुझे प्राप्त हो ।।30।।

हे विद्वान्! जैसे प्राणों के रक्षक सूर्य जल को धारण करते हुए कामनापूर्त्यर्थ तीनों लोकों को प्राप्त होते है, वैसे तुम भी सुख प्राप्त कराने वाले लोकों को प्राप्त करो ।।31।।

द्यावापृथिवी अपने-अपने अंशों से हमारे यज्ञ को पूर्ण करे तथा जल-वृष्टि, धान्य, सुवर्ण, पशु, प्रजा आदि सभी से हमें समृद्ध करते हुए हमारा सब प्रकार से कल्याण करे ।।32।।

हे ऋत्विजों! विष्णु के सृष्टि-रचना कार्य को देखो। उनके द्वारा कृत व्रतानुष्ठान के विधान को देखो। विष्णु इन्द्र-सखा हैं। पदार्थ विष्णु के बलविक्रम के साक्षी है ।।33।।

हे पुरुष! तू गुणयुक्त है, प्रकाशमान है। हे स्त्री! तू सदाचार से शोभित है। तुम दोनों विज्ञान, धन, बल, यश, अन्न, पराक्रम और सुसन्तान-प्राप्ति का यत्न करो ।।34-35।।

हे दिव्य गुण सम्पन्न अग्नि! तुम्हारे गमन में कुशल, जो अश्व तुम्हें यज्ञ में लाते हैं, उन्हीं अश्वों को अपने रथ में योजित करो ।।36।।

हे अग्नि! अश्वों को तुम रथ में योजित करो, और हमारे श्रेष्ठ यज्ञस्थान में आकर विराजमान होओ ।।37।।

अग्नि के मध्य स्थित हिरण्यमय पुरुष शुद्ध-अन्न और घृत की धारा सुवित करते है। हिरण्मय पुरुष को हवन की गयी हवियाँ उसी तरह पहुँचती है, जैसे समुद्र तक नदियाँ पहुँचती है ।।38।।

हे हिरणमय! यज्ञादि कर्मों की सिद्धि के लिए और तेज-प्राप्ति के लिए मैं तुम्हें वास-दक्षिण नासिका में प्रकाशित करता हूँ और दोनों कानों का प्राशन कराता हूँ।।39।।

अग्नि हिरामय-कान्ति से कान्तिमान हैं और सुवर्ण के तेज से तेजस्वी हैं। हे पुरुष! तुम यजमान की कामना को सिद्ध करने में समर्थ हो, अतः मैं तुम्हें अपने अनुकूल करता हूँ।।40।।

हे पुरुष! तुम अग्नि-चयन करने के कार्य में लगे हो। सभी प्राणियों के पालक विश्वरूप आदित्य इस अग्नि को दुग्धादि से सिंचित करें तथा यजमान को अग्नि के तेज से हिंसित न होने दें एवं उसे सुखी करते हुए शतायु करें।।41।।

हे अग्नि! तुम वायु-सम वेगवान् हो। अतः वरुण के नाभि रूप जलों में आविर्भूत, नदियों के शिशु रूप हरित वर्णी इस अश्व को हिंसित न करना।।42।।

ऐश्वर्यवान्, अविनाशी, प्राचीन ऋषियों के द्वारा चयनीय और सर्वप्राणिपोषक अग्नि की मैं स्तुति करता हूँ।

ये अग्नि प्रत्येक ऋतु के कर्मों के सम्पादक है। वे दुग्धादि से पुष्ट अग्नि अदिति रूपिणी गौ को हिंसित न करें।।43।।

हे अग्नि! तुम श्रेष्ठ आकाश में स्थापित, रूपों की रचयित्री, वरुण की नाभि रूप रक्षा योग्य, दिशालोक से उत्पन्न और प्राणि-उपकारक हवि को हिंसित न करना।।44।।

जो अग्नि रूप अज प्रजापति के सन्ताप से उत्पन्न हुआ है, उस पर हे अग्नि! तुम्हारा क्रोध न हो।।45।।

यह कितने विस्मय की बात है कि रशिम-समूह रूप तथा मित्रवरुण एवं अग्नि के नेत्ररूप, अन्तर्यामी सूर्य संसार को प्रकाशित करने के लिए उदय होते है और प्रकाश से तीनों लोकों को पूर्ण करते है। ऐसे सूर्य के लिए दी गयी यह आहुति स्वाहुत हो। 46।।

हे अग्नि! तुम यज्ञ-कर्म के लिए चयन किये गये हो। इस दुपाये पशु रूप मनुष्य को हिंसित न करना। तुम्हारा ताप हमारे द्वेषी हिंसित करे।।47।।

हे अग्नि! हिनहिनाने वाले वेगवान् अश्व को हिंसित न करना। तुम्हारा सन्तापदायी ताप मृग को अथवा हमारे द्वेषी को ही प्राप्त हो।।48।।

हे अग्नि! यह गौ श्रेष्ठ-स्थान में रहने वाली है। अदिति रूप इस गौ को पीड़ित न करना, तुम्हारा क्रोध अन्य पशु को प्राप्त हो।।49।।

हे अग्नि! श्रेष्ठ ऊन से ढकी,. और सृष्टि में प्रथम उत्पन्न भेड़ को हिंसित न करना। तुम्हारा सन्तापदायी तेज ऊँट पर पड़े।।50।।

यह भेड़ अज प्रजापति के द्वारा उत्पन्न हुई है। इसने प्रजापति को देखा है। अतः हे अग्नि! अपने सन्तापदायी ताप से इसे पीड़ित न करना। तुम अपने ताप से शरभ को पीड़ित करना।।51।।

हे तरुणातम अग्नि! तुम हमारी स्तुतियों सुनो। हविर्दान करने वाले यजमानों की रक्षा करो ।।52।।

हे इष्टके! मैं तुम्हें औषधियों, विद्युत, भूमि, प्राण, मन, वाणी, क्षोभ, स्वर्ग, समुद्र, सिकता, अग्नि और त्रिष्टुप-अनुष्टुप-पंक्ति छंदों में स्थापित करता हूँ ।।53।।

हे इष्टके! ये अग्नि प्रथम उत्पन्न हुए है। तुम इनके समानरूप वाली हो। अतः मैं अग्नि रूपा तुमको स्थापित करता हूँ। प्राण अग्नि का पुत्र है। मैं उस अग्नि का स्मरण करता हुआ तुम्हें स्थापित करता हूँ। प्राण का पुत्र वसन्त है। वसन्त की सन्तान गायत्री। कामना न करता हुआ मैं इष्टका को स्थापित करता हूँ ।।54।।

यह इष्टका विश्वकर्मा नामवाली है। यह दक्षिण दिशा में प्रवाहित होती है। मैं दक्षिण दिशा में वायु का मनन करता हुआ इष्टका स्थापन करता हूँ ।।55।।

यह आदित्य पश्चिम की ओर गमन करते है। आदित्य से उत्पन्न चक्षु, चक्षु से ऋतु, ऋतु से जगती छन्द; जगती से ऋक्-साम; ऋक्-साम से शुक्र ग्रह; शुक्र ग्रह से सप्तदशस्तोम, सप्तदशस्तोम से वैरूप, वैरूप से जमदग्नि। मैं इन सबका मनन करता हुआ इष्टका स्थापन करता हूँ ।।56।।

उत्तर दिशा में स्वर्गलोक स्थित है। उस स्वर्ग लोक से उत्पन्न श्रोत्र, श्रोत्र से शरद्ऋतु, शरद्ऋतु से उत्पन्न अनुष्टुप छन्द, अनुष्टुप से ऐड साम; ऐड से मन्थीग्रह से उत्पन्न इक्कीसवीं स्तोत्रम्; इक्कीसवें स्तोत्रम् से वैराज; साम से उत्पन्न विश्वामित्र का तथा उक्त सभी का मनन करता हुआ मैं इष्ट का स्थापन करता हूँ ।।57।।

चन्द्रमा रूप मति से उत्पन्न वाणी का मनन करता हुआ मैं इष्टका साधन करता हूँ। वाणी से प्रकट हेमन्त-ऋतु, हेमन्त ऋतु से हेमन्त नामक पंक्ति छन्द, पंक्ति छन्द से निधनवत्साम, निधनवत्साम से प्रकट आग्रयण ग्रह; आग्रयण से त्रिणव और त्रयस्त्रिंश स्तोम; त्रिणव और त्रयस्त्विश स्तोमों से विदित शाक्वर और रैवत साम, और शाक्वर तथा रैवत साम से विदित विश्वकर्मा नाम ऋषि का तथा उक्त इन सभी का मनन करता हुआ मैं इष्ट का साधन करता हूँ ।।58।।

चतुर्दश अध्याय

ऋषि: उशना, विश्वेदेवा विश्वकर्मा।

हे स्त्री! तू श्रेष्ठ- धर्म वाली, बुद्धि को प्रेम से सेवन करती हुई, स्थिर वास करने के लिए स्थिर स्थान में रहने की इच्छुक और दृढ़ धर्म से युक्त है। तुझे इस स्थिर-गृह में गृहस्थाश्रम में अश्विनी कुमार सुस्थापित करे ।।1।।

हे सुखदायनी स्त्री! तेरी सब विद्वान् प्रशंसा करें। तू सुन्दर-सम्पत्ति और विद्याधन को प्राप्त करे। अश्विनीकुमार तुझे इस गृहस्थाश्रम में सुस्थापित करें ।।2।।

हे स्त्री! तू इस लोक में वृद्धि को प्राप्त कर और सुख में स्थित हो। सुखयुक्त तू सुन्दर शरीर पर वस्त्रालंकार धारण करती हुई अपने पति के साथ इस गृह में प्रवेश कर। अश्विनीकुमार तुझे गृहस्थाश्रम में सुस्थापित करे ॥3॥

हे स्त्री! स्तुतियों को जानने की इच्छुक तू सुन्दर नाम रूप एवं विपुल पदार्थों से युक्त है। विद्वान् तेरी प्रशंसा करे। तू इस गृहस्थाश्रम में वर्तमान रह। अश्विनीकुमार तुझे गृहस्थाश्रम में सुस्थापित करें ॥4॥

हे स्त्री! तू शुभ गुणों से युक्त है। मैं (तेरा पति) अविनाशी कीर्तिवाली, सुख और सन्तान प्राप्त कराने वाली तुझको सूर्य रश्मि के समान इस गृह में घर की अधिकारिणी के रूप में स्थापित करता हूँ। तुझे अश्विनीकुमार गृहस्थाश्रम में सुस्थापित करे ॥5॥

ज्येष्ठ और आषाढ़ मिलकर ग्रीष्मऋतु कहते हैं। हे स्त्री-पुरुषों! तुम भी मिलकर ऐसी विद्याएँ और ज्ञान प्राप्त करो कि ग्रीष्म ऋतु, सुखदायिनी हो। उसमें कफ़ के रोगों का निवारण हो तथा जल, औषधियाँ, अग्नि, विद्युत सभी सुखदायी हो ॥6॥

हे मनुष्य! इस जगत् में तुझको अश्विनीकुमार सब पदार्थों की प्राप्ति एवं अग्नि विद्या के ज्ञान के लिए नियुक्त करें और हम लोग भी जिस ज्ञान-प्राप्ति के लिए तुझे नियुक्त करें, तू उन सब पदार्थों और उस ज्ञान को प्राप्त करें ॥7॥

हे इष्टका! मेरे प्राण, अपान, व्यान, चक्षुओं और श्रोतों की रक्षा करो। तुम औषधियों को पुष्ट करो, मनुष्यों और पशुओं की रक्षा करो, तथा आकाश से जल-वृष्टि करो ॥8॥

गायत्री रूप होकर प्रजापति ने यज्ञ के द्वारा मूर्द्धा रूप ब्राह्मण की रचना की। अनिरुक्त छन्द रूप होकर वय से क्षत्रिय की रचना की। छन्द रूप होकर वैश्य को बनाया। वय द्वारा छन्द रूप को प्राप्त हुए प्रजापति ने शूद्र की उत्पत्ति की। एकपद नामक छन्द से प्रजापति ने अजा को ग्रहण किया। तब पुरुष उत्पन्न हुए-पशु उत्पन्न हुए। गायत्री छन्द से मेघ हुए, पंक्ति छन्द होकर प्रजापति ने किन्नर रूप ग्रहण किया। जगती छन्द रूप से सिंह, निरुक्त से गर्दभादि पशु, ककुप छन्द से अक्षर और वृहती छन्द से ऋषभ को ग्रहण करके भालू आदि को उत्पन्न किया ॥9॥

पंक्ति छन्द रूप से बलीवर्द (बैल), जगती से गौएँ तथा त्रिष्टुप गायत्री-उष्णिक्-अनुष्टुप इन छंदों के रूप से प्रजापति ने क्रमशः ऋषि, दित्यवाट, मचावि, त्रिवत्का, तुर्यवाट की रचना की। हे इष्टके! पूर्व स्थापित इष्टका से अहिंसित रहते हुए सम्पूर्ण छिद्रों को पूर्ण करती हुई तुम स्थित होओ। इन्द्र, अग्नि, वृहस्पति तुम्हें श्रेष्ठ स्थान पर स्थापित करे। जलों के पृथिवी पर गिरने पर द्यावा-पृथिवी-अन्तरिक्ष सोम को परिपक्व करते हैं। देवताओं की स्तुतियाँ इन्द्र को अर्पित होती हैं ॥10॥

हे इन्द्राग्नि! तुम अचल रहते हुए इष्टका को दृढ़ करो। हे इष्टका! तुम द्यावापृथिवी-अन्तरिक्ष को व्याप्त करने में समर्थ हो ॥11॥

हे स्वयंमातृणे! तुम आकाश युक्त और विस्तृत हो। विश्वकर्मा तुम्हें अन्तरिक्ष में स्थापित करे। वायु तुम्हारी सुरक्षा करे। तुम अंगिरा के समान अचल होओ।।12।।

हे इष्टके! तुम दश दिशाओं में विद्यमान गायत्री रूप होओ ।।13।।

वायुरूप के इष्टके! तुमको विश्वकर्मा अन्तरिक्ष के ऊपर स्थापित करें। तुम यजमान के प्राणापान, व्यान और उदान के निमित्त तेजों को दो ।।14।।

श्रावण-भादों दोनों मिलकर वर्षात्मक ऋतु है। तुम दोनों महीने एकरूप-एक कार्य में लगे हुए अपनी श्रेष्ठता कल्पित करो ।।15।।

आश्विन-कार्तिक ये दोनों मिलकर शरदात्मक है। ये मुझ यजमान को श्रेष्ठ बनाये ।।16।।

हे इष्ठका! मेरी आयु, प्राणायान, व्यान, चक्षुओं, स्रोतों, वाणी, मन, आत्मा और तेज की रक्षा करो, इन्हें पुष्ट करो ।।17।।

हे इष्ठका! तुम्हें इस लोक में मननपूर्वक स्थापित करता हूँ। हे इष्ठका! तुम्हें द्युलोक, अन्तरिक्ष, पंक्ति छन्द, उष्णिक् छन्द, वृहती, अनुष्टुप, विराट्, गायत्री त्रिष्टुप और जगती छन्द के तथा उक्त सभी के पृथक्-पृथक् यथा पूर्वक स्थापित करता हूं ।।18।।

मैं पृथिवी देवता से सम्बन्धित छन्द का मनन करता हुआ इष्ठका स्थापना करता हूँ ।।19।।

अग्नि देवता, वायु देवता, चन्द्रमा देवता, वसुगण, रुद्रगण, आदित्यगण, मरुद्गण, विश्वेदेवा देवता, बृहस्पति देवता, इन्द्र देवता और वरुण देवता के मननपूर्वक तथा उक्त सभी देवताओं के मननपूर्वक इष्ठका स्थापन करता हूँ ।।20।।

हे बालखिल्य इष्ठका! तुम समूर्धा के समान श्रेष्ठ हो; धारण करने वाली तथा स्थिर हो। अतः स्थिर रूप से इस स्थान को धारण करो ।।21।।

हे बालखिल्य! तुम इस स्थान में विधिपूर्वक निवास करो। तुम स्वयं नियम में रहती तथा अन्य से नियम पालन कराती हो। तुम पृथिवी के समान अविचल स्थित हो। तुम्हें मैं अन्न एवं धन-पुष्टि-प्राप्ति के निमित्त स्थापित करता हूँ ।।22।।

हे इष्ठका! निवृत स्तोम के रूप में व्याप्त तुम्हें यही स्थापित करता हूँ ।।23।।

हे इष्ठका! तुम अग्नि का भाग रूप हो। दीक्षा का तुम पर आधिपत्य है। इसलिए निवृत सोम के द्वारा तुमने ब्राह्मणो की मृत्यु से रक्षा की। उस निवृत स्तोम का स्मरण करते हुए मैं इष्ठका स्थापन करता हूँ ।।24।।

हे इष्ठका! तुम वसुओं का भाग हो। तुम पर रुद्रगण का अधिकार है। चतुर्विंश स्तोम द्वारा तुमने पशुओं को मृत्यु से बचाया। उस स्तोम का मनन कर, मैं तुम्हें स्थापित करता हूँ ।।25।।

हे इष्ठका! तुम शुक्ल पक्षीय तिथि के भाग हो और तुम पर कृष्ण पक्षीय तिथि का अधिकार है। चत्वारिंश स्तोम का मनन करते हुए मैं तुम्हें स्थापित करता हूँ ।।26।।

मार्गशीर्ष और पौष दोनों मिलकर हेमन्त ऋतु कहलाते हैं। ये अग्नि के अन्तर्श्लेष हैं। अग्नि-चयन करते हुए मुझे यजमान की श्रेष्ठता को द्यावापृथिवी, जल और औषधि कल्पित करे ।।27।।

प्रजापति ने एक वाणी से आत्मा का स्तवन किया, जिससे यह प्रजाएँ उत्पन्न हुईं और प्रजापति ही उनके अधिपति हुए। प्राणोदान-व्यान द्वारा स्तुति की, जिससे ब्रह्मा उत्पन्न हुए और उनके अधिपति हुए, ब्राह्मणस्पति। पंचभूतों में स्तुति की, तो उससे पंचभूतात्मक सृष्टि हुई और उसके अधिपति हुए, भूतनाथ महादेव। श्रोत्र, नासिका, चक्षु, और जिव्हा द्वारा स्तुति की, इससे सप्तर्षि उत्पन्न हुए और उनके अधिपति घाता हुए ।।28।।

नवद्वार के शरीर-द्वारा स्तुति की, जिससे पितर, वायु, अग्नि उत्पन्न हुए और उनकी स्वामिनी हुई, अदिति, प्राणादि दश तथा ग्यारहवीं आत्मा से स्तुति की,तो उससे ऋतुयें हुईं और उनके अधिपति हुए-ऋतुपति देवता। दश प्राण ग्यारहवीं आत्मा और दो प्रतिष्ठाएँ-इन तेरह से स्तुति की, तो बारह महीने और एक अधिमास वाले संवत्सर की उत्पत्ति हुई। उरपका अधिपति संवत्सर हुआ। दोनों हाथ, दश अंगुलियों, दो भुजाएँ और एक नाभि के ऊपर का भाग, इन पन्द्रह से स्तुति करने पर क्षत्रिय उत्पन्न हुए, जिनका अधिपति हुआ-इन्द्र। दो पाँव, दश अंगुलियों, दो जानु और एक नाभि के नीचे का भाग-इन पन्द्रह के द्वारा स्तुति करने पर ग्राम्य पशु उत्पन्न हुए, जिसका अधिपति हुआ-बृहस्पति ।।29।।

प्रजापति ने हाथों की दस अगुलियाँ और ऊपर-नीचे के छिद्र रूप नौ वाणियों से स्तुति की; उस शूद्र और आर्य जाति उत्पन्न हुई, उनकी स्वामिनी अहोरात्र हुई हाथ और पाँव की बीस अँगुलियों और आत्मा इन इक्कीस से स्तुति करने पर एक खुर वाले पशु हुए। और उनके स्वामी वरुण हुए। हाथ-पाँव की बीस अंगुलियों और दो चरणों और एक आत्मा से स्तुति करने पर अजा आदि पशु हुए और उनके स्वामी हुए-पूषा। बीस अँगुलियाँ, दो हाथ, दो पाँव और आत्मा इन पच्चीस से स्तुति करने पर वन के मृगादि पशु हुए और उनके अधिपति हुए-वायु। बीस अँगुलियाँ, दो हाथ, दो उरु, दो प्रतिष्ठा-इनसे स्तुति करने पर विद्यावापृथिवी, वसुगण, रुद्रगण और आदित्यगण प्रकट हुए ।।30।।

बीस अंगुलियों और नव प्राण के छिद्रों सहित स्तुति की, तो वनस्पतियाँ हुईं और उनके स्वामी हुए-सोम। बीस अँगुलियों, दस इंद्रियों और एक आत्मा से स्तुति की तो सभी प्राणियों को सृष्टि हुई, उसके स्वामी पूर्व पक्ष और उत्तर पक्ष हुए। बीस अँगुलियों, दश इन्द्रियों, दो पांवों और आत्मा से स्तुति की तो सब प्राणियों में परस्पर प्रीति की और परमेष्ठी प्रजापति उनके अधिपति हुए ।।31।।

<h1 style="text-align:center">पञ्चदश अध्याय</h1>

ऋषि: परमेष्ठी, प्रियमेधा, वसिष्ठ, मधुच्छन्दा।

हे अग्नि! हमारे प्रसिद्ध और अप्रसिद्ध शत्रुओं को दूर करो। प्रसन्नचित्त आप हमें अभीष्ट वर दो। हम उत्तम पदार्थों से युक्त हों, आध्यात्मिक, आधिभौतिक और आधिदैविक तीनों सुख प्राप्त करें ॥1॥

हे अग्नि! आप हमारे वर्तमान और भविष्य शत्रुओं को सर्वतः नष्ट कीजिए। आप हमें प्रसन्नचित्त होकर अभीष्ट वर दीजिए। मैं आपकी कृपा से शत्रुओं में सब प्रकार से बलवान होऊँ ॥2॥

हे इष्टका! तुम्हें षोडशी स्तोम तथा चत्वारिश-स्तोम के प्रभाव से स्थापित करता हूँ। इस स्थान में हमें ओज और धन की प्राप्ति हो ॥3॥

हे इष्टका! पृथिवी, अन्तरिक्ष, द्युलोक, अन्न, मन, वायु वाणी, प्राण, उदान, वेदत्रय, जल, स्वर्ग, भू-लोक, पाताल लोक और विद्युत के मननपूर्वक तुमको स्थापित करता हूँ ॥4॥

शरीराच्छादित एवं शरीराच्छादक अन्न, कर्म निवृत्तिकारिणी रात्रि, कर्म प्रवर्तक दिवस, विस्तीर्ण द्युलोक, पृथिवी, घोर शब्दकारिणी वायु, विविधा कृतिवान भूत पिशाचादि, भक्षणकारिणी अग्नि, वैखरी वाणी, मध्यमा वाणी, भूलोक, प्रभामंडल जठराग्नि, यज्ञादि कर्म से सिद्ध ज्ञान रूपी सूर्य तथा जल का मनन करता हुआ हे इष्टका! मैं तुम्हें स्थापित करता हूँ ॥5॥

हे इष्टका! तुम रश्मिरूप अन्न के द्वारा सत्य के लिए सत्य वाणी को पुष्ट करो। कर्म के निमित्त धर्म को प्रवृद्ध करो। स्वर्ग लोक के निमित्त स्वर्ग को, अन्तरिक्ष को, पृथिवी लोक को, वृष्टि जल को और रात्रि को पुष्ट करो। तुम वसुओं और आदित्यों के साथ प्रीति करो ॥6॥

हे इष्टका! शरीर को बढ़ाने वाले अन्न के प्रभाव से धन की पुष्टि के लिए उपहित हुई तुम धन का पोषण करो, शास्त्रों के लिए उपहित हुई तुम शास्त्रों की वृद्धि करो, औषधियों के लिए उपहित तुम औषधियों को पुष्ट करो ॥7॥

हे इष्टका! तुम जीवन का अस्तित्व रखनेवाले, इन्द्रियों को अपने-अपने कार्य में समर्थ करने वाले, धन का प्रतिपादन करनेवाले और तेजस्वी बनानेवाले अन्न के समान हो, मैं तुम्हें जीवन, इन्द्रिय-सामर्थ्य, धन और तेज प्राप्त करने के लिए स्थापित करता हूँ ॥8॥

हे इष्टका! तुम कृषि, वृष्टि और बीज के द्वारा उत्पन्न होने वाले, प्राणियों को कर्म-प्रवृत्त करने वाले इन्द्रियों को अपने-अपने कर्म में लगाने वाले, जीवन के साथ चलने वाले, भूख मिटाने वाले के समान हो। मैं तुम्हें अन्न लाभ, कर्म प्रवृत्ति, इन्द्रियों के द्वारा दिये जाने वाले कार्यों के लिए स्थापित करता हूँ ॥9॥

हे इष्टका! तुम पूर्व दिशा की स्वामिनी हो, तुम्हारे अधिपति अष्टावसु हैं। अग्नि तुम्हारे विघ्न-निवारक हैं। निवृत्त सोम तुम्हे पृथ्वी पर रथन्तर अन्तरिक्ष में, प्राण और देव स्वर्ग-लोक में स्थापित करे ॥10॥

हे इष्टका! तुम दक्षिण दिशा रूप हो। रुद्रगण तुम्हारे अधिपति हैं। इन्द्र विघ्न दूर-कर्ता हैं। पञ्चदश सोम तुम्हें पृथिवी पर वृहत्साम अन्तरिक्ष में और देवता दिव्य लोक में विस्तृत करें। देवता यजमान को स्वर्ग दें ॥11॥

हे इष्टका! तुम पश्चिम दिशा रूप हो। आदित्य तुम्हारे अधिपति है। वरुण तुम्हारे दुःखहारक हैं। तुम्हें सप्तदश सोम पृथिवी पर और देवगण तुम्हें दिव्य लोक में प्रतिष्ठित करें। देवता यजमान को स्वर्ग प्राप्त कराएँ ॥12॥

हे इष्टका! तुम उतर दिशा रूप हो। मरुदगण तुम्हारे अधिपति एवं सोम विघ्ननाशक हैं। एकविंशस्तोम तुम्हें पृथिवी पर और वैराज तुम्हें अन्तरिक्ष में स्थापित करें तथा देवता तुम्हें स्वर्ग-लोक में विस्तृत करें। देवता यजमान को स्वर्ग प्राप्त कराएं ॥13॥

हे इष्टका! तुम ऊर्ध्व दिशाधीश्वरी हो। विश्वेदेवा तुम्हारे अधिपति है और बृहस्पति विघ्ननाशक है। त्रिणवत्रयस्त्रिंश स्तोम तुम्हें पृथिवी पर तथा शाक्वर और रैवत साम तुम्हें अन्तरिक्ष में स्थापित करे। वैश्वदेव अग्नि, मरुत, उक्थ तुम्हें दृढ़ता दें। देव तुम्हें स्वर्ग लोक में विस्तृत करे। यजमान को देवता स्वर्ग प्रदान करें ॥14॥

पूर्व दिशा में प्रतिष्ठित अग्नि रूप इष्टका हिरण्मय, रश्मि युक्त है। ऐसे अग्नि को हमारा नमन। वे हमें सुख दे। जो हमसे और हम जिससे द्वेष करते है, उन्हें हम अग्नि की दाढ़ों में भेजते हैं ॥15॥

दक्षिण दिशा में स्थापित इष्टका विश्वकर्मा रूप है। इष्टका को हमारा नमन। ये हमें सुख दें और रक्षा करें। जिनसे हम या हमसे जो द्वेष करते है, उन्हें हम आदित्यों की दाढ़ों में भेजते है ॥16॥

पश्चिम दिशा में स्थापित इष्टका आदित्य रूप है। इनकी सेनापति वर्षत है। जो हममें या जिनमें हम द्वेष करते हैं, उन्हें हम आदित्यों की दाढ़ों में भेजते है ॥17॥

उत्तर दिशा में स्थापित इष्टका यज्ञ रूप है। इनकी सेनापति है-शरद्ऋतु। ये हमें सुख और रक्षा दें। जो हमसे या जिनसे हम द्वेष करते है, उन्हें हम अग्नि की दाढ़ों में डालते है ॥18॥

मध्य दिशा में स्थापित इष्टका पर्जन्य रूप है। पर्जन्य को हमारा नमन। वे हमें सुख तथा रक्षा दे। जो हमसे या जिनसे हम द्वेष करते हैं, उन्हें हम पर्जन्य की दाढ़ में डालते हैं ॥19॥

अग्नि स्वर्ग की मूर्धा है और वृषभ के शरीर में जैसे क्रकुभ सर्वोच्च है, वैसे ये सर्वोच्च है। ये जगत्कारण एवं रक्षक है और जल-तत्त्व के पोषक है ॥20॥

हे अग्नि! सब अन्नों के स्वामी हैं। ये क्रान्तदर्शी एवं धनो के शिर है ॥21॥

हे अग्नि! तुम्हें जल से अथर्वा ने मथा और सभी ऋत्विजों ने मथा ॥22॥

हे अग्नि! जब तुम हवि-भक्षक अपनी जिव्हा निकालते हो, तब तुम यज्ञ के नेता होते हो। तुम सूर्यमण्डल में स्थित होते हो ॥23॥

याज्ञिकों की समिधाओं से अग्नि ऐसे ही प्रवृद्ध होते हैं, जैसे माता गौ को देखकर बछड़ा अथवा उषा के आगमन पर चैतन्यता अथवा शाखा को देखकर ऊपर उड़ते हुए पक्षी ॥24॥

हम क्रान्तदर्शी अग्नि की स्तुति करते है। अपनी वाणी से अग्नि को अर्पित स्तुतियों उसी प्रकार अन्तरिक्ष में जाती है, जैसे आदित्य की स्तुतियों ॥25॥

अग्नि यज्ञ के होता हैं और सोम यागादि में स्तुत होते हैं। अनुष्ठानों से ये यज्ञस्थान में स्थापित होते है। भृगु महर्षि ने प्राणिहितार्थ इन्हें वन में स्थापित किया ॥26॥

यजमानों के रक्षक अग्नि स्वकर्म में चैतन्य एवं कुशल और पवित्र तथा धृत को मुख में ग्रहण करने वाले हैं। ये ऋत्विजों के द्वारा नित्य नवीन रूप में प्रकट किये जाते हैं। ये अपनी स्वर्गस्पर्शिनी दीप्तियों से प्रकाशित है ॥27॥

यज्ञादि कर्मों में अनेक रूप से विचरणशील, हे अग्नि! अंगिरावंशी ऋषियों ने तुम्हें जल और वनस्पतियों में खोजा। तुम बलपूर्वक अरणि-मन्थन से उत्पन्न होते हो। अतः तुम्हें बलपुत्र कहा जाता है ॥28॥

हे ऋत्विजों! अग्नि वरिष्ठ, जल के पौत्र एवं महान फल वाले है। तुम इन्हें हवि दो और उनकी स्तुति करो ॥29॥

हे अग्नि! तुम सेचन-समर्थ एवं सर्वाधिपति हो। तुम यजमान के यज्ञफल दाता हो। यज्ञ कर्म के लिए उत्तर वेदी में प्रदीप्त होने वाले तुम यजमान को उत्कृष्ट- धन दो ॥30॥

हे अग्नि! तुम अद्भुत धन वाले और हवि से प्रसन्न होने वाले हो। ऋत्विज और यमजान तुम्हें हवि-वहन के लिए आहूत करते हैं ॥31॥

हे यजमान! हम तुम्हारी हवि को ग्रहण करने के लिए उन अग्नि देव को आहूत करते है, जो जलों के पौत्र, सावधान, कर्म प्रेरक, देवदूत, यज्ञ सम्पन्न कर्ता और कर्म तत्पर और अविनाशी है ॥32॥

अविनाशी, दूतसदृश कार्यरत अग्नि को हम आहूत करते हैं। हमारे आह्वान को सुनकर प्रसन्न वे अपने रथ के द्वारा द्रुतगति से आगमन करते हैं ॥33॥

यजमानों को धन देने वाले, दूत के समान कार्यरत रहने वाले, वसु आदि देवताओं वाले, श्रेष्ठ कर्मा अविनाशी अग्नि ऋत्विजों से आह्वान किये जाने पर द्रुतगति से यज्ञ में आते है ॥34॥

हे अग्नि! तुम बलोत्पन्न हो। गौओं से युक्त, ज्ञान वाले और अन्न के स्वामी, तुम हमें धन दो ॥35॥

हे अग्नि! तुम दीप्तिमान, क्रान्तदर्शी, अनेकमुखी और सबको वास देने वाले हो। वेद वाणी से स्तुत्य तथा यज्ञ में सर्वप्रथम प्राप्त होने वाले तुम तेजस्वी हो ।।36।।

हे अग्नि! तुम विकराल द्रष्टा, दीप्तिमान और राक्षस-हन्ता हो। तुम दिवस तथा उषाकाल के सब राक्षसों को नष्ट करो ।।37।।

हे अग्नि! श्रेष्ठ हूं ऐश्वर्यवान् ऋत्विजों से आहुत तुम हमारा कल्याण करो। तुम्हारा दान मंगलकारी हो। तुम्हारी स्तुतियाँ हमारा कल्याण करें ।।38।।

हे अग्नि! तुम जिस मन से राक्षसों को मारते हो, उसी से हमारा कल्याण करो। तुम्हारी स्तुतियाँ कल्याणकारिणी हों ।।39।।

हे अग्नि! तुम जिस मन से शत्रुओं को मारते हो, उसी मन से बलवान् शत्रुओं के धनुष को प्रत्यंचारहित करो। हम तुम्हारे द्वारा प्रदत्त ऐश्वर्यों से सुख पाएँ ।।40।।

उपकारी, ऐश्वर्यवान् अग्नि को मैं जानता हूँ। अग्नि को प्रज्वलित गौएँ अपने-अपने गौष्ठों में आती हैं। अश्व वेगवान् हो गमन करते हैं। हे अग्नि! अपने स्तोताओं को धन दो ।।41।।

जिस वासदायक प्रज्वलित अग्नि को अश्व प्राप्त करते हैं, गोएँ जिनकी सेवा करती हैं, मेधावी जिनकी सेवा करते हैं, वे हमें ऐश्वर्य दें ।।42।।

हे चन्द्र-सदृश अग्नि हमारे लिए धनद हैं। तुम मुख से घृतपान करने के लिए अपने दर्भों के समान आकार वाले हाथों को उठाते हो। तुम उक्थवाले यज्ञों के फलस्वरूप हमें धनवान् करो और हम स्तोताओं को अन्न दो ।।43।।

हे अग्नि! हम यज्ञ को स्तोमों से समृद्ध करते हैं, उसी प्रकार जैसे स्तुतियों से अश्व मेघ के अश्व को प्रवृद्ध किया जाता है। हम कल्याणमय यज्ञ-संकल्प को दृढ़ करते हैं ।।44।।

हे अग्नि! जैसे सारथी रथ चलाते है, वैसे ही आप सु-अनुष्ठित, कल्याणकारी हमारे यज्ञ को पूर्ण करो ।।45।।

हे अग्नि! हमारे स्तोत्रों से प्रसन्न होकर, हमारे अभिमुख होओ, उसी प्रकार-जैसे सूर्य उदित होकर संसार के अभिमुख होते है ।।46।।

दिव्यगुण वाले, श्रेष्ठ यज्ञ से सम्पन्न, ज्वालाओं से प्रदीप्त, घृतपान के इच्छुक, कथन के बल से उत्पन्न और देवों को बुलाने वाले अग्नि को ज्ञानसम्पन्न शास्त्रज्ञाता विप्र के समान मैं जानता हूँ ।।47।।

हे अग्नि! तुम आह्वानीय रूप वाले, निवासयुक्त और धनदान-द्वारा कीर्तिवान् हो। तुम हमारे आत्मीय और रक्षक हो तथा हितकर्ता हो; हमारे यज्ञ में आओ। दीप्तिमान तुम सबके प्रकाशक हो। हम तुम्हारे सखा सुख के निमित्त तुम्हारी प्रार्थना करते हैं। 48।।

मन की एकाग्रता रूप जिस तप से ऋषियों ने अग्नि को उत्पन्न किया, उसी तप से मैं स्वर्गदाता अग्नि की स्थापना करता हूँ। विद्वान् उस अग्नि को, यज्ञ की सिद्ध करने वाला कहते है ॥49॥

हे ऋत्विजों! तृतीय स्वर्ग के ऊपर श्रेष्ठ फल के आश्रम-स्थान सूर्य-मण्डल में स्थान पाने के निमित्त हम अपने परिवारीजनों के साथ अग्नि की सेवा करते हैं। हम श्रेष्ठ स्वर्ग को प्राप्त करें ॥50॥

श्रेष्ठ पुरुषों के पालनकर्ता संसार के रक्षक, सदा सावधान, दीप्तिमान और पृथिवी पर स्थापित अग्नि हमारे शत्रुओं को रौंद डाले ॥51॥

अग्नि अत्यन्त वीर, हविग्राहक और सहस्रों इष्टकाओं से युक्त हैं। ये निरालस्य हो शीघ्र प्रदीप्त हों और त्रिलोकी में श्रेष्ठ स्थान को प्राप्त हो। हम अग्नि की कृपा से स्वर्ग पाएं ॥52॥

हे ऋषियों! अग्नि के समीप आओ और इन्हें सुदीप्त करो। हे अग्नि! तुम हमें देवधान-मार्ग से ले जाओ। इस यज्ञ को ऋषियों ने वाणी और मन से विस्तृत किया है ॥53॥

हे अग्नि! तुम जागृत होओ, यहां में यजमान से सुसंगत होओ, और यजमान का अभीष्ट पूरा करो। हे विश्वेदेवो! यह यजमान स्वर्ग में चिरकाल तक रहे ॥54॥

हे अग्नि! तुम जिस पराक्रम से सदक्षिण-यज्ञ को प्राप्त होते हो, उसी पराक्रम से हमारे यज्ञ को प्राप्त करो। इस यज्ञ के स्वर्ग में पहुंचने के कारण हम भी स्वर्ग में जा सकेंगे ॥55॥

हे अग्नि! यह तुम्हारा उत्पत्ति-स्थान है। जिस गार्हपत्याग्नि से तुम उत्पन्न होते और कर्मप्रवृत होते हो, उसको जानकर कुण्ड में प्रतिष्ठित होओ और हमारे धन की वृद्धि करो ॥56॥

माघ-फाल्गुन शिशिरऋतु के अवयव है और अग्नि के अन्तश्लेष है। विद्यावापृथिवी, जल और औषधियाँ हमें श्रेष्ठता दें। द्यावा-पृथिवी की अन्य यजमानों के द्वारा चयन की गयी इष्टकाएँ शिशिर ऋतु का कर्म-सम्पादन करती हुई उस कर्म की आश्रिता हों। हे इष्टका! तुम दृढ़ता से स्थित होओ ॥57॥

हे इष्टका! तुम वायुरूप में दीप्तिमती हो। विश्वकर्मा तुम्हें दिव्य लोक में स्थापित करें। तुम्हारे अधिपति सूर्य है। तुम यजमान के प्राण, अपान और ध्यान को ज्योतित करो तथा वायु देवता के प्रभाव से अंगिरा के समान दृढ़ स्थापित होओ ॥58॥

हे इष्टकाओं! पूर्व इष्टकाओं से अनाक्रान्त तुम चयन-स्थान को पूर्ण करती अवकाश को भर दो और दृढ़ता से स्थिर होओ। तुम्हें इन्द्राग्नि, बृहस्पति स्थापित किया है ॥59॥

स्वर्ग पतित तथा धान्य सम्पादन कर्ता ये जल संवत्सर में त्रिलोकी में सोम को सुपरिपक्व करते हैं ॥60॥

समुद्र के समान व्यापक, सब महारथियों में श्रेष्ठ, अग्नि के स्वामी और धर्म तथा प्राणियों के पालनकर्ता इन्द्र को ही सब स्तुति प्रवृद्ध करती है ॥61॥

अग्नि महिमामयी अरणियों से उत्पन्न होते हैं और जैसे अश्व घास के लिए हिनहिनाता है, वैसे ये धृत के लिए शब्द करते हैं। वायु अग्नि की ज्वालाओं का वहन करते है। हे अग्नि! उस समय तुम्हारा गमनपथ कृष्णवर्ण वाला होता है ॥62॥

हे स्वयमातृणे! तुम वृष्टिदाता, आयुवर्धक आदित्य के हृदय में प्रकाशमाला को स्थापित करते हो। तुम विद्यावापृथिवी-अन्तरिक्ष में प्रकाश भरनेवाली हो ॥63॥

हे स्वयमातृणे! विश्वकर्मा तुम्हें स्वर्ग में स्थापित करें। तुम सब प्राणियों के प्राणापान, व्यान और उदान के निमित्त स्वर्ग लोक को धारण करने योग्य बनाओ। उसे हिंसित मत करो। सूर्य तुम्हारी रक्षा करें। उनकी रक्षा पाकर तुम अंगिरा के समान दृढ़ स्थापित होओ ॥64॥

हे अग्नि! तुम सहस इष्टकाओं के समान हो इष्टकाओं के प्रतिनिधि हो और इष्टकाओं के लिए उपयुक्त हो। मुझे अनन्त फल दो ॥65॥

षोडश अध्याय

ऋषि: परमेष्ठी, कुत्स, वृहस्पति, प्रजापति।

हे रुद्र! तुम्हारे क्रोध, वाणी और बाहु को नमस्कार ॥1॥

हे रुद्र! पर्वतवासी तुम्हारा रूप कल्याणकारी एवं सौम्य है। उस पुण्यफलदाता मंगलमय रूप से हमारी ओर देखो ॥2॥

हे रुद्र! तुम पर्वत पर या मेघों के अन्दर स्थित होते हो। तुम सर्व प्राणिरक्षक हो। तुम प्रलयार्थ जिस वाणी को ग्रहण करते हो, उसे विश्व कल्याणकर्ता बनाओ। हमारे पुरुष एवं पशु हिंसित न हों ॥3॥

हे कैलाशपति! हम मंगलमयी वाणी से तुम्हें स्तुति करते है। संसार हमारे लिए आरोग्यप्रद एवं श्रेष्ठ मन वाला हो ॥4॥

हे देवहितैषी, सर्वरोग नाशकर्ता रुद्र! आप हमारे शत्रु सर्पादि तथा राक्षरसादि को दूर करे ॥5॥

सूर्यरूप में प्रत्यक्ष होने वाले रुद्र उदयकाल में प्राणियों के कर्म का विस्तार करते है। हम इनके क्रोध को शान्त रखने में प्रत्यनशील हैं ॥6॥

विष धारण करने से इनका कठ नीला है। आदित्यरुप में से उदय-अस्त होते है। इनके दर्शन गोप तथा पनिहारियाँ भी करती है। ये रुद्र हमारा कल्याण करें ॥7॥

नीलकण्ठ, सहस नेत्र और सेचन समर्थ, पर्जन्यरूप रुद्र को हमारा नमन! रुद्र के अनुचरों को भी नमन ॥8॥

हे रुद्र! धनुषकोटियों पर चढ़ी प्रत्यंचा को उतार लो और बाणों का भी त्याग करो ॥9॥

इन जटाधारी रुद्र के धनुष की प्रत्यंचा उतर जाय और तरकस बाणों से खाली हो जाय। इनके बाण दिखाई न पड़े और खड़ग का म्यान भी खाली हो जाय। हमारे रुद्र हथियारों को पूर्णरूप से त्याग दे ॥10-11॥

हे रुद्र! अपने हाथों के धनुष-बाण को उपद्रव-रहित रखो। हमारा सर्वतः पालन करो ॥12॥

हे सहसनेत्र रुद्र! तुम अपने धनुष की प्रत्यंचा उतार दो, बाणों के फलक फेंक दो और हमारे लिए कल्याणकारी तथा श्रेष्ठ मनवाले होओ ॥13॥

हे रुद्र! तुम्हारे धनुष पर चढ़े बाण को नमन। तुम्हारी दोनों भुजाओं और शत्रु-नाश में समर्थ धनुष को हमारा नमन ॥14॥

हे रुद्र! हमसे बड़े, छोटे, हमारे बालकके, युवक, गर्भस्थ शिशु, हमारी माता तथा हमारे शरीर को हिंसित न करो ॥15॥

हमारे पुत्र-पौत्र और हमारी आयु को नष्ट न होने दो। हमारी गौओं, अश्वों वीरों को मत मारो। हवियुक्त हो हम तुमको नित्य पुकार रहे हैं ॥16॥

हिरण्मयबाहु, सेनानायक, दिक्कामी, पशुपालक, तेजस्वी, पीतवर्ण, उपवीत धारी और गुणवान् मनुष्यों के स्वामी रुद्र को हमारा नमस्कार ॥17॥

लोहितवर्ण, विश्वकर्मा, वनस्पति-पालक, भूमण्डल-विस्तारक, जीवपोषक श्रेष्ठ मन्त्रदाता, औषधि-पालक, संग्राम में शत्रुनाशक; पंक्तिबद्ध सेनाओं के पालक और पंक्तिबद्ध सेनाओं (तीन अश्व, पाँच पैदल, एक रथ, एक हाथीवाली टुकड़ी पंक्ति कही जाती है) के रक्षक रुद्र को नमस्कार है ॥18॥

हमारी रक्षा के निमित्त कान तक धनुष खींचने वाले, वीर सेनाओं के अधिपति एवं पालक, उपद्रवी दुष्टों पर असि-प्रहारक, अपहरणकारी चोरों के नियन्ता और वनों के पालक रुद्र को हमारा नमन ॥19॥

वृषभ पर बैठने वाले पशुओं के लिए व्याधिरूप, अन्नों के स्वामी संसार शासक, जगत्पालक, पाप से बचने वाले, जनपालक-कर्ता और श्रेष्ठ कर्मवालों के रक्षक रुद्र को नमन ॥20॥

वंचकों के द्रष्टा, गुप्तचरों के नियन्ता, उपद्रवियों के रोधक; वधिकों को जानने वाले और दस्युओं के शासक रुद्र को नमस्कार है ॥21॥

ग्रामचारी तथा काननचारी दोनों के अन्तःकरणवासी, परसम्पत्ति-हारियों के शासक और पापियों के भयभीत करने वाले तथा दमन करने वाले रुद्र को नमन ॥22॥

पापियों को दमन करने के लिए बाण चलाने वाले, जागृतों एवं निद्रितों के भी हृदय में स्थित रहने वाले और वेग युक्त गतिवाले रुद्र को प्रणाम ॥23॥

सभारूप, सभापति रूप, अश्वरूप, अश्वपति रूप तथा संग्राम में स्थित हो प्रहार करने वाले रुद्र को हमारा नमस्कार है ।।24।।

देवों के अनुचर, गणों के अधिपति, समूहों और जातिसमूहों के अधिपति, विविध रूपवाले तथा विश्वरूप वाले रुद्र को नमन ।।25।।

सेनारूप, सेनापति रूप, रथीरूप, रथहीन रूप रथियों और सारथियों के हृदय में स्थित रहने वाले सूक्ष्म रूप वाले रुद्र को हमारा नमन ।।26।।

शिल्प विद्या के ज्ञाता, रथ-निर्माण विद्या के ज्ञाता और मृत्तिका के पात्र बनाने वाली कला के ज्ञाता रुद्र को हमारा नमस्कार है ।।27।।

सम्पूर्ण विश्व के स्रष्टा, दुःखनाशक, पापनाशक, नीलकण्ठ तथा मेघ सहित आकाश में स्थित होने वाले रुद्र को हमारा नमस्कार है ।।28।।

जटा-जूटधारी, मुंडित केश धनुर्धारी, पर्वत पर शयन करने वाले, सर्वान्तर्यामी विष्णु रूप, शत्रुओं में व्याप्त होकर यज्ञ तथा सूर्यमण्डल में वास करने वाले रुद्र को नमस्कार ।।29।।

अल्प शरीरी, वामनरूप धारी, प्रौढ़ाग, विद्या-विनयसंपन्न, पाण्डित्यपूर्ण व्यवहार करने वाले तथा सर्वाग्रगण्य सर्वप्रमुख रुद्र को नमन ।।30।।

विश्वव्यापक, गतिशील, जलरूप मे प्रवहमान, आत्मरूप और नदी एवं द्वीप में वर्तमान रुद्र (परमात्मा) को बारम्बार नमन ।।31।।

ज्येष्ठरूप, कनिष्ठ रूप, उत्पन्न होने वाले और सृष्टिनाश के पश्चात् सन्तान रूप में उत्पन्न होने वाले रुद्र को नमन ।।32।।

मर्त्यलोक के प्राणियों में वर्तमान, मंगल कार्यों में वर्तमान, पापियों के नाशकर्ता यमरूप, परलोकवासी प्राणी के सुख में वर्तमान, यश-प्रचार के कारणरूप, प्राणियो के जन्म-मरण-बन्धन को छुड़ाने वाले और धान्यादि में विद्यमान रुद्र को प्रणाम ।।33।।

वन-वृक्ष-तृण-पल्ली में विद्यमान, ध्वनि-प्रतिध्वनि में विद्यमान, सेनापंक्ति में विद्यमान, गमनशील रथ-पंक्ति में विद्यमान और वीरों और शत्रुओं के हृदय को विदीर्ण करने वाले शस्त्रास्त्रों में विद्यमान ईश्वर रूप रुद्र को नमन ।।34।।

शिरस्त्राण एवं तनुत्राणधारी, रथ तथा हाथी के हौदे में विद्यमान, प्रसिद्ध एवं प्रसिद्ध सेना के स्वामी, और रणभेरी में विद्यमान देवता रुद्र को नमन ।।35।।

स्वपष के वीरों के रक्षक रुद्र को नमस्कार। विचारशील विद्वान्, खड्ग, तरकस, बाण धारक त्रिशूलादि आयुधधारक और धनुष चलाने में कुशल रुद्र देव को नमस्कार ।।36।।

ग्राम के क्षुद्र मार्ग में, राजमार्ग में, दुर्गममार्ग में, पर्वत के निम्न भाग में, सरोवर में, जल में और पोखर में स्थित रुद्र को नमस्कार ।।37।।

कूप गर्त, अत्यन्त प्रकाश, घोर अन्धकार, धूप, मेघ वृष्टिधारा में और वृष्टि रोकने में स्थित रुद्र को प्रणाम ।।38।।

वायु के प्रवाह में, प्रलय रूप पवन में वास्तुकला में स्थित रुद्रदेव तथा वास्तुग्रह के पालक रुद्रदेव को नमस्कार ।।36।।

कल्याणमयी वेदवाणी को नमस्कार। प्राणिपालक रुद्र को नमस्कार। शत्रु को सामने से मारने वाले तथा शत्रु को दूर से मारने वाले रुद्र को प्रलयंकारी रुद्र को, अत्यन्त हननशील हरितकेश रुद्र को नमस्कार। वृक्ष रूप वाले तथा संसार सागर से पार लगाने वाले परमपिता रुद्र को नमस्कार ।।40।।

इहलोक एवं परलोक के सुखदाता, भक्तों के कल्याणकर्त्ता कल्याणरूप रुद्र के लिए नमस्कार ।।41।।

समुद्र के इस-उस तट और मध्य में वर्तमान, समुद्र नौका में विद्यमान तीर्थादि में विद्यमान, जल के किनारे पर विद्यमान, समुद्र के फेन में विद्यमान और कुशादि में विद्यमान रुद्र को नमस्कार ।।42।।

नदी के रेत में, नदी के प्रवाह में, नदी के भीतर कंकरादि में, स्थिर जल में विद्यमान, जटाजूटधारी रुद्र को नमन। शरीर में अन्तर्यामी रूप से स्थित, पृथिवी में तथा जल प्रवाह में विद्यमान रुद्र को नमस्कार है ।।43।।

गौओं के चरने के स्थान में गोष्ठ में, गृहों में, हृदय में, दुर्गम रथ में और पर्वतकन्दरा और गहन जल में विद्यमान रुद्र को नमस्कार ।।44।।

सूखे काष्ठ में, हरे पत्तों में, पृथिवी की धूलि में, पुष्पगन्ध में तृणों में उर्वरा भूमि में और प्रलयकालाग्नि में स्थित रुद्र को नमस्कार ।।45।।

पूर्ण रुद्र के लिए नमस्कार! पतितपत्तों में तथा पत्रकीटों में विद्यमान के लिए नमन। हे रुद्र! तुम सृष्टि-उत्पत्ति के उद्यम वाले, त्रिविध ताप के उत्पत्तिकर्ता हो, तुम्हें हमारा प्रणाम। जो अग्नि, वायु, वर्षा, सूर्य के द्वारा संसार का पालन करते है, उन रुद्र देव को हमारा नमस्कार ।।46।।

हे रुद्र! तुम पापियों की दुर्गति करने वाले, सोमपोषक, नीललोहित वर्णवाले हो। हमारे पशुओं को भय मत दो। प्रजाओं और पशुओं को हिंसित न करो। उन्हें रोगहीन बनाओ, सबका कल्याण करो ।।47।।

हम जटाधारी रुद्र के प्रति अपनी मति अर्पित करते हैं, जिससे हमारे पशु-मनुष्यों का कल्याण हो और इस ग्राम के मनुष्य निरुपद्रव हो ।।48।।

हे रुद्र! अपनी कल्याणकारी शक्ति से हमारा जीवन सुखमय करो ।।49।।

रुद्र के आयुध और उनका क्रोध हमको न सताएं। हे इच्छित फलदाता रुद्र! इस यजमान के भयो को दूर करो और हमारे पुत्रादि को सुख दो ॥50॥

हे शिव! तुम कल्याणकारी हो। तुम हमारे लिए शान्त और श्रेष्ठ मन वाले होओ। तुम्हारे आयुध हमारे शत्रुओं और दुष्टों पर पड़े ॥51-52॥

हे भगवान्! तुम अपने सहसत्रों आयुधों के मुख को हमारी ओर न करो॥ जो रुद्र पृथिवी पर वास करते हैं, उनके आयुध हमसे दूर रहें ॥54॥

नीलकठ! उज्ज्वलकंठ, जो रुद्र स्वर्गाश्रित हैं, उन सभी के धनुषों को हम अपनी ओर से दूर करते है ॥55॥

सर्वभूताधिपति, शिखाहीन मुंडित शिर वाले अथवा जटा-जूट वाले जो रुद्र है उसके आयुध हमने सहस्र योजन दूर जाकर गिरे ॥56-59॥

श्रेष्ठ मार्गों के स्वामी, उत्तम मार्गों के रक्षक, अन्न के धारक और जीवन-पर्यन्त संग्राम में रत रुद्रों के आयुधों को हम स्वर्ग से सहस्त्रयोजन दूर डालते हैं ॥60॥

जो हाथों में ढाल-तलवार धारण करते है, उन रुद्र के आयुधों को हम स्वयं से सहस्त्र योजन दूर करते हैं ॥61॥

अन्न-सेवन करने में रुद्र प्राणियों को अधिक ताड़ना देते है और जल-दुग्धादि पीते मनुष्यों को रोगादि से ग्रस्त करते है। हम उनके आयुधों को स्वयं से सहस्त्र योजन दूर करते हैं ॥62॥

जो रुद्र सब दिशाओं में आश्रय लिये हुए हैं, उन रुद्र के सब आयुधों को मन्त्र-बल से हम सहस्त्र योजन दूर करते है ॥63॥

स्वर्ग में विद्यमान रुद्र के बाण वर्षारूप है। उन्हें हमारा नमन। सब दिशाओं में हाथ जोड़कर तुम्हें हे रुद्र! मैं नमस्कार करता हूँ। वे रुद्र हमारे रक्षक होकर कल्याण करे ॥64॥

जो रुद्र पृथिवी पर विद्यमान है, अन्न जिसके वाण हैं उन्हें सब दिशाओं में हाथ जोड़कर नमन। वे हमको कल्याणकारी हो ॥65-66॥

सप्तदश अध्याय

ऋषि: मेघातिथि, लोपामुद्रा, भरद्वाज, विश्वकर्मा।

हे प्रसिद्धिदाता मरुद्गण! तुम बल के कारण रूप हो। हमें श्रेष्ठ गौएँ, जल और दुग्ध रस दो। हे अग्नि! तुम हवि-भोग करो। हे अग्नि! तुम्हारा क्रोध उस मनुष्य के पास पहुँचे, जिससे हम द्वेष करते हैं ॥1॥

हे अग्नि! ये इष्टकाएँ तुम्हारी कृपा से मुझे अभीष्ट फल देने वाली गौ के समान हो ॥2॥

हे इष्टके! तुम सत्यवृद्धिकर्त्री ऋतु-रूप हो। तुम हमें घृत-मधु से सींचने वाली सुशोभिता एवं अभीष्ट देने वाली होओ ॥3॥

हे अग्ने! जलशैवाल द्वारा मैं तुम्हें सब ओर से लपेटता हूँ। तुम मेरे लिए शोधक और कल्याणकारिणी होओ ॥4॥

हे अग्नि! गर्भ के जरायु के समान शैवाल द्वारा मैं तुम्हें सब ओर से लपेटता हूँ। तुम हमें शुद्ध करने वाले और मंगलकारी हो ॥5॥

हे अग्नि! तुम पृथिवी पर वेत की शाखा का आश्रय लो। तुम जलों के तेज हो। तुम जलो के साथ यहाँ आओ। हमारे इस यज्ञ को सफल बनाओ ॥6॥

हे अग्नि! तुम्हारी ज्वालाएं हमारे विरोधियों को सन्तप्त करे। तुम हमारे लिए शोधक और कल्याणकारिणी होओ ॥7॥

हे दिव्यगुण अग्नि! तुम दीप्तिमती ज्वालाओं के समूह रूप हो। अतः आनन्द रूप होकर देवताओं का आह्वान एवं भजन करो ॥8॥

हे दिव्य अग्नि! हमारे यज्ञ में देवों को बुलाओ और हमारी हवियाँ उन्हें प्राप्त कराओ ॥9॥

जैसे उषाकाल संसार को शोभा प्रदान करती है, वैसे पूर्णाहुति के इच्छुक, अजर, गतिमान, शत्रुहन्ता अग्नि अपने तेज से संसार को शोभित करते हैं। ऐसे अग्नि को हम प्रदीप्त करते हैं ॥10॥

सब रसों को खींचने वाले अग्नि की ज्वालाओं को नमस्कार। हे अग्नि! तुम्हारी ज्वालाएँ, अन्यों को संतप्त करें। हमें तो तुम पवित्र करने वाले और कल्याण देने वाले होओ ॥11॥

जठराग्नि रूप से मनुष्यों में विद्यमान, वडवाग्नि रूप से समुद्र में विद्यमान, बहिर्रूप से औषधियों में विद्यमान, दावानल रूप से वृक्षों में वर्तमान, सूर्य रूप से स्वर्ग में वर्तमान अनेक रूप वाले अग्नियों को पृथक-पृथक दी गयी आहुतियाँ स्वाहुत हों ॥12॥

स्वाहाकार के बिना ही हविग्रहण करने वाले देवता इस यज्ञ के मधु-मृत रूप हवि को स्वयं ग्रहण कर ले ॥13॥

जो प्राणादि देवता इन्द्रादि देवों में प्रधान हैं, जिनके बिना शरीर सचेष्ट नहीं रहता, वे प्राण न तो स्वर्ग में है और न पृथिवी पर हैं, बल्कि प्रत्येक इन्द्रिय में हैं ॥14॥

हे अग्नि! तुम प्राणापान के तथा बल के देने वाले और कल्याणकारी हो। तुम्हारे आयुध हमसे भिन्न व्यक्तियों को सन्तप्त करे ॥15॥

यह अग्नि यज्ञ के विघ्नकर्ताओं को अपने तीक्ष्ण तेज से भगा दें और हमें धन प्रदान करें ॥16॥

सर्वद्रष्टा, परमेश्वर सब प्राणियों के पालक एवं संहारक भी हैं, वे पहले एक रूप धारण करके फिर अनेक रूप धारण करने के लिए माया के विकार वाले देहों में प्रविष्ट हो गये ॥17॥

धावा-पृथिवी का निर्माण करते हुए वे परमेश्वर किस आधार पर टिके थे? जैसे मृत्तिका से घट-घटादि बनते है, वैसे ही प्राणियों की रचना परमेश्वर ने किस पदार्थ से की ॥18॥

सब ओर देखने वाले', सब ओर भुजाओं और चरणों वाले अद्वितीय परमात्मा में द्यावापृथिवी को अधिष्ठान रहित होकर ही प्रकट किया। उन्होंने अनित्य पंचभूतों के संयोग से बिना उपादान साधन के ही विश्व की रचना की ॥19॥

वह वन किस प्रकार का था, वह वृक्ष कौन-सा है, जिस वन और वृक्ष से द्यावा-पृथिवी को विश्वकर्मा परमेश्वर ने अलंकृत किया? हे विद्वानों! सब भुवनों के धारणकर्ता विश्वकर्मा ने जो स्थान निश्चित किया, उस पर मनन करो, उसको पूछो मत ॥20॥

हे विश्वकर्मा! तुम स्वधा-रूप हवि ग्रहण कर के यजमान को उत्तम, मध्यम और निकृष्ट श्रेणी के धाम प्रदान करो और यजमान की हवि से प्रवृद्ध होते हुए स्वयं भजन करो, क्योंकि तुम्हारा भजन करने में कोई मनुष्य समर्थ नहीं है। तुम्हीं इस यजमान को हवि-प्रदान की शिक्षा दो ॥21॥

हे विश्वकर्मा! मेरे द्वारा प्रदत्त हवि से प्रसन्न हुए तुम मेरे यज्ञ में पृथिवी एवं स्वर्ग के प्राणियों को मेरे अनुकूल कर दो। हमारे यज्ञ में इन्द्र हमें आत्म-ज्ञान का उपदेश करें ॥22॥

हम यज्ञ में सृष्टिकर्ता ईश्वर का आह्वान करते है। हे विश्व के कल्याणकर्ता प्रीतिपूर्वक हमारी आहुतियाँ ग्रहण करे ॥23॥

हवि-द्वारा प्रवृद्ध होने वाले हे विश्वकर्मा! तुमने इन्द्र को विश्व रक्षक बनाया। उन इन्द्र को जैसे प्राचीन ऋषियों ने आह्वान किया था, वैसे हम भी उनका आह्वान करते है ॥24॥

प्राचीन ऋषियों ने द्यावा-पृथिवी के अन्तर्देशों को सुदृढ़ किया और मन द्वारा ईश्वर ने द्यावा-पृथिवी का विस्तार किया तथा उसको दृढ़ करके वृत्र को उत्पन्न किया ॥25॥

परमपिता परमात्मा सर्वद्रष्टा और सबके मनो को जानने वाले है। उन्होंने सप्तर्षियों को उत्पन्न किया ॥26॥

हमारे पिता विश्वकर्मा परमेश्वर हमारे उत्पन्न करने वाले; विधाता और सबके धारक हैं, सर्वज्ञ हैं। वे एक हैं; किन्तु देवो के रूप में अनेक नाम वाले हैं। प्रलय काल में सब लोक उन्हीं में विलीन हो जाते है ॥27॥

ईश्वर के द्वारा उत्पन्न किये गए सप्तर्षियों ने प्राणियों की रचना करते हुए उन्हें जल-रस तथा कामनाओं का दान किया ॥28॥

हृदय में जो ईश्वर विद्यमान है, वह स्वर्ग, पृथिवी और देवों से भी दूर है। सर्व प्रथम उत्पन्न जलों के गर्भ में कौन था, जिसके कारण ऋषि देवत्व को प्राप्त हुए ॥29॥

जलों के गर्भ में ईश्वर ही धारित था। जिस गर्भ से सब देवता धारित होते हैं, उसका आधार क्या है? उस अजन्मा परमात्मा की नाभि से ही सब प्राणी और देवता उत्पन्न हुए हैं ॥30॥

जिस परमेश्वर ने यह संसार बनाया, वे प्राणियों के अन्तर में वास करते हैं। अहंकार के कारण वे दूर हो जाते है। उन्हें अज्ञान के कारण ही जाना जाता है। क्योंकि असत् कल्पना वाले अविचारक परलोक के मार्गों की कामना करते हुए सकाम यज्ञ करते हैं ॥31॥

ब्रह्मांड में प्रथम देव आविर्भूत हुए। फिर अग्नि प्रकट हुए फिर औषधियों को उत्पन्न करने वाला पर्जन्य हुआ। पर्जन्य ने उत्पन्न होकर जलों को गर्भ में धारण किया ॥32॥

भयदाता, शत्रुहिंसक, गर्जनशील, सतत सावधान और अद्वितीय वीर इन्द्र एक साथ ही सौ सेनाओं पर विजय प्राप्त करते हैं ॥33॥

हे पुरुषों! शत्रु घर्षक, इन्द्र के बल से तुम शत्रु-सेना पर विजय पाओ और शत्रुओं को वश में करके उन्हें मार डालो ॥34॥

शत्रुओं से संग्रामकर्ता इन्द्र यजमानों के यज्ञ में सोमपान के लिए आते हैं। वे श्रेष्ठ धनुष वाले और इन्द्र बाण सहित शत्रु-सेना में जाते हैं। इन्द्र हमारे रक्षक हों ॥35॥

हे बृहस्पते! तुम राक्षस-हन्ता हो। तुम शत्रुओं को एवं शत्रु सेना को पीड़ित करते एवं हिंसित करते हुए हमारी रक्षा करो ॥36॥

हे इन्द्र! तुम शत्रु-बल को जानते हो, तुम बल से प्रवृद्ध, स्तुति-ज्ञाता एवं शत्रु तिरस्कर्ता हो। अपने रथ से यहाँ यज्ञ में आओ ॥37॥

हे देवो इन्द्र को शत्रु-हनन के वीर कर्म से उत्साहित करो और इन्द्र के साथ तुम भी वेगवान् होओ ॥38॥

अजेय, पराक्रमी, वज्रधारी इन्द्र राक्षसों को तिरस्कृत करते हुए हमारी सेना की रक्षा करे ॥39॥

इन्द्र एवं वृहस्पति शत्रु विजयकर्त्री देव सेनाओं के पालन-कर्ता है। मरुद्गण देव सेना के आगे चले, सदक्षिण सोम आगे चले ॥40॥

आदित्यगण मरुदगण' इन्द्र और वरुण का श्रेष्ठ बल देव-सेना का जय घोष करने वाला है ॥41॥

हे इन्द्र! अपने आयुध तीक्ष्ण करो। हमारे पुरुषों के मन को प्रसन्न करो। विजयशील रथों को सर्वत्रः फैलाओ ॥42॥

इन्द्र हमारे रक्षक हो। हमारे बाण शत्रु-तिरस्कारक हो। हमारे वीर शत्रु-वीरों से श्रेष्ठ हों। देवगण हमारी रक्षा करें ॥43॥

हे व्याधि! तू शत्रु-सेना-कष्टदायिनी एवं शत्रु सेनाचित्तमोहिका है। शत्रु-हृदयों को शाकतम कराके शत्रु घोर अन्धकार में पड़े ॥44॥

हे बाणरूप ब्रह्मास्त्र! तुम अभिमन्त्रित हो। तुम हमारे द्वारा छोड़े जाकर एक साथ शत्रु-सेना पर गिरो ॥45॥

हे सैनिको! शत्रु सेना पर टूट पड़ो, विजय अवश्य होगी। इन्द्र तुम्हें विजय-सुख दें। तुम्हारी भुजाएँ पराक्रम-युक्त हों ॥46॥

हे मरुदगण! शत्रु-सेना ओजस्विनी है, उसे मोह में डालो और युद्ध-निवृत्त करो ॥47॥

जिस संग्राम में शत्रु के बाण घूम रहे है, उस संग्राम में इन्द्र, बृहस्पति और अदिति हमें विजय दिलाएं और हमें सुख दे ॥48॥

हे यजमान! मैं तुम्हारे मर्म-स्थलों को कवचावृत करता हूँ। सोम तुम्हें मृत्युनिवारक कवच से ढके, वरुण तुम्हें बलिष्ठ बनाएँ और देवता विजय दिलाएँ ॥49॥'

हे घृत-तृप्त अग्नि! यजमान को श्रेष्ठता दो, इसकी धन-पुष्टि करते हुए इसे सन्तानवान् करो ॥50॥

हे इन्द्र! यजमान को ऐश्वर्य दो यह समानजन्मा शत्रुओं पर शासन करे। इसे तेजस्वी करो ॥51॥

हे अग्नि! हम यज्ञ में हवि प्रस्तुत करते हैं, तुम यजमान की वृद्धि करो। वह यज्ञादि कर्म करे और सब देवता यजमान को श्रेष्ठ बनाएँ ॥52॥

हे अग्नि! विश्वेदेवा तुम्हें ऊँचा करे। तुम ऊर्ध्वदीप्ति हो कल्याणकारी होओ ॥53॥

यम, इन्द्र, वरुण, सोम, दिशाएँ हमारी कुबुद्धि को दूर करें। यजमान को धन-पुष्टि दे और यज्ञ-रक्षक हो। हमारा यज्ञ समृद्ध हो ॥54॥

जब देवता हवि ग्रहण करते और हवि-अन्न से अग्नि को प्रदीप्त करते हैं, तो यज्ञ प्रवृद्ध होता है और यजमान तेजस्वी होता है ॥55॥

देव, सेवक, यजमान अग्नि को प्रदीप्त करता हुआ यज्ञानुष्ठान करता है। ऋत्विग् यज्ञ में देव-यजन-कामना से स्थित होते है ॥56॥

जब चतुर्थ यज्ञ-अनुष्ठान होता है, तब संस्कारित हवि यज्ञार्थ प्राप्त होता है। उस समय उठे आशीर्वचन हमारा कल्याण करें ॥57॥

सूर्य रश्मियों के साथ सूर्य स्वर्गस्थ है। सूर्य सब लोकों को देखता हुआ गमन करता है ॥58॥

संसार-रचना करने में समर्थ सूर्य स्वर्गस्थ है और स्वतेज से द्यावापृथिवी अन्तरिक्ष को पूर्ण करता है, यज्ञ में स्तुत वह सूर्य तीनों लोकों के प्राणियों की कामना-पूर्ति करता है ॥59॥

समुद्र से जल ग्रहण करने वाला, वर्षा करने वाला, व्यापक, सूर्य पूर्व दिशा में उदित है और फिर आकाश में चढ़कर तीनों लोकों की रक्षा करता है ॥60॥

रथियों में महारथी, सबके स्वामी और सत्यधर्म के पालक इन्द्र को सब स्तुतियों प्रवृद्ध करती है ॥61॥

अग्नि देवो के लिए हवि वहन करें। देवो का आह्वान करे। यज्ञ सब देवो को हवि पहुँचाए ॥62॥

हे इन्द्र! मुझे अन्नदान दो और मेरे शत्रु को अधोगति को प्राप्त कराओ ॥63॥

हे देवगण! हमें उत्कृष्ट और शत्रुओं को निकृष्ट बनाओ। इन्द्र और अग्नि शत्रुओं को पतित करते हुए उन्हें विनष्ट करे ॥64॥

हे ऋत्विजों! उखा (पात्र) में स्थित अग्नि को हाथों में लेकर चिति अग्नि के साथ स्वर्ग में जाकर देवो के साथ निवास करो ॥65॥

हे उखा स्थित अग्नि! तुम मेधावी हो। तुम चिति अग्नि के साथ स्थित हो। तुम सब दिशाओं को प्रकाशित करते हुए हमारी सन्तान को बल दो ॥66॥

मैं पृथिवी से उठा, अन्तरिक्ष में चढ़ा, फिर स्वर्ग में कल्याणमय पृष्ठ देश पर पहुँच ज्योतिमण्डल को प्राप्त हुआ ॥67॥

जो विद्वान् विश्वधारक यज्ञ का अनुष्ठान करते है, वे समस्त शोकों से शुभ स्वर्ग में गमन करते एवं सुखी होते हैं ॥68॥

हे अग्नि! तुम यजमानों के प्रमुख हो और देवों, मनुष्यों के नेत्र हो। यजमान तुम्हारी कृपा से सुखपूर्वक स्वर्ग लोक को प्राप्त करें ॥69॥

दिन और रात्रि सुसंगत हो, यज्ञ से अग्नि को तृप्त करते हैं। यज्ञ के फल रूप धन देने वाले देवता अग्नि को धारण करते हैं ॥70॥

हे सहस्राक्ष अग्नि! तुम्हारे सहस्रों प्राण और सहस्रों कान है। तुम सहस्रों सम्पत्तियों के अधिकारी हो। हम तुम्हें हवि देते है। तुम्हें दी गयी आहुति स्वाहुत हो ॥71॥

हे अग्नि! तुम गरुड़ के समान हो। अतः पृथिवी पर स्थित होओ और तेज से अन्तरिक्ष को पूर्ण करो। अपनी सामर्थ्य से स्वर्ग और दिशाओं को दृढ़ करो ॥72॥

हे आहूत अग्नि! तुम पूर्व दिशा में स्थित हो और हे विश्वेदेवो! तुम इस स्थान में अग्नि के साथ स्थित होओ ॥73॥

सविता देव की वरणीय, विचित्र गति को मैं ग्रहण करता हूँ। कण्वगोत्री महर्षि ने सविता देव की वाणी रूपिणी परस्वनी गौ का दोहन किया था ॥74॥

हे अग्नि! स्वर्ग में जन्मी विद्युत् रूपिणी तुम्हारे लिए हम हविविधान करते हैं। तुम चिति रूप में स्थित हो, मैं तुम्हारे लिए हवि देता हूँ ॥75॥

हे युवकतम अग्नि! तुम ज्वाला से प्रदीप्त हो सुप्रवृद्ध होओ। हम तुम्हें हवि देते हैं ॥76॥

हे अग्नि! अश्वमेध के अश्व को जैसे ब्राह्मण तथा यजमान यज्ञ संकल्प से प्रवृद्ध करते हैं वैसे ही इस यज्ञ में हम तुम्हें स्तुतियों से प्रवृद्ध करते हैं ॥77॥

मैं घृताहुति से चिति में स्थित इस अग्नि को प्रसन्न करता हूँ। इस यज्ञ में यज्ञ प्रवर्धक देवताओं में विश्वनियन्ता के निमित्त हवि प्रदान करता हूँ ॥78॥

हे अग्नि तुम्हारी सात समिधाएँ और सात जिह्वाएँ हैं। तुम्हारे द्रष्टा सात ऋषि हैं। सात होता अग्निष्टोमादि सात यज्ञों से तुम्हें प्रवृद्ध करते है। सात चिति तुम्हारे उत्पत्ति-स्थान हैं। तुम्हारे निमित्त दी हुई आहुति स्वाहुत हो ।।79।।

यज्ञ-रक्षक मरुद्गण हमारे यज्ञ में आएँ। उनकी प्रसन्नता के लिए दी गयी ये आहुति स्वाहुत हों ।।80।। इस तथा अन्य पुरोडाशो को देखने वाले, समदर्शी, चौदह मरुद्गण इस यज्ञ में आए। उनकी प्रसन्नता के लिए दी गयी ये आहुति स्वाहुत हों ।।81।।

सत्यरूप, सत्य में स्थित, इक्कीस मरुद्गण यज्ञ में आएँ। उनको दी गयी यह आहुति स्वाहुत हो ।।82।।

सत्यजित, शत्रु सेना के नेता, श्रेष्ठ सेनाओं वाले, समीपजनों के मित्र अट्ठाईस, मरुद्गण हमारे यज्ञ में आएँ। उनको दी गयी यह आहुति स्वाहुत हो ।।83।।

समानदर्शी, सुसंगत, समान आभरण वाले पैंतीस मरुद्गण यज्ञ में आएँ, उनको दी गयी यह आहुति स्वाहुत हो ।।84।।

पुरोडाशादि के सेवन-कर्ता, विजयशील बयालीस मरुद्गण यज्ञ में आएँ। उनको दी गयी आहुति स्वाहुत हो ।।85।।

मरुद्गण रूपी देव-सेना इन्द्र की अनुगामिनी है, उसी प्रकार सब प्रजाएँ इस यमजान की अनुगामिनी हो ।।86।।

हे अग्नि, इस यजमान की धूलयुक्त स्रुवा से हवि को प्रसन्नता से ग्रहण करो। तुम सर्वतः गमन करने वाले हो। इस यज्ञशाला में प्रवेश करो ।।87।।

धृत अग्नि का उत्पत्ति कारक है, तीक्ष्ण करने वाला है और अग्नि घृताश्रित है। अतः मैं अग्निमुख को घृत से सींचता हूँ।।88।।

धृतरूप समुद्र से मधुर-तरंगें उठकर, अग्नि में पहुँच अविनाशी रूप को प्राप्त करती है। घृत का दूसरा नाम देवताओं की जिह्वा है। यह घृत अमृत नाभि है ।।89।।

हम यज्ञ में 'धृत' नाम का उच्चारण करते हैं। धृत से यज्ञ को धारण करते है। विद्वान् धृत की स्तुति को सुनें। यह घृत चार श्रृंग वाले यज्ञ को प्रकट करने वाला है ।।90।।

इस यज्ञ के ब्रह्म, होता, उद्गाता, अध्वर्यु; ये चार श्रृंग है। ऋक् यजुः, साम, ये तीन चरण हैं। हविर्धान और प्रवर्य्य; ये दो शिर हैं। अनुष्टुपादि सात छन्द इसके सात हाथ हैं। तीन सवन ही इसके बँधने के तीन स्थान है। शब्दवान् पूज्य और दिव्य रूप वाला यह कामना वर्षक होकर मनुष्य लोक में व्याप्त है।।91।।

तीनों लोकों में स्थित (असुरों) प्राणियों के द्वारा छिपाये इस यज्ञ फल रूप धृत को देवताओं ने गौओं में अनुमान किया। तब उसके एक भाग को इन्द्र तथा दूसरे को सूर्य ने प्रकट किया। उसके एक भाग को स्वधा रूप अन्न के रूप में ब्राह्मणों ने प्राप्त किया ।।92।।

शत्रु और चोर से अपहरण न करने योग्य सैकड़ों पर्थों वाली वेदवाणी (मन्त्रवाणी) हृदयाकाश से निकलती है और धृत-धारा के समान अविच्छिन्न रहती हुई अग्नि को प्राप्त करती है ।।93।।

शरीरस्थ मन से पवित्र हुई वाणियाँ नदियों के समान प्रवाहित होती हुई अग्नि की स्तुति करती हैं। इस घृत की तंरगें सुवा से निकलकर अग्नि की ओर इस प्रकार दौड़ती है, जैसे व्याघ्र के भय से मृग दौड़ते हैं ।।94।।

घृत की प्रवाहित धाराएँ सुवा से ऐसे वेग से निकलती हैं, जैसे वायु के योग से नदी में तरंगें वेग से उठती हैं और वे अग्नि को उसी प्रकार सींचती हैं, जैसे रणक्षेत्र में सैनिकों के बहाये पसीने भूमि को सींचते हैं ।।95।।

घृत की धाराएँ अग्नि में गिरकर समिधाओं से मिलती हुई अग्नि में पहुँचती हैं। अग्नि उन धाराओं की बारम्बार इच्छा करते है ।।96।।

धृत की धाराएँ वहीं जाती है, जहाँ सोमाभिषव होता है, जहाँ यज्ञ होता है। वे धाराएँ अग्नि में गिरकर अग्नि को प्रसन्न करती हैं ।।97।।

हे देवो! श्रेष्ठ घृत एवं मधुर-घृत वाले यज्ञ में आओ। हमारे यज्ञ को स्वर्ग में ले जाओ। हमें धन और कल्याण दो ।।98।।

हे अग्नि! जो परमदेवता समुद्र में, हृदय में और आयु में वर्तमान है, वे तुम्हें सब प्राणियों के आश्रय रूप बनाएँ। घृत की जो तरंगें जल में लायी गयी हैं, उनका मैं भक्षण करूँ ।।99।।

अष्टादश अध्याय

ऋषि: देवगण, शुनः शेष, गालव, विश्वकर्मा, देवश्रव, आदि।

इस यज्ञ के फलस्वरूप देवगण मुझे अन्न दे तथा पवित्रता, ध्यान, संकल्प वेद-श्रवण की शक्ति, प्रकाश और स्वर्ग लोक प्राप्त कराएँ ।।1।।

यज्ञ के फल से मुझे प्राण, अपान, मानस-संकल्प, बाह्यज्ञान, वाणी-सामर्थ्य, मन-चक्षु-श्रोत्र तथा ज्ञानेन्द्रि-बल की प्राप्ति हो ।।2।।

मुझे ओज, बल, आत्मज्ञान, शरीर पुष्टि, अस्थियों और अंगों की दृढ़ता, आयु, आरोग्य और प्रवृद्धता की यज्ञ से प्राप्ति हो ।।3।।

यज्ञ मुझे श्रेष्ठता, स्वामित्व, क्रोध, मधुर जल, विजय, बल, महिमा, वरिष्ठता, दीर्घायु, वंशपरंपरा तथा अत्यधिक मृत-धान्य गुण दें ।।4।।

यज्ञ फल से मुझे सत्य, श्रद्धा, धन, स्थावन-जंगम जगत्, महत्ता, क्रीड़ा, मोह, सन्तान और शुभ भविष्य की प्राप्ति हो ।।5।।

यज्ञ-फल के रूप में मुझे स्वर्ग, रोग तथा व्याधियों का अभाव, औषधि, दीर्घायु, शत्रुओं का अभाव, अभय, यज्ञ, दान आदि धनों से युक्त कल्याणमय दिवस की प्राप्ति हो ॥6॥

निमन्त्रण-क्षमता, प्रजापालन शक्ति, धन-रक्षा शक्ति, धैर्य, सब की अनुकूलता, मुझे यज्ञ-फल रूप में प्राप्त हो ॥7॥

यज्ञ से मुझे इहलौकिक एवं पारलौकिक सुख, प्रसन्नतादायक पदार्थ इन्द्रिय सुख और स्वस्थान प्राप्त हो ॥8॥

यज्ञ से मुझे अन्न, दुग्ध, घृत और मधु की प्राप्ति हो। मैं अपने बंधुओं के साथ बैठकर भोजन करने वाला बनूँ। मुझे यज्ञ से प्रियसत्यवाली, और शत्रु विजय सामर्थ्य प्राप्त हो ॥9॥

यज्ञ से मुझे धनों की पुष्टि और शरीर पुष्टि मिले। ऐश्वर्य, सन्तान, धन, और अन्न की प्राप्ति मुझे यज्ञ-फल रूप में हो ॥10॥

यज्ञ से मुझे धन, भूमि, सुन्दर भविष्य, समृद्धि, ऋद्धि, कठिनता साध्य कार्यों में सफलता, मति और सुमति प्राप्त हो ॥11॥

यज्ञ के फलरूप में मैं ब्रीहि, धान्य, जौ, उड़द, तिल, मूँग, चना, काँगनी, चावल, समा, नीवार, गेहूँ मसूर आदि अन्नों को प्राप्त करूँ ॥12॥

देवता यज्ञफल के रूप में मुझे पाषाण, श्रेष्ठ मिट्टी, छोटे-बड़े पर्वत, रेत, वनस्पति, सुवर्ण, लोहा, ताम्र, शीशा, राँगा की प्राप्ति कराएं ॥13॥

यज्ञफल के रूप में मुझे अग्नि, अन्तरिक्ष, औषधियों की अनुकूलता प्राप्त हो। ग्राम्य वन्य-पशु, धन, गृह पुत्रादि से मैं सम्पन्न होऊँ ॥14॥

यज्ञफल रूप में मुझे, पशु-धन, गृह, सम्पत्ति, इच्छित पदार्थ प्राप्त हो और मेरी कामनाएँ पूर्ण हों ॥15॥

अग्नि इन्द्र सोम, सविता, सरस्वती वृहस्पति मित्र वरुण धता त्वस्टा, मरुद्गण, अश्विनीकुमार सब देवो की अनुकूलता मुझे यज्ञ के द्वारा प्राप्त हो ॥16 -17॥

द्यावा-पृथिवी-अन्तरिक्ष, स्वर्ग लोक इन्द्र, वर्षा नक्षत्र दिशाएँ सब यज्ञ से मेरे अनुकूल हो जाये ॥18॥

यज्ञ के फल रूप में सभी ग्रह अनुकूल हो ॥19॥

आग्रयण, वैश्वदेव, ध्रुव, वैश्वानर, ऐन्द्राग्नि, महावैश्व देव आदि ग्रह यज्ञफल से मेरे अनुकूल हो ॥20॥

यज्ञ के फलस्वरूप जूहू चमस, वायव्य, पात्र, द्रोण, कलश, पाषाण अभिषवण फलक, पवित्र आह्वानीय वेदी, अष्टगृथ स्नान आदि मुझे प्राप्त हो ॥21॥

यज्ञ फल के रूप में अग्नि, घाम, सूर्य अर्क, प्राणी, अश्वमेध, पृथिवी, अदिति दिति, द्यौ, शक्ति, दिशाएँ-ये सब मेरे अनुकूल हो ॥22॥

व्रत, ऋतुएँ, तप, संवत्सर, रात-दिन, जंघा, घोंटू, वृहत्साम, रथन्तर साम-ये मेरे अनुकूल हों ॥23॥

यज्ञ के फलके रूप में मुझे एक, तीन, पांच, सात, नौ, ग्यारह, तेरह, पन्द्रह, सत्रह, उन्नीस, तेईस, पच्चीस, सत्ताईस, उनतीस, इकतीस और तैंतीस संवत्सर स्तोत्र प्राप्त हों ॥24॥

यज्ञ के द्वारा मुझे चार, आठ, बारह, सोलह, बीस, चौबीस, अट्ठाईस, बत्तीस, छत्तीस, चालीस, चवालीस और अड़तालीस स्तोम प्राप्त हों तथा बछड़ा, बछिया, बैल, गौ आदि भी मुझे प्राप्त हों चार वर्ष की गौ बन्ध्या गौ, गर्भ-घातिनी गौ, शंकटवाहक बैल, नवप्रसूता गौ ये सब भी मुझे प्राप्त हों ॥25-26-27॥

अन्नोत्पादक करने वाले चैत्रमास, जल-क्रीड़ादि रूप वैशाख मास जलक्रीड़ाकारक ज्येष्ठमास, यज्ञरूप आषाढ़ मास, मात्रानिषेक सावन मास, तापकारक भादों मास, मोह उत्पन्न करने वाले आश्विन मास, पापनाशक कार्तिक मास, विष्णुरूप मार्गशीर्ष, जठराग्नि दीपक पौष-माघ मास और पालनकर्ता फाल्गुन मास के लिए दी गयी आहुतियाँ स्वाहुत हों। बारहों महीने की अधिष्ठात्री देवता प्रजापति के लिए दी गई आहुति स्वाहुत हो। हे प्रजापति अग्नि! तुम अग्निष्टोमादि मंत्रों से सबके नियन्ता हो, इस सखारूप यजमान के भी नियामक होओ। मैं वसोधारा से सींचकर वृष्टि के निमित्त तुम्हारा अभिषेक करता हूँ ॥28॥

यज्ञ के फल से आयुवृद्धि हो, प्राण रोगरहित हों, चक्षुज्योति वाले हों, कान और वाणी उत्कृष्टता को प्राप्त करें मन स्वस्थ हो, आत्मा आनन्दित हो और हम शास्त्रों से प्रीति करें। यज्ञ के प्रभाव से हमें परमज्योति ईश्वर की प्राप्ति हो हम स्वर्ग को पाये। यज्ञ के प्रभाव से ही स्वर्ग के पृष्ठ पर भी हम यज्ञ कर सके। स्तोत्र तथा ऋक, यजु, वृहत् साम और रथन्तर साम यज्ञ के प्रभाव से वृद्धि को प्राप्त करे। यज्ञ प्रभाव से हम देवत्व प्राप्त कर मरणधर्म से रहित हो प्रजापति को प्रजा बने। उक्त सभी के लिए यह आहुति स्वाहुत हो ॥29॥

अन्न की अनुज्ञा में वर्तमान हम जिस पृथिवी को वेदवाणी द्वारा अनुकूल करते है, उस पृथिवी में समस्त संसार समाहित है। सविता देव इस पृथिवी पर हमारी स्थिति दृढ़ करे ॥30॥

इस यज्ञ में मरुद्गण, सभी गण, सभी गण-देवता, रुद्र और आदित्य गण तथा विश्वेदेवा आयें। अग्नियाँ सुदीप्त हो और हमें धनों की प्राप्ति हो ॥31॥

हमारा अन्न समस्त दिशाओं और लोकों को पूर्ण करे। यज्ञ के घन का विभाग किये जाने पर सभी देवो के सहित अन्न हमारा पालन करे ॥32॥

अन्न की अधिष्ठात्री देवता हमें दान की प्रेरणा दे। ऋतुओं-सहित अन्न सब देवो को यज्ञ में बुलाएँ। अन्न मुझे पुत्र-पौत्रादि-संपन्न करे और मैं अन्न से समृद्ध होकर सब दिशाओं को अपने वश में करूँ ॥33॥

अन्न हमारे घरों में रहे। अन्न ही देवों को हवि से तृप्त करता है, मुझे भी पुत्र-पौत्रादि से तृप्त करे। मैं अन्न से पुष्टि पाकर सब दिशाओं को वश में करूं ॥34॥

हे अग्नि! पार्थिव रस, जलों और औषधियों से अपने आत्मा को सुसंगत करता हूँ। जल और औषधियों से सिंचित होकर मैं अन्न का यजन करता हूँ ॥35॥

हे अग्नि! तुम पृथिवी में रस को धारण करो तथा औषधियों, स्वर्ग एवं अन्तरिक्ष में भी रस की स्थापना करो। मेरे लिए दिशाप्रदिशाएँ रसदायिनी हो ॥36॥

सविता देव की प्रेरणा से, अश्विद्वय की बाहुओं और पूषा देव की हाथों से तथा सरस्वती के नियन्ता प्रजापति के नियमन में रहता हुआ मैं अग्नि के साम्राज्य से हे यजमान! तुम्हें अभिषिक्त करता हूँ ॥37॥

सत्यरूप धाम वाले तथा पृथिवी के धारक अग्नि रूप गन्धर्व ब्राह्मण और क्षत्रिय जाति की रक्षा करें। मुद नाम्नी औषधियाँ उस गन्धर्व नामक अग्नि की अप्सराएँ हैं। वे औषधियाँ हमारी रक्षा करें। उनको दी गई यह आहुति स्वाहुत हो ॥38॥

अहोरात्र को मिलाने वाले सूर्य रूप गन्धर्व को सोम स्तुति करते है। ये सूर्य ब्राह्मण क्षत्रिय जाति की रक्षा करें। उनको दी गई ये आहुति स्वाहुत हो। आयुध नाम्नी मरीचि-रश्मियाँ उन सूर्य की अप्सराएँ हैं। वे हमारी रक्षा करें। उनको दी गई आहुति स्वाहुत हो ॥39॥

सूर्य-रश्मियों से आभावान् चन्द्र रूप गन्धर्व ब्राह्मण, क्षत्रिय जाति की रक्षा करें। उनको दी गई आहुति स्वाहुत हो। भेकुरि नामक नक्षत्र उनकी अप्सराएँ हैं। वे हमारी रक्षा करें, उनको दी गई आहुति स्वाहुत हो ॥40॥

वायु रूप गन्धर्व हमारी, ब्राह्मण-क्षत्रिय जाति की रक्षा करें। उसको दी गई आहुति स्वाहुत हो। रस नामक जल इनकी अप्सराएँ हैं। जल हमारी रक्षा करें। उनकी यह आहुति स्वाहुत हो ॥41॥

स्वर्ग में गमनशील, प्राणीपालक यज्ञ गन्धर्व ब्राह्मण क्षत्रिय जाति की रक्षा करें। यज्ञ देवता को दी गई यह आहुति स्वाहुत हो। स्तावानाम्नी दक्षिण यज्ञ की अप्सराएँ हैं, ये हमारी रक्षा करें। यह आहुति उनके लिए स्वाहुत हो ॥42॥

प्रजापालक मन रूप गन्धर्व हमारी ब्राह्मण-क्षत्रिय जाति की रक्षा करे। उसको दी गई आहुति स्वाहुत हो। एष्टि नामक ऋक्-साम की ऋचाएं मन की अप्सराएँ हैं। वे हमारी रक्षा करे। उनको दी गई आहुति स्वाहुत हो ॥43॥

हे प्रजापति! तुम स्वर्ग में वास करते हो और विश्वपालक हो। हमारी ब्राह्मण-क्षत्रिय जाति की रक्षा करो। प्रजापति को दी गई आहुति स्वाहुत हो ॥44॥

हे वायु! तुम समुद्र जलों से आर्द्र रहते हो, नभ मण्डलवासी हो, पृथिवी को वर्षा से आर्द्र करते हो। दोनों लोकों को सुख देने वाले हो। हमें दोनों लोकों को सुख दो। हे वायु! तुम मरुद्गण रूप हो। तुम प्रकाश करो, जिससे हम दोनों लोकों का सुख पायें। हे वायु! तुम अन्नोत्पादक हो। हमारे अभिमुख वहन करते हुए प्रकाश करो और हमें दोनों लोकों का सुख दो ॥45॥

हे अग्नि! सूर्यमण्डल में विद्यमान तुम्हारी दीप्ति स्वर्ग में विराजती है। उस दीप्ति से हमें तथा हमारी सन्तान को यशस्वी करो ॥46॥

हे इन्द्राग्नि! हे बृहस्पति! हे देवो! तुम्हारा तेज सूर्य मण्डल में, गौओं और अश्वों में विद्यमान है। हमें भी अपने तेज से तेजस्वी बनाओ ॥47॥

हे अग्नि! हमारे ब्राह्मणो, क्षत्रियों, वैश्यों और शूद्रों को तेजस्वी करो। मुझमें सब क्रांतियों से बढ़कर कान्ति की स्थापना करो ॥48॥

हे वेदमन्त्रों से वन्दित वरुण! हविदान करने वाले यजमान की अभीष्ट पूर्ति के लिए वेदमंत्रों से मैं तुम्हारी स्तुति करता हुआ याचना करता हूँ। मेरे अभिप्राय को जानो। हमारी आयु क्षीण न हो और हम किसी प्रकार की क्षीणता प्राप्त न करें ॥49॥

आदित्य देव के लिए यह आहुति स्वाहुत हो। सूर्य के समान ही यह अग्नि है। मैं इसे सूर्य मण्डल में स्थापित करता हूँ। सूर्य की यह आहुति स्वाहुत हो। यह अग्नि स्वर्ग के समान है। मैं इसे स्वर्ग-ज्योति में स्थापित करता हूँ। यह आहुति स्वर्ग रूप अग्नि को स्वाहुत हो। सब देवों तथा तेजस्वी सूर्य को यह आहुति स्वाहुत हो ॥50॥

स्वर्ग में उत्पन्न, धूम से प्रवृद्ध अग्नि को मैं घृत से सम्पन्न करता हूँ। हम इस अग्नि के द्वारा आदित्य लोक प्राप्त करें तथा उससे भी आगे दुःख शून्य लोक पाये ॥51॥

हे अग्नि! तुम्हारे पंख जरा रहित हैं। इन पंखों से ही तुम राक्षसों, का नाश करते हो। उन पंखों से हमें उन पुण्य लोकों को प्राप्त कराओ, जिनमें हमारे पूर्व पुरुष गये है ॥52॥

हे अग्नि! तुम चन्द्रमा के समान आह्लाददाता और श्येन के समान वेगवान् हो। तुम सत्य रूप यज्ञ से सम्पन्न हो, जठराग्नि रूप में शरीरपोषक हो। तुम स्वमहिमा से भी महान् हो और ब्रह्म के पद पर स्थित हो। मैं तुम्हें नमन करता हूँ। मेरा अहित न हो ॥53॥

हे अग्नि! तुम स्वर्ग के मस्तक और पृथिवी की नाभि हो। तुम जलों और औषधियों के सार, प्राणियों के जीवन, सर्वत्र व्याप्त, सबके आश्रय और स्वर्ग के मार्ग रूप हो। मेरा तुमको नमन ॥54॥

है सूर्यात्मक अग्नि! तुम सब प्राणियों में मूर्धारूप से स्थित हो। तुम्हारा हृदय अन्तरिक्ष में और आयु जलों में है। द्यावापृथिवी अन्तरिक्ष में कही भी जल हो, वहाँ से लाकर वर्षा करो। मेघ को विदीर्ण करके जल प्रदान करते हुए हमारी रक्षा करो ॥55॥

हे धन! तुम यजमान की कामना रूप हो। इसके घर में आओ। यह यज्ञ भृगुओं और वसुओं के द्वारा सुसम्पादित है ।।56।।

यज्ञकारक अग्नि हवि से तृप्त हो, अभीष्ट पूर्ण करे। यह हवि देवो को जाय ।।57।।

हे ऋत्विजो! तुम पुण्यात्माओं के धाम को जाओ। यह यज्ञ प्रजापति के प्रीत्यर्थ किया गया है। अतः जिस प्रजापति-लोक में पूर्व पुरुष गये है, तुम भी उसी में जाओ ।।58।।

हे स्वर्ग! अग्नि ने जिसे यज्ञ का फल दिया है, उस यजमान को मैं तुम्हें सौंपता हूँ। हे देवगण! यज्ञ-समाप्ति पर यह यजमान तुम्हारे पास स्वर्ग में आयेगा ।।59।।

हे देवगण! तुम स्वर्ग में निवास करते हो, इस यजमान को और इसके रूप को जानो। यह देवयान मार्ग से स्वर्ग में तुम्हारे पास स्वर्ग में आयेगा ।।60।।

हे अग्नि! तुम सावधान और चैतन्य होकर यजमान की अभीष्ट पूर्ति करो। विश्वेदेवताओं के निमित्त यज्ञ करने वाला यह यजमान चिरकाल तक स्वर्ग में रहे ।।61।।

हे अग्नि! तुम जिस बल से सहस्र दक्षिणा और सर्व स्वदक्षिणा वाले यज्ञो को प्राप्त करते हो, उसी बल से यजमान को स्वर्ग में भेजो ।।62।।

हे अग्नि! सुवा, वेदी, कुशा और ऋचादी से युक्त इस यज्ञ को देवो के पास स्वर्ग तक पहुंचा ।।63।।

विश्वकर्मात्मक हे अग्नि! दीनों को दिये गए, जामाता, पुत्री, भगिनी, ब्राह्मणो को दिये गए कूप बावड़ी का निर्माण हमारे दानों को स्वर्ग तक पहुंचाओ ।।64।।

यह अग्नि हमें उस स्वर्ग में स्थापित करे, जहाँ मधु, दुग्ध, दधि आदि की अक्षीण धाराएँ सतत बहती है ।।65।।

जातवेदा, अर्चनीय, यज्ञ रूप, जल का निर्माता और अविनाशी अग्नि धृत का हवि चाहते है। धृत उनके नेत्र है, धृतान्न हवि उनका मुख है। वह आदित्य रूप और पुरोडाश रूप है ।।66।।

मैं ऋग्वेद रूप अग्नि हूँ, यजुर्वेद रूप अग्नि हूँ, सामवेद रूप अग्नि हूँ! चिति रूप अग्नि हूँ। हे अग्नि! तुम हमें दीर्घायु करो ।।67।।

हे इन्द्र! तुम वृत्रहन्ता और शत्रुजेता हो, हम तुम्हारा पुनः-पुनः आह्वान करते है ।।68।।

हे इन्द्र! तुम अनेक बार आहत किये गए हो। हमारे समीपस्थ शत्रु को पीस डालो। प्रवृद्ध देव हिंसक वृत्र को मार डालो ।।69।।

हे इन्द्र! युद्ध में हमारे शत्रुओं को हराओ। युद्धेच्छुक शत्रु को नीचा दिखाओ। हमको क्लेश देने के इच्छुक शत्रु को अन्धकार रूप नरक में डालो ।।70।।

हे इन्द्र! तुम विकराल हो, तुम्हारी गति वक्र है। गर्जनशील तथा शत्रुदेह में दूर से आकर प्रविष्ट होने वाले वज्र से शत्रुओं को पीड़ित करो ।।71।।

सर्वप्राणि-हितकारी अग्नि हमारी स्तुतियों को सुनकर दूर देश से आकर हमारी रक्षा करे ॥72॥

अन्तरिक्ष में सूर्य रूप अग्नि, पृथिवी पर चिति रूप अग्नि, वायु में पावकाग्नि, विश्व में प्रकाशमान वैश्वानराग्नि, विद्युत रूप अग्नि, औषधियों में व्याप्त अग्नि-ये सभी जानने योग्य है। अग्नि दिन और रात्रि में हमारी रक्षा करे ॥73॥

हे अग्नि! तुम्हारी रक्षा में हम अन्न प्राप्त करे, सदा अक्षीण यश पाये और सब अभीष्ट पाये ॥74॥

हे अग्नि! खुले हाथ से दान देने वाले, तुमको यज्ञ-तत्पर हम नमस्कार करते हैं। हम तुम्हें एकाग्र मन से हविर्दान करते हैं। तुम हमारी हवि देवताओं तक पहुँचाकर उन्हें तृप्त करो ॥75॥

लोकों में व्याप्त देवता, अग्नि, इन्द्र, ब्रह्मा, बृहस्पति और विश्वेदेवा हमारे इस यज्ञ को स्वर्ग में स्थापित करे ॥76॥

हे तरुणतम अग्नि! हमारी स्तुतियाँ सुनो! यजमान के पुत्र-पौत्रादि कुटुम्ब के सब मनुष्यों की रक्षा करो ॥77॥

एकोनविशं अध्याय

ऋषि: प्रजापति, भरद्वाज, आभूति, हैमवर्चिर, वैखानस, शंख।

हे सोम! तुम स्वादिष्ट, तीक्ष्ण, मधुर और अमृत सदृश हो। तुरस अश्विद्वय के निमित्त पकाये गये हो ॥1॥

जो सोम श्रेष्ठ हवि है, जो यजमान को सुखदायक है, उस संस्कृत सोम को हे ऋत्विजो गौ दुग्ध से मिश्रित करो ॥2॥

यह नीचे की ओर शीघ्रतापूर्वक जाता हुआ सोम वायु की पवित्रता से पवित्र होकर इन्द्र का प्रिय मित्र बनता है ॥3॥

है यजमान! तुम्हारे इस सोम को सूर्य की पुत्री श्रद्धा शाश्वत धन के समान पवित्र करती है ॥4॥

हे सोम! तुम दिव्य-गुण वाले हो अतः स्वरस से देवो को तृप्त करो। सोम ब्राह्मण-क्षत्रिय जाति के तेज को अपने रस से बढ़ाते हैं ॥5॥

जैसे कृषक प्रभूत जौ प्राप्त करने के लिए जौ को काटकर शीघ्र ही पृथक् करता है वैसे ही हे सोम! तुम इस यजमान को शीघ्र ही भोज्यपदार्थ प्रदान करो। यह यजमान हवि को लिये कुशासनस्थ होकर यज्ञ कर रहा है ॥6॥

हे देवसुरा! हे सोम! तुम दोनों की प्रकृति भिन्न है, अतः यज्ञ में पृथक्-पृथक् स्थान पर रहो। हे सुरा! तुम सुरों के द्वारा स्वीकार करने योग्य हो। यह सोम तुमसे भिन्न गुण वाला है ॥7॥

हे प्रथम सुराग्रह! उपयाम पात्र में गृहीत तुम तेज रूप हो। अश्विद्वय की प्रसन्नता के लिए मैं तुम्हें ग्रहण करता हूँ और मोद की कामना करता हुआ, तुम्हें तुम्हारे स्थान पर स्थापित करता हूँ ॥8॥

हे सोम! तुम तेजवर्धक हो, मुझे तेज दो; तुम वीर्यवर्धक हो। मुझे वीर्य दो; तुम बलवर्धक हो, मुझे बल दो; तुम ओजवर्धक हो। मुझे ओज दो; तुम क्रोधवर्धक हो, मुझे क्रोध दौ; और तुम सहनशील हो मुझे सहनशील बनाओ ॥9॥

जो विशूचिका रोग, व्याघ्रों, भेडियों, सिंहों, श्येन पक्षियों को नहीं होता, वह इस यजमान को भी न हो, इसकी रक्षा करे ॥10॥

हे अग्नि! मैंने जो प्रसन्नता से माता का दुग्ध पिया है (और पिता से भी पालन-पोषण पाया है) मैंने माता-पिता को कभी कष्ट नहीं दिया। हे अग्नि! मुझे शक्ति दे, जिससे मैं उनकी सेवा करता हुआ मातृ-पितृ-ऋण से मुक्त हो सकूँ ॥11॥

देवों ने इन्द्र के यज्ञ को विस्तृत किया और वैद्य रूप अश्विद्वय इन्द्र में ओज-बल की स्थापना की ॥12॥

नवीन जौ यज्ञ की दीक्षा के लिए होते हैं। नवीन जौ और सुखप्रद खीलें क्रीत सोम का रूप हैं। मधु और खीलें सोम के अंश के समान है। तीन दिन तक रखा गया अभिषुत सोमरस सुरा रूप है ॥13-14॥

सरस्वती और अश्विद्वय द्वारा दोहन किया गया सोम दुग्ध रूप है। तीन दिन का रखा हुआ सोम इन्द्र के निमित्त रखा जाता है। वह क्रय किये हुए सोम का रूप है ॥15॥

हे मनुष्यों! तुम्हें चाहिए कि यज्ञ-सम्पादन के लिए यज्ञ के समस्त साधनों का संग्रह करो। यथा-आसन्दी, वेदी पर यजमान के बैठने के लिए; कुम्भी, धान्यादि पदार्थ रखने के लिए; सुराधानी (घड़ा) सोम रस भरने के लिए, अन्नादि पदार्थ, उत्तरवेदी, कर्मचारी और भिषक, (वैचिकित्सक) ॥16॥

हे मनुष्यों! जैसे यश की सामग्री से यज्ञ वेदी और पुरुषार्थ से विपुल-धन प्राप्त करते है; उसी प्रकार तुम साधनों से प्राप्त करके सब सुखों को प्राप्त करो ॥17॥

हे मनुष्यों! जैसे ऋत्विज यज्ञ-सामग्री संचय करके यज्ञ को शोभित करते है, वैसे तुम भी स्त्री-पुरुष घर के कार्यों को मिलकरनित्य सिद्ध किया करो ॥18॥

जो विद्वान् अनुकूल यज्ञ-कर्मों से यज्ञीय पदार्थों को और यज्ञ क्रियाओं तथा आहुतियों से अग्नि को संयुक्त करता है, वह सुखी रहता है ॥19॥

हे मनुष्यों! जैसे सद्गृहस्थ पके हुए उत्तम पदार्थों से हवन करने योग्य उत्तम पदार्थों को, गायत्री आदि छन्दों की विद्या से समिधाओं को तथा यज्ञ-क्रिया से वष्टकारों को प्राप्त करता है, वैसे तुम भी प्राप्त होओ ॥20॥

हे मनुष्यों! तुम हवि, सोम, दुग्ध, प्रशस्त अन्न और मधु के गुणों को जानो ॥21॥

मधुर बदरी फल धान्य रूप हैं; और दही मिले सतू जौ रूप धान्य है, हे मनुष्यों! तुम यह जानो ॥22॥

हे मनुष्यों! तुम यह जानो कि जौ दूध के समान, बदरीफल दही के समान अन्न सोम के समान और दधि-मिश्रित उष्ण दुग्ध सोम पक्व चरु के समान हैं ॥23॥

हे विद्वान्! तू विद्यार्थियों को भली प्रकार विद्या को सुना, फिर स्तोत्रों को पढ़ा; जिससे धारण करने योग्य ज्ञान को धारण करे ॥24॥

जो विद्वान् ऋचाओं के स्वरूप को जानता है, जो सुबन्त, तिङन्त पदों और ओंकार के स्वरूप को जानता है तथा जो सोमाभिषव जानता है, वह वेद का ज्ञाता कहा जाता है ॥25॥

जिन मनुष्यों ने अश्विनी कुमारों से (प्रातःकाल की यज्ञ क्रिया) इन्द्र से माध्यन्दिन सवन (मध्याह्न की यज्ञ-क्रिया) और सरस्वती से सांध्यहवन-क्रिया को यथावत् प्राप्त किया है, वे जगत् के उपकारक हैं ॥26॥

वायव्य सोमपात्रों से वायव्य सोमपात्रों की; वेत के पात्र से वेत्र के पात्र-द्रोणकलश की; कुम्भी (धान्य अथवा जल-पात्र) से कुम्भों की, और स्थलियों (पतीलियों) से स्थलियों की जो प्राप्ति करता है, वही धनाढ्य है ॥27॥

यजुर्मन्त्रों से ग्रह (क्रिया-काण्ड के व्यवहार) और ग्रहों से स्तोम (स्तोत्र), स्तोमों से स्तुतियाँ, छंदों से उक्थ (स्तुतियाँ); छंदों से सामगान और अवमृथ (स्नान) से अवमृथ प्राप्त होते हैं ॥28-29॥

चार रात्रि के व्रत के पश्चात् दीक्षा प्राप्त की जाती है। दीक्षा से कुशलता उससे श्रद्धा और श्रद्धा से सत्य प्राप्त होता है ॥30॥

इस सौत्रामिग यज्ञ (जिसमें यज्ञोपवीत धारण कराया जाता है) को जो प्राप्त होता है, वह द्विज हो जाता है ॥31॥

स्तुतियों के द्वारा देवो के सोम को धारण किया, देवता सोमरस वाले इस सौत्रामिग यज्ञ की वृद्धि करते है। ऐसे यज्ञ में हम आनन्द को प्राप्त हो ॥32॥

हे विद्वानों! सोम का जो बल है, उस रस-सार-रूप सोम से यजमान, अश्विद्वय, सरस्वती और अग्नि को तृप्त करो ॥33॥

अश्विद्वय नमुचि (जल) से जिस सोम को लाये, सरस्वती ने जिसे इन्द्र के बल-वीर्य के लिए अभिषुत किया, उस महान् सोमराज को मैं ग्रहण करता हूँ ॥34॥

निष्पन्न सोम का जो अंश कर्मों-द्वारा शोधित होने पर इन्द्र ने पान किया था, उस सोम-रस को मैं इस यज्ञ में श्रेष्ठ मन से पान करता हूँ ॥35॥

अन्न के प्रति उत्सुक पितरों पितामहों को स्वधा नामक अन्न प्राप्त हो। पितर तृप्त होकर हमें अभीष्ट प्रदान करे। हे पितरों! आचमन के द्वारा शुद्ध होओ ॥36,॥

पितर, पितामह; प्रपितामह मुझे पवित्र करें। उनसे पवित्र किया गया मैं पूर्णायु को प्राप्त करूँ ॥37॥

हे अग्नि! तुम स्वयं ही आयु प्राप्त कराने वाले हो, अतः हमें जौ आदि के धान्य-रस को प्रदान करो तथा दुष्ट पापियों के कार्यों में विघ्न उपस्थित करो ॥38॥

देवो के अनुगामी मन-बुद्धियाँ मुझे पवित्र करे। हे अग्नि! तुम भी पवित्र करो ॥39॥

हे अग्नि! तुम तेजस्वी हो, हमारे यज्ञ-कर्म को देखते हुए हमें स्वतेज से पवित्र करो ॥40॥

हे अग्नि! तुम्हारी ज्वाला में जो ब्रह्म तेज है, उससे मुझे पवित्र करो ॥41॥

कर्माकर्म के ज्ञाता, सर्वज्ञ और पवित्र वायु देवता हमें अपने प्रभाव से पवित्र करें ॥42॥

हे सविता! तुम दोनों प्रकार से पवित्र करते हुए मुझे सब ओर से पवित्र करो ॥43॥

यह वाणी सम्पूर्ण देवों का हित करने वाली एवं पवित्रताप्रद है। सब देहधारी इसकी कामना करते है। इसकी अनुकूलता से हम श्रेष्ठ धनों के स्वामी हो ॥44॥

समान मन और समान मर्यादा वाले पितर लोक निवासी हमारे पितरों को हमारा दिया स्वधारूप अन्न एवं हमारा प्रणाम प्राप्त हो ॥45॥

जो प्राणियों में मेरे सपिंड प्राणी है, उनकी लक्ष्मी सौ वर्ष तक मेरे आश्रम में रहे ॥46॥

श्रुति के द्वारा दो मार्ग बताये गये है-मरणधर्मा मनुष्य देवो के समीप गमन करने के लिए जो मार्ग है-देवयान मार्ग और पितरों को पितृलोक को ले जाने वाला-पितृयान मार्ग ॥47॥

यह हवि प्रजोत्पत्ति करने वाली, इंद्रियों की वृद्धि करने वाली तथा सब अंगों को पुष्टि देने वाली है, यह मेरा कल्याण करे। हे अग्नि! मेरी प्रजा-वृद्धि करो।

इहलोक, परलोक और मध्यलोक में स्थित हमारे पितर ऊर्ध्वलोक को प्राप्त हो। प्राण रूप को प्राप्त पितर हमारी पुकार को सुनें तथा हमारी रक्षा करे ॥49॥

जो सोम-सम्पादक पितर है, वे सोमपान के लिए बुलाये गए है। पितरों के साथ यम हमारी हवियों का सेवन करे ॥50॥

हे सोम! तुम देवयान मार्ग प्राप्त कराने वाले हो। हमारे पितरों ने हे सोम! तुम्हारे द्वारा ही यज्ञफल को पाया था ॥51॥

हे सोम! हमारे पितरों ने सोमयाग को किया था अतः तुम इस यज्ञ में बाधकों को दूर भगाओ। हमें वीर पुरुष और अश्वरूप धन दो ॥52॥

हे सोम! पितरों के साथ बातें करते हुए तुमने स्वर्ग और पृथिवी का विस्तार किया है। हम तुम्हारे निमित्त-हवि विधान करते है ।।53।।

हे पितरों! तम कुशासन पर विराजमान होते हो। हमारे कल्याण के लिए यही आओ। शोधित हवियों को तुम ग्रहण करो और हमें सुख, अभय तथा पाप-मुक्ति आदि सब कुछ दो ।।54।।

कल्याण करने वाले पितरों को मैं जानता हूँ और देवयान तथा पितृयान मार्गों को भी मैं जानता हूँ। स्वधा-सहित सोमपान करने वाले पितर यही आये ।।55।।

हवि ग्रहण करने के लिए आहूत पितर हमारी पुकार को सुने, यही आयें और हमसे ऐसे बोले, जैसे पिता पुत्र से बोलता है। वे हमारी रक्षा करे ।।56।।

हमारे पितर देवयान मार्ग से आये। वे यज्ञ में स्वधायुक्त मन से प्रसन्न होकर हमें उपदेश देते हुए हमारी रक्षा करे ।।57।।

हे पितर! हमारे यज्ञ में आइए। कुशासनस्थ हो, सब प्रकार की हवियों को ग्रहण कीजिए और हमें धन दीजिए ।।58।।

जो पितर अग्निदाह कर्म को प्राप्त है तथा जिनका अग्नि-दाह नहीं किया गया है, वे सभी अपने उपार्जित कर्म के भोग से स्वर्ग में रहते हैं। फिर यम इच्छानुसार यथा समय उन्हें मनुष्य शरीर देते हैं ।।59-60।।

हम सत्युक्त पितरों को बुलाते है। जो पितर चमस पात्र में सोमभक्षण करते हैं, वे हमारे लिए सुखाह्वान-योग्य हों ।।61।।

हे पितरों! तुम दक्षिणाभिमुख हो बैठो और इस यज्ञ की प्रशंसा करो। हमारे द्वारा अज्ञान में होने वाले अपराध पर विचार न करते हुए हमें हिंसित न करो ।।62।।

हे पितरों! सूर्य लोक में बैठे तुम हविदाता के लिए धन दो। इसके पुत्रों को धन दो और यज्ञ में आनन्द को उपस्थित करो ।।63।।

हे कव्यवाहक अग्नि! तुम जिन हवियों को ले जाओगे, उन्हें देवों तक पहुंचाओ ।।64।।

हे कव्यवाहक अग्नि! हम सत्य वृद्धि-कर्ता, पितरों का यजन करते हैं ।।65।।

हे कत्यवाहक अग्नि! ऋत्विजों से स्तुत तुम हवि वहन करते हुए स्वधा के द्वारा उसे पितरों तक पहुँचाओ। हे अग्नि! तुम हवि ग्रहण करो ।।66।।

इस लोक में वर्तमान और स्वर्ग आदि लोकों में वर्तमान पितर जिन्हें हम जानते है अथवा जिन्हें हम नहीं जानते; उन्हें हे अग्नि! तुम जानते हो। अतः स्वधा के द्वारा उन सब तक हमारी हवियाँ पहुंचाओ ।।67।।

जो पितर स्वर्ग में है, जो मुक्ति के पात्र है, जो पृथिवी पर स्थित है, अथवा जो धर्म रूप और बलयुक्त प्रजाओं को अन्न देते हैं, यह अन्न उन सब पितरों को प्राप्त हो ।।68।।

हे अग्नि! यज्ञ को प्राप्त करने वाले पितरों ने जैसे देहान्त पर स्वर्ग पाया है, वैसे विधिपूर्वक यज्ञ करते हुए हम भी स्वर्ग प्राप्त करे ||69||

हे अग्नि! हम तुम्हें स्थापित करते और प्रदीप्त करते हैं। तुम पितरों को हवि-भक्षणार्थ आहूत करो ||70||

हे अग्नि! तुम सभी यज्ञो में विजयी हुए हो। तुमने नमुचि राक्षस का शिर समुद्र फेन से काट डाला और उसे मारकर जल में डाल दिया ||71||

निष्पन्न सोम अमृत-सदृश होता है। वह रस रूप होता है। सोम पीने पर बल उत्पन्न करने वाला, अमृतत्त्व गुण वाला और दुग्ध-सम मधुर होता है ||72||

जैसे अंगों के रस को प्राण पीता है वैसे ही अपनी बुद्धि के द्वारा हंस जलों के उस, रूप दुग्ध पान करता है; इससे यह प्रमाणित होता है कि यह इंद्रियों के बल को बढ़ाने वाला है और इसका सारहीन स्थूल भाग पृथकरणीय है ||73||

निर्मल आकाश में विचरण करने वाले आदित्य ने जलयुक्त सोम को छन्दों द्वारा पृथक् करके इसके रस-रूप का पान किया, यह सत्य है। यह पेय इंद्रियों को बल देने वाला है। यह रस इन्द्र के पीने के योग्य है ||74||

इन्द्र का यह अन्न रूप सोमरस इंद्रियों को श्रेष्ठ बल देने वाला और अमृतत्त्व प्रदाता है ||75||

मनुष्य वीर्य गर्भरूप होकर जरायु से ढका हुआ जन्म लेता है। जन्म के पश्चात् जरायु को छोड़ता है। यह सत्य है, सत्य से ही जाना जाता है। इन्द्र का यह श्रेष्ठ अन्न सोम अमृतरूप दुग्ध है ||76||

प्रजापति ने सत्य और असत्य को देखकर विचार कर दोनों को अलग-अलग स्थापित किया। असत्य में अश्रद्धा और सत्य में श्रद्धा को स्थापित किया। यह सत्य है, सत्य से ही जाना जाता है ||77||

प्रजापति के द्वारा प्रेरित धर्म और अप्रेरित अधर्म को त्याग दे। यह सत्य है, सत्य से ही जाना जाता है ||78||

प्रजापति ने परिसुत रस को देखकर शुद्ध भाव से दुग्ध और सोम का पान किया। यह सत्य है। इन्द्र का यह सोम बल, कारक, अमृत, सम मधुर है ||79||

इन्द्र के रूप को औषधि से पुष्ट करते हुए मननपूर्वक सोत्रामरिग यज्ञ किया गया जाता है, उसी प्रकार जैसे ऊन से वस्त्र बुना होता है ||80||

अश्विद्वय वरुण और सरस्वती ने इन्द्र के अविनाशी रूप का सन्धान किया। रोगों के विरुद्ध वनौषधि कल्पित की और त्वचा बनायी। खीलों से मास को पुष्ट किया ||81||

पृथिवी पर सोम रस को स्थापित करते हुए चिकित्सक अश्विनी कुमार और सरस्वती ने इन्द्र के रूप को पूर्ण किया और अस्थि, मज्जा आदि को बनाया ।।82।।

अश्विद्वय और सरस्वती ने मन से विचार करके इन्द्र के दर्शनीय रूप को बनाया। सोम को देह, रंजन एवं बुद्धि-प्रेरक बनाया और त्वगादि को रसपूर्ण किया ।।83।।

उक्त तीनों देवों ने दूध से वीर्य की उत्पत्ति की और उन्होंने अज्ञान और कुमति को रोका। आमाशय और पाक्वाशय में गये अन्न से नाड़ियां बनायीं और सुरा से मूत्र बनाया ।।84।।

सविता देव ने इन्द्र के हृदय को हृदय से और सत्य को पुरोडाश से प्रकट किया। वरुण ने वायुओं से यकृत, क्लोम, हृदय के दोनों और की पसलियों और पित्त को उत्पन्न किया ।।85।।

मन्त्रसिक्त स्थाली से आन्त्र, दूध देने वाली गौ और पात्र से गुदा, तथा आसन्दी से नाभि और उदर बनाया ।।86।।

सोम-कुम्भ के रस से छोटी आंत और सोम कुम्भ से जननेन्द्रिय तथा सुराधानी पात्र से स्वधा रूप अन्न को बनाया ।।87।।

सत् नामक पात्र इन्द्र का मुख हुआ, दशापवित्र से जिह्वा बनी और चष्म से पायु इन्द्रिय हुई ।।88।।

ग्रहों से इन्द्र के नेत्र और अजा दुग्ध से परिपक्व हवि से नेत्रों का तेज हुआ। गेहुँओं से नेत्रों के नीचे के लोम और बेरों से नेत्रों के ऊपर के लोम हुए ।।89।।

भेड़ और भेड़ा घ्राणशक्ति के बल हुए। ग्रहों से प्राणों का मार्ग अविनाशी हुआ। सरस्वती के अंकुरों से व्यान वायु को प्रकट किया और कुशा से इन्द्र की नासिका के बाल बने ।।90।।

श्रोत्र-सम्बन्धी ग्रहों से इन्द्र के कान बने। जौ और कुशा से नेत्र के बाल बने। बेर से मुख द्वार और मधु से लार बनी ।।91- 92।।

अश्विद्वय ने चन्द्रमा की ज्योति से इन्द्र को रूप और चन्द्रमा से अमृत लेकर सौ वर्ष की आयु दी। सरस्वती ने इन्द्र में आत्मा डाली ।।93।।

अश्विद्वय और सरस्वती इन्द्र को धारण करते है और वरुण सोम के द्वारा इन्द्र का पोषण करता है। इस प्रकार सरस्वती और वरुण इन्द्र के धारक पोषक है ।।94।।

अश्विद्वय और सरस्वती ने अशु-दुग्ध-घृत-मधु मिश्रित हव्य को लेकर शुद्ध तेज का मन्थन किया और उससे भोगप्रद सोम प्राप्त किया ।।95।।

विंश अध्याय

ऋषि: प्रजापति, प्रष्कण्व, कौणिडन्य, विदर्भि, गृत्समद, मधुच्छन्दा।

हे राजा! तू राज्य के निमित है। तू राजकुल का जीवन-हेतु है। तुझे कोई हिंसित न करे। तू मुझे हिंसित मत कर ।।1।।

हे राजा! उत्तम बुद्धि, कर्म और उत्तम स्वभाव युक्त तथा सत्य व्रत धारण करने वाले आप चक्रवर्ति-राज्य करते हुए न्याय, घरों में स्थित हो, और हमारी रक्षा करो ॥2॥

हे शुभलक्षणयुक्त पुरुष! वेदाध्ययन और प्रजापालन के लिए मैं तुम्हें अभिषिक्त करता हूँ ॥3॥

हे सत्य बोलने वाले, श्रेष्ठ कार्य करने और सत्य, न्याय का प्रकाश करने वाले तुम सुखरूप हो और अति सुखकारी हो। इसलिए परमेश्वर के लिए और परमेश्वर जिस मन्त्र का देवता है, उस मन्त्र के लिए तुमको मैं अभिषिक्त करता हूँ ॥4॥

हे मनुष्यों! राज्याभिषेक को प्राप्त हुए मेरी श्री ही मेरा सिर है, यश ही मेरा मुख है, न्याय का प्रकाश ही मेरे केश और दाढ़ी-मूँछ हैं, मेरा प्राण अमृत है, ब्रह्म ही मेरा नेत्र है, और विराट् मेरे कान है, ऐसा तुम जानो ॥5॥

हे मनुष्यों! मेरी जिह्वा कल्याणकारक अन्नादि का भोग करने वाली है; वाणी वेदशास्त्र के बोध से युक्त है। अन्तःकरण दुराचारियों पर क्रोध करने वाला है और बुद्धि हर्ष, उत्साह आनन्द वाली है। मेरे अंग मेरे सखा और सहायक हो ॥6॥

हे मनुष्यों! बल और धन ही मेरी भुजाएँ है। कर्म और पराक्रम ही मेरे हाथ हैं। मेरी आत्मा और हृदय दुःख से रक्षा करने वाले हो ॥7॥

हे मनुष्यों! राष्ट्र ही मेरा शरीर है और प्रजाजन ही मेरे शरीर के अंग हैं ॥8॥

हे प्रजाजनो! प्रजा को स्मरण करने वाली वृत्ति ही मेरी नाभि है। विशेष ज्ञान ही मेरी मूलेन्द्रिय है। मेरा राज्यैश्वर्य ही मेरे आनंददायक गुप्त-अंग है ॥9॥

प्रजाजनों में प्रतिष्ठा को प्राप्त मैं क्षत्रिय-कुल में प्रतिष्ठित हूँ। तथा अश्वादि वाहनों, गौ और पृथिवी आदि पदार्थों एवं राज्य के अंगों में प्रतिष्ठित होता हूँ। मैं आत्मा प्राण, विद्यादानादि क्रिया में प्रतिष्ठित होता हूँ ॥10॥

तीन दिव्य गुण वाले देवता और ग्यारह गुण वाले पदार्थ, जो कि ईश्वर के उत्पन्न-किये हुए हैं, उनकी तथा उन मेरे पृथिव्यादी तैंतीस पदार्थों की देवगण रक्षा करे ॥11॥

आठ वसु ग्यारह प्राणों से, ग्यारह रुद्र बारह महीनों से, सत्य यज्ञ से, यज्ञ चार वेदों की मन्त्र वाणियों से; उत्तम क्रिया होम क्रियाओं से; और होम क्रियाएँ सत्य क्रिया से मेरी कामना को सिद्ध करे ॥12॥

हे उपदेशक लोगों! जिस प्रकार मैं नम्रता से भर जाऊँ, वैसा प्रयत्न आप लोग करे ॥13॥

हे विद्वान्! जो हम उपदेशक, विद्वान तथा परस्पर एक-दूसरे का अनादर करने का अपराध करे, उस समस्त अपराध को आप दूर कीजिए ॥14॥

दिन में अथवा रात्रि में बिना जाने जो हम अपराध करे, उन समस्त अपराधों से वायु देव मुझे छुड़ाएँ ॥15॥

जागते हुए अथवा स्वप्न में जिन अपराधों को हम करे, उनसे सूर्य देवता हमें दूर करे ।।16।।

हे विद्वान्! ग्राम में, अरण्य में, सभा में, मन में, शूद्र के प्रति, वैश्य के प्रति जो हमसे अपराध बन पड़े, उससे आप हमें छुड़ाएं ।।17।।

हे जलाशय! तुम गमनशील हो, किन्तु इस स्थान में मन्दगति वाले रहो। हमने ज्ञानेन्द्रियों द्वारा देवताओं का जो पाप किया है अथवा ऋत्विजों से जो पाप हो गया है, ऐसे सब पाप को हमने जलाशय में इस यज्ञ में त्याग दिया है। हे वरुण! हमारी रक्षा करो ।।18।।

हे सोम! तुम्हारा हृदय जलों में स्थित है, मैं तुम्हें वही भेजता हूँ। वही तुममें जल और औषधियाँ प्रविष्ट हो और वे हमारे लिए मित्रवत् हो ।।19।।

जल देवता मुझे पाप-मुक्त करें। जैसे खडाऊँ को उतारते समय पाँव उन्हें अलग कर देते है, वैसे जल मुझे मलीनता से अलग करे ।।20।।

इस लोक से परे स्वर्ग लोक को देखते हुए हम सूर्य लोक स्थित सूर्य को देखते-देखते ज्योति रूप को प्राप्त हो गये ।।21।।

आज मैंने जल-कर्म को पूर्ण किया है। अब मैं रंज-मुक्त हुआ हूँ। हे अग्नि! तुम मुझे तेज, सन्तान, धन और ऐश्वर्य दो ।।22।।

हे समिधा! तुम तेजरूप हो, मुझे समृद्धि दो। तुम रूपवती हो, मुझे तेज दो। मैं अपने अभीष्टों के, लिए हे अग्नि! तुम्हारे आश्रित हूँ अतः मेरा अभीष्ट पूरा करो ।।23-24।।

जहाँ व्यक्ति एक मन होकर रहते हैं, वही देवता और अग्नि निवास करते है, मैं उसी स्वर्ग लोक को प्राप्त करूँ ।।25।।

जिस ईश्वर में इन्द्र और वायु जैसे पदार्थ भी व्याप्त हैं, जो अनादि और अनन्त है, मैं उस ईश्वर को जानूं ।।26।।

बल का पोषण करने के इच्छुक सोम रस को प्रसन्नता से तृप्ति पूर्वक पीते है और पवित्र होते हैं। वे शरीर और आत्मा के बल को प्राप्त होते हैं; किन्तु जो यह कहता है कि यह क्या है, वह कुछ भी नहीं पाता ।।27-28।।

हे इन्द्र! इस प्रातःकाल में तुम हमारे धान्य युक्त पुरोडाश तथा स्तुति को ग्रहण करो ।।29।।

हे ऋत्विजों पाप के नाशक वृहत्साम को इन्द्र के लिए गाओ। यज्ञवर्धक देवों ने इसी साम गान से इन्द्र को प्रवृद्ध किया था ।।30।।

हे अध्वर्यु! इस श्रेष्ठ सोम को ऊन के छन्ने में लाओ और इन्द्र के पीने के लिए शुद्ध करो ।।31।।

जो परमात्मा सर्व प्राणि पालन कर्ता है और सब लोक जिनके आश्रित हैं तथा जो महत्त्व आदि का भी नियमन करने वाला है उसी परमात्मा की आज्ञानुसार और उसकी ही कृपा से हे ग्रह! परमात्मभाव को प्राप्त मैं तुम्हें ग्रहण करता हूँ ।।32।।

हे ग्रह! तू अश्विद्वय से उपयाम पात्र में गृहीत है। तेरा अश्विद्वय से सम्बन्ध है। मैं तुझे सरस्वती और इन्द्र के लिए ग्रहण करता हूँ। तुझे उत्तम रक्षा के लिए ग्रहण करता हूँ।।33।।

हे ग्रह! तुम मेरे प्राण, अपान, नेत्र, श्रोत्र और इन्द्रियों की रक्षा करने वाले हो। मेरे वाणी, मन और औषधि में स्थापित होओ ।।34।।

हे यज्ञान्न! आज्ञा पाकर मैं अश्विद्वय तथा इन्द्र से संस्कृत, सरस्वती द्वारा प्रस्तुत और ऋत्विजों से आहुत तुझे भक्षण करता हूँ ।।35।।

उषाकाल के आगे चलने वाले सूर्य के रूप में पूर्व दिशा को प्रकाशित करने वाले तैंतीस देवताओं के साथ बढ़ने वाले इन्द्र (सूर्य) ने वृत्र (मेघ) को मारा और मेघों के स्रोतों को खोला ।।36।।

यजमान जठराग्नि रूप से शरीर रक्षक, मधुर, स्वादिष्ट हवि को भक्षण करता हुआ इन्द्र का नित्य पूजन करता है ।।37।।

आदित्यों और वसुओं से युक्त इन्द्र यज्ञशाला में आये और कुशासनस्थ हो विराजें ।।38।।

जैसे सुविस्तृत, सजे हुए यज्ञशाला के द्वार सब ओर खुलते है, उसी प्रकार सब ओर खुले वायु के स्थान, शब्द गुण वाले आकाश में विद्यमान इन्द्र यही आयें ।।39-40।।

अद्भुत रूप से ग्रथित करने वाली रात्रि और पूजा इन्द्र को श्रेष्ठ दीप्ति में स्थापित करती है ।।41।।

यज्ञ करने वाले होता इन्द्र भी (सूर्य की) प्रतिष्ठा करते है और आह्वानीय अग्नि को हवियों द्वारा प्रदीप्त करते है ।।42।।

सरस्वती और भारती इन्द्र की सेवा करती है। वे हमारे यज्ञ को दुग्ध और हवि से सम्पन्न करे ।।43।।

त्वष्टा धरा के लिए इन्द्र को पूजते हैं। वे त्वष्टा यज्ञ के प्रमुख देवताओं को तृप्त करे ।।44।।

वनस्पति देवता हवियों के द्वारा इन्द्र को तृप्त करते और धृत-द्वारा यज्ञ का सेवन करते हैं ।।45।।

इन्द्र स्वाहाकार रूप में धृत के द्वारा मन में प्रसन्न होते हुए सोमपान से आनन्दित हो ।।46।।

जिस इन्द्र के कर्म स्वर्गिक हैं, ऐसे इन्द्र क्षत्रिय- धर्म के पोषक हैं ।।47।।

वे स्तुत इन्द्र हमारी रक्षा के लिए यहाँ आये और यज्ञ में देवों के साथ हवि ग्रहण करे ।।47।।

अभीष्टपूरक, ओजस्वी, जनपालक, बज्रधारी इन्द्र हमारी रक्षा के लिए दूर या पास से यहाँ आयें ।।48।।

महान, धनी, इन्द्र अपने अश्वों के द्वारा यहाँ लाये जाएँ और हव्यन्न को ग्रहण करे ।।49।।

मैं इन्द्र को आहूत करता हूँ। वे इन्द्र हमारा कल्याण करें ।।50।।

इन्द्र हमारे रक्षक हों। दुर्भाग्य दूर कर हमें सौभाग्य दें, अन्न दें, भयों को नष्ट करे और हमें धनवान् करें ॥51॥

कार्य सम्पादक इन्द्र की हम कृपा पायें, हम उनके मन में बसें। वह हमारे दुर्भाग्य को दूर करें ॥52॥

हे इन्द्र! अपने अश्वों-सहित यहाँ आओ। तुम्हें कोई न रोके। जैसे शिकारी जाल में पक्षियों को फंसाते हैं, वैसे आने से रोकने के लिए तुम्हें कोई न फँसाए ॥53॥

महर्षि वसिष्ठ के वंशज इन्द्र को स्तोत्रों से पूजते हैं। इन्द्र हमें पशु, सन्तान, धन दें ॥54॥

हे अश्विद्वय! अब अग्नि प्रदीप्त हो गयी, सोम निष्पन्न हो गया और सरस्वती के द्वारा सोम का दोहन कर लिया गया ॥55॥

शरीर रक्षक अश्विद्वय और सरस्वती मधुर रस से लोकों को पूर्ण करते है। निष्पन्न सोम को वे इन्द्र की बलवृद्धि के लिए वहन करते हैं ॥56॥

अश्विद्वय और सरस्वती ने इन्द्र के लिए यज्ञ के साथ सोम और औषधि कन्द को धारण किया ॥57॥

इन्द्र को आहूत करती हुई सरस्वती ने और अश्विद्वय ने इन्द्र में इन्द्रियों और वीर्य को स्थापित किया तथा इन्द्र के ही निमित्त दुग्ध-दधि को धारण किया ॥58॥

अश्विनी कुमारों द्वारा औषध रस, सहित संस्कृत सोम को जल धारा से ग्रहण किया और कुशासनस्थ इन्द्र को रक्षा-निमित्त भेंट किया ॥59॥

अश्विनीकुमारों के सहित सरस्वती और इन्द्र ने यज्ञ और दिशाओं से कामनाओं को दुहा ॥60॥

अश्विद्वय और सरस्वती ने दिन-रात्रि और सन्ध्याकाल में इन्द्र को बलयुक्त किया ॥61॥

हे अश्विद्वय! हे सरस्वती! हमारी दिन में और रात्रि में रक्षा करो। हे दिव्य होताओ! सोमाभिषव करते हुए इन्द्र की रक्षा करो ॥62॥

सरस्वती, इन्द्र भारती ने अश्विद्वय की महान् औषधियों के रस से इन्द्र के निमित्त सोम सम्पन्न किया ॥63॥

सोमाभिषव होने पर अश्विद्वय, सरस्वती और त्वष्टा ने महौषधि सोम के द्वारा इन्द्र में कीर्ति आदि की स्थापना की ॥64॥

सोमोषधियुक्त इन्द्र स्तुत हुए। समय-समय पर औषधि रस तथा अन्न को इन्द्र ने प्राप्त किया। अश्विद्वय और सरस्वती ने इन्द्र के लिए मधु का दोहन किया। ॥65॥

हे अश्विद्वय! तुम और सरस्वती; दुग्ध-दधिमिश्रित मधुर सोमरस को इन्द्र में स्थापित करो। हे प्रयाजो!

तुम और सरस्वती निष्पन्न मधु को इन्द्र निमित्त धारण करो ॥66॥

अश्विद्वय और सरस्वती ने नमुचि (जल से) इन्द्र के निमित्त संस्कृत हवि और पवित्र धन सोम को प्राप्त किया ॥67॥

समान मन वाले होकर अश्विद्वय और सरस्वती ने इन्द्र को हवि ग्रहण करने को प्रवृत किया। तब इन्द्र सूर्य ने वृत्र (मेघ) को विदीर्ण किया ॥68॥

अश्विद्वय और सरस्वती ने हवि के द्वारा इन्द्र में बल धारण कराया और उनकी स्तुति की ॥69॥

सविता, वरुण और भगदेवता ने इन्द्र में बलस्थापन किया। वे इन्द्र यजमान की कामना पूर्ण करे ॥70॥

रक्षक इन्द्र (सूर्य) ने नमुचि (जलों) से इन्द्रिय-बल प्राप्त किया। सविता और वरुण देव ने यजमान को धन, बल दिया ॥71॥

सविता देव, वरुण और इन्द्र यजमान में क्षात्र-बल, सौभाग्य और लक्ष्मी की स्थापना करते हुए इस सौत्रामरिग यज्ञ में आते है ॥72॥

अश्विद्वय और सरस्वती ने पशुओं से इन्द्रिय सामर्थ्य और अश्वों से ओज, बल ग्रहण किया तथा ओज, बल और हवियों से यजमान एवं इन्द्र को समृद्ध किया। तृप्त इन्द्र भी यजमान को समृद्ध करते है ॥73॥

स्वर्णिम मार्गों में विचारशील रूपवान् अश्विद्वय, श्रेष्ठ हविवाली सरस्वती और ऐश्वर्यवान् इन्द्र हमारे यज्ञ में आयें और सर्वतः रक्षा करे ॥74॥

श्रेष्ठकर्मा चिकित्सक अश्विद्वय, कमनीय धनदात्री सरस्वती और शतकर्मा इन्द्र ने यजमान को इन्द्रिय-सामर्थ्य देकर समर्थ बनाया ॥75॥

हे अश्विद्वय! हे सरस्वती! तुम सम मति होकर नमुचि (जलों) में विद्यमान रस सोम को ग्रहण करो, तृप्त होओ और यज्ञ में आकर इन्द्र के कृपा पात्र यजमान के रक्षक होओ ॥76॥

हे इन्द्र (सूर्य)! जब तुम नमुचि (जलों) से सोम ग्रहण करते हो, तब सरस्वती स्तुति से तुम्हारी सेवा करती है ॥77॥

अन्न, रस और सोम की आहुति ग्रहण करने वाले श्रेष्ठ-मति अग्नि के निमित्त मन-बुद्धि को शुद्ध करो ॥78॥

हे अग्नि! हम तुम्हारे मुख में सब ओर से हवि डालते हैं। तुम हमें श्रेष्ठ अन्न, सन्तान, धन, यश और सौभाग्य दो ॥79॥

अश्विद्वय ने स्वतेज से नेत्र-ज्योति, सरस्वती ने प्राण-सामर्थ्य और इन्द्र ने यजमान में वाणी, सामर्थ्य तथा बल और ओज स्थापित किया ॥80॥

हे अश्विद्वय! तुम रुद्र रूप में पापियों को रुलाते हो। तुम इस सोम पान वाले यज्ञ में आओ और यजमान को अश्व, गौ देते हुए उसे श्रेष्ठ मार्ग पर चलने वाला बनाओ ॥81॥

हे अश्विद्वय! तुम वृष्टि-जल को फल रूप में देने वाले हो। हमारा निन्दक दुष्ट हमें अपमानित न कर सके, तुम उसे अपमानित करो ॥82॥

हे सर्वधारक अश्विद्वय! तुम हमें वृद्धिकारक पीतवर्णी स्वर्ण- धन दो ॥83॥

अन्नों के द्वारा यज्ञ की अधिष्ठात्री, बुद्धि धन देने वाली और पवित्र करने वाली सरस्वती यज्ञ में आएं ॥84॥

सत्य एवं प्रिय वचनों की प्रेरणा देने वाली सरस्वती हमारे यज्ञ में आएं ॥85॥

देवी सरस्वती महिमा रूप जल की वृष्टि करने वाली हैं। वे प्राणियों की बुद्धि को प्रदीप्त करती हैं। ऐसी सरस्वती की हम स्तुति करते है। वे सब प्राणियों को सुमति देकर उन्हें सत्कर्मों के लिए प्रेरित करती हैं ॥86॥

हे इन्द्र! हमारे यज्ञ में आओ। छन्न से छने शुद्ध सोम तुम्हारे पीने के लिए ही यहाँ रखे हुए हैं ॥87॥

हे इन्द्र! यज्ञ में आने की तुम्हारी प्रतीक्षा करने वाले यजमान हवियों के समीप बैठे हैं। हे इन्द्र! तुम स्वतः प्रेरणा से यहाँ आओ ॥88॥

हे इन्द्र! तुम हवि ग्रहण करने शीघ्रता से यहाँ आओ और इस सोम तथा हवियों को ग्रहण करो ॥89॥

देवी सरस्वती, अश्विनीकुमार और इन्द्र इस मधुर सोम का पान करें ॥60॥

उत्तरार्द्ध

एकविंश अध्याय

(सूक्त : 1 से 60 तक)

ऋषि : शुनः शेष, वामदेव, विश्वामित्र आदि।

समिधाओं के द्वारा सुदीप्त, पूजनीय अग्नि ने यजमान में बल और आयु की स्थापना की ॥1॥

अग्नि ने शरीर-पोषणार्थ गो-घृत, दिव्य हवि की वाहिका तथा पूजनीय होकर यजमान में बल और आयु की स्थापना की ॥2॥

अग्नि ने अविनाशी सोम, अनुष्टुप छन्द और गौ के समान पूजनीय होकर यजमान में बल और आयु की स्थापना की ॥3॥

पूषा द्वारा स्थित किये गये अविनाशी अग्नि ने बृहती छन्द और तीन वर्ण की गौ के समान पूजित होकर यजमान में बल और आयु को स्थापित किया ॥4॥

महती दिशाओं, दीप्तिमती द्वार-देवी, वृहस्पति, ब्रह्मा, पंक्ति छन्द और चार वर्ण की गौ ने पूजित होकर यजमान में बल और आयु की स्थापना की ॥5॥

महती श्रेष्ठ रूपवाली दिन-रात्रि अमृतत्व गुण वाले विश्वेदेवा, त्रिष्टुप छन्द और भारवाही वृषभ ने पूजित होकर यजमान में आयु, बल की स्थापना की ।।6।।

दिव्य होतारूप अग्नि तथा वायु इन्द्र के साथ सुसंगत होने वाले वैद्यरूप अग्नि और जगती छन्द तथा छह वर्ण के वृषभ ने पूजित होकर यजमान को आयु-बल दिया ।।7।।

इन्द्रा, सरस्वती, भारती-तीनों देवियों, इन मरुद्गण, विराट् छन्द और पयस्विनी गौ ने यजमान में आयु और बल की स्थापना की ।।8।।

त्वष्टा देव, पुष्टि-तुष्टिदाता इन्द्र अग्नि और द्विपदा छन्द तथा सेवन-समर्थ वृषभ ने पूजित होकर यजमान में आयु-बल की स्थापना की ।।9।।

सुखदायिका वनस्पति, धनप्रेरक देव सविता, ककुप छन्द गर्भघात वाली वन्ध्या या गौ ने पूजित हो इन्द्र में बल और वय धारण कराया ।।10।।

दुःखरक्षक वरुण, स्वाहाकृत प्रयाज एवं औषधि रूप यज्ञ, अति छन्द और महान् वृषभ ने पूजित हो इन्द्र में बल और वय की स्थापना की ।।11।।

रथन्तर साम, और त्रिवृत स्तोत्र रूप स्तुति को प्राप्त वसन्त ऋतु सहित अष्टावसु देवता ने इन्द्र में आयु-बल-स्थापन किया ।।12।।

पंचदशस्तोम और वृत्तसाम से स्तुत ऋतु ग्रीष्म सहित रुद्र देवता ने इन्द्र में यश-बल-आयु-स्थापना किया ।।13।।

सप्तदशस्तोम और वृहत्पृष्ठ से स्तुत वर्षतु सहित आदित्य देवता ने इन्द्र में बल, आयु, स्थापन किया।।14।।

एकविश स्तोम और वैराज पृष्ठ से स्तुत लक्ष्मी और शरद् ऋतु से सम्पन्न ऋतुओं ने इन्द्र में श्री, हवि और आयु की स्थापना की ।।15।।

त्रिर्णव स्तोम से स्तुत हेमन्त ऋतु सहित मरुद्गण ने इन्द्र में बलसहित हवि और आयु की स्थापना की।।16।।

त्रयस्त्रिंश स्तोम और रेवती पृष्ठ-द्वारा स्तुत शिशिर ऋतु के सहित देवों ने इन्द्र में सत्ययुक्त क्षात्र-बल, हवि और आयु की स्थापना की ।।17।।

दिव्य-गुणा वाले दिन-रात्रि तथा अश्विनीकुमारों और रक्षिका सरस्वती ने इन्द्र में बल और उनके मुख में वाणी को धारण कराया। हे मनुष्य होता! तुम भी यजमान को समृद्ध करो ।।18।।

दिव्य, सेवनीय सरस्वती, अश्विनीकुमार और द्यावा-पृथिवी ने इन्द्र (सूर्य) को प्रवृद्ध किया तथा इन्द्र का यश संसार में फैलाया। इससे इन्द्र सम्पन्न हों। जैसे इन देवो ने इन्द्र (सूर्य) को प्रवृद्ध किया वैसे हे होता! यज्ञ-द्वारा तुम भी यजमान को समृद्ध करो ।।19।।

कामनापूरक, दोहनशील, दित्य, सरस्वती और अश्विनीकुमार रक्षक इन्द्र (सूर्य) में ओज, तेज धारण कराते है। इससे इन्द्र सम्पन्न होता है। हे होता! तुम भी यज्ञ के द्वारा यजमान को समृद्ध करो ।।20।।

दिव्य होता, अनुयाज देवता, सरस्वती और अश्विद्वय ने इन्द्र के हृदय में वषटकारों के द्वारा कान्ति, बुद्धि तथा इन्द्रियों को धारण कराया। इससे इन्द्र समृद्ध हुए। हे होता! तुम भी यज्ञ-द्वारा यजमान को समृद्ध करो ।।21।।

इड़ा, भारती, सरस्वती ने अश्विद्वय सहित इन्द्र की नाभि में बल स्थापन एवं इन्द्रिय धारण कराया तथा समृद्ध किया। हे होता! तुम भी यजमान को समृद्ध करो ।।22।।

ऐश्वर्यवान् त्वष्टा देव इन्द्र में ओज, सौन्दर्य, अमृतत्व, श्रेष्ठ उत्पत्ति एवं सामर्थ्य की स्थापना करें। जैसे इन देवो ने इन्द्र को सामर्थ्यादि दी, वैसे हे होता! तुम भी यजमान को यज्ञ द्वारा ये सब दो ।।23।।

वे वनस्पति देवता हममें तेज, वेग, सीमित क्रोध और इन्द्रिय बल धारण कराएँ। हे होता! तुम ऐसा यज्ञ करो ।।24।।

हे इन्द्र! तुम्हारी सभी में अश्विद्वय और सरस्वती के द्वारा फैलाये गये बर्हि से ऐश्वर्य के निमित्त तुम्हारे

देह में क्रोध रूप ऐश्वर्य का स्थापन हुआ। हे मनुष्य होता! तुम भी यज्ञ करो ।।25।।

दिव्य अग्नि देव ने होता रूप में देव-वाणी से यजन किया। इन्द्र ने वनस्पति से यजन किया। घृतपायी अन्न देवो ने भी यजन किया। इस प्रकार दिव्य होताओं ने मनुष्य होता को यश, इन्द्रिय-बल, अन्न और स्वधा की आहुति दी। ऐसे यज्ञ के यज्ञ भाग को सब देवता ग्रहण करे। हे मनुष्य होता! तुम भी यज्ञ करो ।।26।।

यजमान पकाने योग्य हवि का पाक करते हुए पुरोडाशो को पक्व किया और अश्विद्वय तथा सरस्वती की प्रसन्नता के लिए हवि देकर उन्हें तृप्त किया ।।27।।

वनस्पति देवता ने हवि से अश्विद्वय की सेवा की। सरस्वती और इन्द्र का भी हवि-सत्कार किया। इन देवताओं ने यज्ञ-भाग को ग्रहण किया और पुरोडाश द्वारा प्रवृद्ध हुए इन्द्र, अश्विद्वय और सरस्वती ने सोमपान किया ।।28।।

हे ऋषियों की सन्तान! यजमान से सुगसंत हुए अनेक देवताओं ने तुम्हारा वरण किया है। यह अग्नि देवताओं के वरणीय धन को देवो के लिए ग्रहण करते है। हे अग्नि! तुम्हारा जो दान देवो को प्राप्त है, वे सब धन यजमान को प्राप्त कराओ ।।29।।

द्वाविंश अध्याय

(सूक्त : 1 से 34 तक)

ऋषि: प्रजापति, विश्वामित्र, अरुण आदि।

हे सुवर्ण! तुम तेज रूप हो-मेरी आयु की रक्षा करो। हे रशना (करधनी)! सविता की आज्ञा में वर्तमान अश्विद्वय की भुजाओं और पूषा के हाथों से मैं तुम्हें ग्रहण करता हूँ। यज्ञकर्म, कुशल कवियों ने यज्ञानुष्ठानारम्भ में इस रशना को ग्रहण किया था। यज्ञारम्भ में गृहीत रशना यज्ञ का प्रसार करनेवाली होती है ॥1॥

हे अश्व! तुम स्तुत्य एवं सर्वाश्रय रूप हो। तुम जगत्-धारक हो। तुम अग्नि को प्राप्त होओ ॥2॥

हे अश्व! तुम देवो और प्रजापति के निमित्त स्वयं ही गमन करते हो। हे ब्राह्मण! देवो और प्रजापति की प्रीति के निमित्त इस अश्व को बाँधता हूँ ॥3॥

हे अश्व! तुम प्रजापति के प्रिय पात्र हो। प्रजापति अश्व को वीर्यवान् करते हैं। हे अश्व! तुम इन्द्र और अग्नि के प्रिय पात्र हो। इन्द्र और अश्व को ओजस्वी करते है। हे अश्व! तुम वायु के प्रिय पात्र हो। वायु अश्व को यशस्वी बनाते हैं। हे अश्व! तुम समस्त देवों के प्रिय पात्र हो। हिंसक पराजित हो ॥4॥

उन सविता देव के सबसे वरणीय तथा सब पापों को दूर करने वाले तेज का हम ध्यान करते है। वे सविता देव हमारी बुद्धियों को शुभ कर्म करने की प्रेरणा दे ॥5॥

सविता देव को मैं अपनी रक्षा के लिए आहूत करता हूँ। वे ज्ञानियों के आश्रय रूप है। सबको चैतन्य देने वाले महिमावान् सर्वज्ञ सविता हमें कल्याणमयी श्रेष्ठमति दे। सबकी बुद्धि को जानने वाले, श्रेष्ठ मति के वर्धक सविता देव से हम सामर्थ्य रूपी धन माँगते है। सर्व साधन-दाता सत्यनिष्ठों के पालक, सवितादेव को हम आह्वान करते है और उन्हें सुपूजित करते हैं। श्रेष्ठ-बुद्धि द्वारा सविता देव की समस्त धनों की कारणरूपा और सर्वदेव हितकरिणी बुद्धि को हम माँगते है। सभी मरणधर्मा प्राणियों के कर्म-फल को प्राप्त कराने वाले सविता देव की मित्रता की याचना करो। उनसे कर्म पुष्टि के निमित्त अन्न तथा धन की कामना करो। उन के लिए यह आहुति स्वाहुत हो ॥6॥

हे ब्रह्मन्! हमारे राष्ट्र में ब्रह्मतेज वाले ब्राह्मण हो। क्षत्रिय महारथी, बाण-विद्या में चतुर, शूर हो, बली और भारवाहक तथा शीघ्रगमन शील बैल हो, स्त्री सर्वगुण-सम्पन्न और अश्व शीघ्र गमनशील हो। रथी विजयशील हो। यजमान के पुत्र युवा और वीर हो। कामना पर मेघ बरसे। औषधियाँ परिपक्व व फलवती हो। हमारा योग-क्षेम हो ॥7॥

परमात्म देव पुरुष, प्रकृति, अनन्त ईश्वर, एक होकर भी पदार्थों के रूप में अनेक रूप वाले ब्रह्म तथा रात्रि और दिन के अधिपति देवता इन सबको पृथक्-पृथक् दी गयी ये आहुतियाँ स्वाहुत हो ॥8॥

त्रयोविंश अध्याय

सूक्त : (1 से 65 तक)

ऋषि: प्रजापति

प्राणियों के उत्पत्ति से पूर्व हिरण्यगर्भ ने देह धारण किया और उत्पन्न होते ही वह सम्पूर्ण विश्व के स्वामी हो गये। उन्होंने पृथिवी, स्वर्ग और अन्तरिक्ष को रचकर धारण किया। उन्हीं प्रजापति के लिए हम हवियों का विधान करते है।

हे ग्रह! तुम उपयाम पात्र में गृहीत हो। तुम्हें प्रजापति की प्रीति के लिए ग्रहण करता हूँ। यह तुम्हारा स्थान है। तुम्हें यही सूर्य को प्रीति के लिए स्थापित करता हूँ।

तुम्हारी महिमा दिन में, वायु में, अन्तरिक्ष तथा सूर्य लोक में प्रकट है। उस महिमा से युक्त प्रजापति के लिए तथा अन्य देवो के लिए यह आहुति स्वाहुत हो।

जो प्रजापति प्राण रूप में सब प्राणियों के स्वामी है जो अपनी महिमा से मनुष्यों, पशुओं के अधिपति है, उन प्रजापति के लिए हम हवि का विधान करते है।

हे ग्रह! तुम उपयाम पात्र में गृहीत हो। मैं तुम्हें प्रजापति की प्रीति के लिए ग्रहण करता हूँ। यह तुम्हारा स्थान है और चन्द्रमा तुम्हारी ही महिमा है। तुम्हारी महिमा प्रति संवत्सर, रात्रि, पृथिवी, अग्नि, चन्द्रमा, नक्षत्रों में प्रकट है। तुम्हारी उस महिमा और उस महिमा से युक्त प्रजा तुम्हें अन्न देवो के निमित्त यह आहुति स्वाहुत हो।

यज्ञकर्म में स्थित ऋत्विकरूप सूर्य क्रोध-रहित होकर सिद्धि के निमित्त विचरण करने के लिए आदित्य के समान प्रभाव वाले अश्व को रथ में जोड़ते हैं। उन आदित्य का प्रकाश सर्वत्र फैल जाता है।

इस अश्व की सहायता के लिए पक्षी के समान गति वाले दो अश्वों के ऋत्विक् सूर्य रथ में जोड़ते है।

हे अध्वर्यु! वायु-सदृश वेगवान् अश्व ने जिस मार्ग से जलों और इन्द्र के शरीर को प्राप्त किया, उस अश्व को पुनः उसी मार्ग से लौटाओ।

हे अश्व! तुझे वसुगण गायत्री छन्द से और आदित्यगण जगती छंद से अलंकृत करें। पृथिवी-अन्तरिक्ष और स्वर्ग अलंकृत करें। हे देवो! हे प्रजापति! हव्यान्न को ग्रहण करो।

हे अश्व! वायु और अग्नि तुम्हारी रक्षा करें। वट और सेमल वृक्ष तुम्हारी रक्षा करें। अश्व हमारे अभीष्टों का वर्षक हो। अकलंक ब्रह्मा हमारे रक्षक हो। विघ्न दूर करने के लिए हम अग्नि देवता को नमस्कार करते है। यह अश्वरथ रश्मियों के द्वारा दर्शनीय है। यह अश्व लगाम के द्वारा

शोभित है। जलों से उत्पन्न अश्व जलों से शोभायमान हैं। ब्रह्मा सोम के आगे गमन करते हुए इसे स्वर्ग की प्राप्ति कराते है। हे अश्व! अपने देह की स्वयं कल्पना करो। स्वयं ही यज्ञ में यजन करो। अपने इष्ट स्थान को प्राप्त करो। इससे तुम्हारी महिमा कम न होगी। यह अश्व मृत्यु को प्राप्त नहीं होता-नष्ट नहीं होता। हे अश्व! तुम देवयान मार्ग से स्वर्ग को जाते हो। जिस लोक में पुण्यात्मा जाते और निवास करते है, उसी लोक में सविता तुम्हें स्थापित करें।

सृष्टि में उत्पन्न अग्नि से देवो ने यज्ञ किया। अतः अग्नि ने लोकों को जीता। जिस लोक में अग्नि निवास करते है, वह लोक तेरा है, तू उसे जीतेगा। तू इस जल का पान कर। वायु पशु रूप से उत्पन्न हुआ, वायु से देवो ने यजन किया। अतः वायु ने लोकों को जीता। जिस लोक में वायु का निवास है, वह तेरा होगा तू उसे जीतेगा। तू इस जल का पान कर। सूर्य सृष्टि में उत्पन्न हुआ। उससे देवों ने यज्ञ किया। अतः सूर्य ने लोकों को जीता। जिस लोक में सूर्य का निवास है, वह तेरा होगा, तू उसे जीतेगा। उस जल का पान कर। प्राण अपान और व्यान की तुष्टि के लिए पृथक्-पृथक् दी गयी ये आहुतियाँ स्वाहुत हों। हे गणपति! तुम गणों के, प्रियों के और निधियों के पति हो, हम तुम्हें बुलाते हैं। हे परमात्मा! संसार को गर्भ रूप में धारण करने वाली प्रकृति के धारक आप है, यह मैं जानता हूँ।

हे राजा, प्रजाजनों! तुम दोनों धर्म, अर्थ, काम, मोक्ष को प्राप्त करो। तुम दोनों इस स्वर्ग रूप यज्ञ-भूमि को प्राप्त होओ। प्रजापति तुममें बल की स्थापना करे।

हे शक्तिमान् न्यायाधीश! स्त्रियो या पुरुषों में जो व्यभिचार-रत हो, उसे ऊपर को पग और नीचे के शिर करके दण्ड दो और प्रजाजनों को उत्तम सुख दो।

जिस प्रजा के ऊपर राजा राज्य करता है, उसे सुख को धारण करने वाली बनाये और जैसे हल भूमि को उर्वरा बनाने को कुरेदता है, इस प्रकार राजा भी प्रजा को लाभ पहुँचाने के लिए उससे कर ग्रहण करे। हे पवित्र आचरण करने वाले राजा! तुम हम लोगों के प्रति असत्य का व्यवहार न कर। यदि ऐसा करेगा तो निर्बल पक्षी के समान नष्ट हो जायेगा।

हे राजा! तुम्हारी पृथिवी के तुल्य सहनशील माता सूर्य के समान तेजस्वी तथा पालन करने वाली तुम्हारे पिता है। वे राज्यश्री पर आरूढ होते हुए प्रजा से कर रूप में अल्प धन लेकर प्रजाहित करते है। हम प्रजाजन उनसे प्रीति करते हैं।

हे ब्रह्मन् (सज्जन)! आपके तेजस्वी पिता और पृथिवी के समान सहनशील माता है। आपके पिता राज्य में विद्या और शोभा का विस्तार करते हैं। आप भी प्रमाण युक्त थोड़ा बोलने वाले बनें।

हे राजा! राज्यलक्ष्मी युक्त तू प्रजा की सदा उन्नति किया कर और ऐसा करते हुए स्वयं भी वृद्धि को प्राप्त हो।

हे प्रजापति! तुम प्रजा की उन्नति करो, उसे उसी प्रकार ऊँचा उठाओ जैसे वायु चलने पर कृषक बरसाने के लिए धान्य पात्र को ऊँचा उठाता है।

जो राजा या राजपुरुष अपराध रोकने वाली प्रजा के उत्तमकर्मों की प्रशंसा करते हैं तथा न्यायपूर्वक प्रीति का व्यवहार करते है, वे राजा और प्रजाजन दोनों उसी प्रकार साथ-साथ सुखपूर्वक रहते हैं, जैसे दो मछलियाँ जल भरे गड्ढे में सुख पूर्वक रहती है।

जैसे स्त्री-पुरुष शरीर के अंगों से देखे जाते है; वैसे प्रत्यक्ष आदि प्रमाणों से सत्य देखा जाता है। उस सत्य से हे राजा! आप कोमल व्यवहार प्राप्त करे। प्रजा की नम्रता का व्यवहार करे तथा राजा-प्रजा दोनों सुखी रहें।

जैसे खेत में उगे हुए जौ को हरिण खाता है, वैसे ही जो अनाचारी राजा प्रजा की पुष्टि-अपुष्टि का विचार न करते हुए उसके धन को खाता है, उसका धन नष्ट हो जाता है।

जैसे शूद्र सेवक अपने स्वामी की स्त्री के साथ व्याभिचार में रत रहकर अपनी आयु का विनाश करता है और जैसे हरिण बिना विचारे खेत में उत्पन्न जौ खाता है, उसी प्रकार जो राजा, प्रजा के धन-ऐश्वर्य का विचार नहीं करता वह अपना विनाश करता है।

जैसे घोड़ों के सिखाने वाले घोड़ों को पराक्रमी एवं संग्राम जीतने वाले बनाते हैं, वैसे राजा भी प्रजा को बल, पराक्रम, ऐश्वर्ययुक्त बनाए।

हे विद्वान्! गायत्री, त्रिष्टुप, अनुष्टुप, बृहती, पंक्ति, उष्णिक् और ककुप छन्द तुम्हें शान्ति देने वाले हों।

हे विद्वान्! वो पदवाली, चार पदवाली, तीन पदावली, छह पदों वाली ऋचाएँ तुम्हें सुख और शान्ति प्राप्त कराएँ।

हे विद्वान्! महानाम्नी और रैवत ऋचाएँ, सब दिशाएँ, विद्युत् और सब प्राणी तुम्हारा कल्याण करने वाले हो।

प्रेम से मिलाने वाली दिशाएँ तुम्हें शान्ति और ज्ञान दे।

जैसे स्वयंवर में विवाही हुई स्त्री प्रशंसित बलयुक्त पति को प्राप्त करके उसकी सेवा करती और उसकी प्रीति की प्राप्त होती है; उसी प्रकार पति से प्रेम करने वाली, उचित आचरण वाली, प्रेम से बँधी स्त्रियाँ अपने पतियों को प्राप्त करके सुख भोगे।

जैसे कृषक जौ को भूसे से अलग करते हैं, वैसे ही तुम इन मनुष्यों में से उसी मनुष्य का चयन करो, जो शुद्ध अन्न वाले है, जो जल, भोजन देने के लिए तुम्हारा उचित सत्कार करे।

हे विद्यार्थी! कौन अध्यापक तुझे जीवन-बन्धन से मुक्त करने की श्रेष्ठ शिक्षा देते है? कौन तेरे अंगों को शांति देता है? कौन तेरा यज्ञ कराने वाला है? और कौन अध्यापक समस्त शास्त्रों का ज्ञाता विद्वान् है?

'हे विद्यार्थी! ऋतुयें अपने-अपने गुणों से तेरा पोषण करे। अध्यापक तुझे गुणों को प्राप्त कराएँ। संवत्सर अपने तेज और कर्मों से तुझे शान्तिदायक हों।

हे विद्यार्थी! जैसे दिन-रात और महीने आयु को काटते हैं, वैसे उत्तम अध्यापक तेरे कठोर वचनों और दुष्ट कर्मों को काटे और तेरा कुव्यसन दूर करे।

हे विद्यार्थी! अध्यापक तुझे विशेष उपदेश दे। तेरे दोषों का पूरी तरह विनाश करे। प्रेम से बँधी हुई माता आदि सती स्त्रियों भी तुझे ऐसी की शिक्षा दें।

हे विद्यार्थी! द्यावा-पृथिवी-अन्तरिक्ष, वायु, सूर्य और नक्षत्रों-सहित चन्द्रमा तेरी प्रत्येक इन्द्रिय को सुख दे। तेरे व्यवहार को सुन्दर बनाएँ और उत्तम सत्य को देखने के लिए तुझे प्रकाश दे।

हे विद्यार्थी! जैसे पृथिवी आदि तेरे शरीर के लिए, उत्तम भागों, मध्यम भागों तथा अधःभागों, अस्थियों मज्जा आदि के लिए सुखप्रद हों, वैसे अपने उत्तम गुण, कर्म स्वभावों से अध्यापक भी तेरे लिए सुखप्रद हो।

प्रश्न : कौन अकेला विचरण करता है? कौन बार-बार उत्पन्न होता है? शीत की भेषज क्या है? और कौन बीज बोने का विशाल आधार है?

उत्तर : सूर्य अकेला विचरण करता है। चन्द्रमा बार-बार जन्म लेता है। शीत की दवा अग्नि है और पृथिवी बीज बोने का विशाल आधार है।

प्रश्न : सूर्य के समान ज्योति कौन-सी है? समुद्र के समान तालाब कौन-सा है? पृथिवी से बड़ा कौन है? और किसका परिमाण नहीं है।

उत्तर : सूर्य के समान ज्योति ब्रह्म है समुद्र के समान तालाब अन्तरिक्ष है। पृथिवी से बड़ा सूर्य है और वाणी का परिमाण नहीं है।

हे विद्वानों के मित्र! यदि तुम यही मन से स्थित हो, तो मैं तुम्हें पूछता हूँ, विष्णु (परमात्मा) के जिन तीन पदों से क्रमण किया, क्या उन तीन पदों में सम्पूर्ण भुवन समा गया?

उत्तर : हे मनुष्यों! विष्णु (परमात्मा) कहते है-जिन तीन पदों में मैंने विश्व को व्याप्त किया है और जिन तीन स्थानों में समस्त विश्व आ गया, उन तीनों स्थानों में मैं व्याप्त हूँ। द्यावा-पृथिवी-अन्तरिक्ष और उससे ऊपर के लोकों को भी मैं एक मन के द्वारा ही जान लेता हूँ।

प्रश्न : हे ब्रह्मन्! परमात्मा किन पदार्थों में रमा हुआ है? और कौन पदार्थ ईश्वर में स्थापित है? यह मैं जिज्ञासापूर्वक तुम्हें पूछता हूँ।

उत्तर : हे जिज्ञासु! परमात्मा पंचभूतो तथा उनकी सूक्ष्म मात्राओं में व्याप्त है और वे पंचभूत तथा उनकी सूक्ष्म मात्राएं परमात्मा में स्थापित है। और प्रत्यक्ष जानता हुआ मैं तुम्हें उत्तर दे रहा हूँ।

प्रश्न : हे ब्रह्मन! अनादि समय में संचित होने वाली कौन है? सबसे विशाल कौन है? चिकनी वस्तु क्या है? रूप को निगलने वाला कौन है?

उत्तर : अनादि समय में संचित होने वाली विद्युत् है। महत्त्व सबसे विशाल है। भूमि वृष्टि-द्वारा चिकनी होती है और रूप को निगलने वाली रात्रि है।

प्रश्न : हे विदुषी! कौन बार-बार रूप का आवरण करने वाली है? कौन बार-बार यवादि अन्नो के अवयवों को निगलने वाली हैं? कौन बार-बार न्यारी-न्यारी चाल चलता है! और कौन मार्ग में विविध प्रकार से जाता है?

उत्तर : हे मनुष्यों! जन्मरहित प्रकृति प्रलय-समय में विश्व के रूप को बार-बार निगलने वाली है। सेही (शरीर पर काँटेदार एक जंगल जानवर, जो भूमि को खोदकर पोली कर देती है) अन्नों का नाश कर देती है। वायु खरगोश के समान न्यारी-न्यारी चाल चलता है। मेघ मार्ग में विविध प्रकार से जाता है।

प्रश्न : हे ब्रह्मन्! यज्ञान्न कितने प्रकार के है? अक्षर कितने है? होम करने योग्य वस्तुएं कितनी है? समिधाएँ कितने प्रकार की है? होता कितने है? मैं तुमसे यज्ञ का ज्ञान प्राप्त करने के लिए पूछता हूँ।

उत्तर : यज्ञान्न छह है। अक्षर सौ है। होम करने योग्य वस्तुएँ अस्सी है। समिधाएँ तीन प्रकार की है। होता सात होते है। यह मैं तुम्हें यज्ञ का ज्ञान कराता हूँ।

प्रश्न : हे विद्वान्! संसार की नाभि को कौन जानता है? कौन द्यावा-पृथिवी-अन्तरिक्ष को जानता है? बड़े सूर्य मण्डल के कारण को कौन जाता है? और चन्द्रमा किससे उत्पन्न हुआ है, उसको और चन्द्र लोक को कौन जानता है?

उत्तर : हे जिज्ञासु! इस संसार के कारण नाभि (मध्य भाग) परमात्मा को में जानता हूँ। द्यावा-पृथिवी-अन्तरिक्ष को मैं जानता हूँ। सूर्यमण्डल के कारण परमात्मा को मैं जानता हूँ और चन्द्रमा के उत्पन्न करने वाले परमात्मा तथा उससे उत्पन्न चन्द्रमा को मैं जानता हूँ।

प्रश्न : हे विद्वान्! पृथिवी के परम अन्त को मैं तुमसे पूछता हूँ। ब्रह्माण्ड की नाभि को मैं तुमसे पूछता हूँ। अश्व का पराक्रम मैं तुमसे पूछता हूँ। वाणी के परमस्थान को मैं तुमसे पूछता हूँ।

उत्तर : यह यज्ञ (परमात्मा) ब्रह्माण्ड की नाभि है। प्रजापति का ओज ही अश्व का पराक्रम है। यह ब्रह्मा रूप ऋत्विज ही तीनों वेदरूप वाणी का परम स्थान है।

चतुर्विंश अध्याय

(सूक्त : 1 से 40 तक)

ऋषि: प्रजापति।

(यहाँ जो पशु जिस देवता से सम्बन्धित या जिसके लिए है, उनमें उस देवता का गुण है, यह समझना चाहिए)

अश्व प्रजापति की प्रसन्नता के लिए, अज अग्नि की प्रसन्नता के लिए, श्वेत अज अश्विद्वय; कृष्णाश्वेता सोम और पूषा, श्वेत कृष्णाश्व अज सूर्य-यम, अधिकरोमाश्व त्वष्टा, श्वेत अज वायु, वामनाश्व विष्णु की प्रसन्नता के लिए है।

रक्त- धूमवर्ण और बेर-सदृश वर्ण अश्व सोम-सम्बन्धी, भूरा, लाल और भूरा, हरा वरुण, सम्बन्धी, गर्भस्थान पर श्वेत और अन्य स्थानों पर श्वेतरन्ध्र सविता सम्बन्धी, श्वेत पद वृहस्पति सम्बन्धी, विचित्र वर्ण तथा छोटी या बड़ी बूंदों वाला अज मित्रवरुण सम्बन्धी है।

कृष्णाग्रीव पशु अग्नि सम्बन्धी, कपिलवर्णी सोम, निम्नस्वभानी सविता देव, वत्सछायी सरस्वती, श्यामवर्णी पूषादेव विविधरूपा विश्वेदेवा, तथा वशा गौ द्यावापृथिवी सम्बन्धी है।

धूम्रवर्णी तथा भूरे वर्ण वाले पशु सोमयुक्त पितरों से सम्बन्धित है। कपिलवर्णी धूम्र के सदृश पशु कुशासनस्थ पितरों के सम्बन्धी कपिल और कृष्णवर्णी पशु अग्निस्नात नामक पितरों तथा कृष्णवर्णी बूंदों वाले पशु त्रयम्बक नामक पितरों से सम्बन्धित हैं।

अग्नि सम्बन्धी कृष्ण वर्ण सोम सम्बन्धी, वभ्रूवर्ण और सविता सम्बन्धी उपद वस्त पशु है। वत्सतरी सरस्वती, कृष्ण पूषा-सम्बन्धी, चितकबरे शुनासीर-सम्बन्धी, श्वेत वायु-सम्बन्धी तथा छाग सूर्य सम्बन्धी है।

कपिजल चातक वसन्त के लिए, कलविक चटक वर्षा, ग्रीष्म, तीतर वर्षा, बटेर शरद्, ककर हेमन्त के लिए तथा विक्कर शिशिर के लिए है।

समुद्र के लिए शिशुभार जलचर, पर्जन्य के लिए मण्डूक, जलों के लिए मत्स्य, मित्र के लिए मत्स्य, मित्र के लिए केकड़ा और वरुण के लिए कुलीरक नक हैं।

सोम के लिए हंस, वायु के लिए जल-कुक्कुट, वरुण के लिए चक्रवाक हैं।

अग्नि के लिए कुक्कुट, वनस्पति के लिए उलूक, अग्नि, सोम के लिए नीलकण्ठ, अश्विद्वय के लिए मयूर और मित्र, वरुण के लिए कपोत है।

सोम के लिए बटेर, त्वष्टा को कुलकि, देवपत्नियों के लिए गोपादि देवभगिनियों के लिए कुलीक और गृहपति के लिए प्रारुषण हैं।

अहन् देव के लिए कपोत, रात्रि के लिए सी चापू, दिन काल की सन्धि के लिए पात्र, मास के लिए कलकंठ और संवत्सर के लिए बड़े सुपर्ण हैं।

भूमि के लिए मूषक, अन्तरिक्ष के लिए पाङ्क्त और आकाश के लिए काश है। दिशाओं के लिए नेवला, अन्तर्दिशायों के लिए वभ्रूवर्ण वाले नेवले हैं।

विश्वमृग आदित्य-सम्बन्धी, ऊँट-चील-कण्ठस्तनयुक्त पशु मतिदेवी सम्बन्धी, नील गौ अच्छा सम्बन्धी, रुरुमृग रुद्र-सम्बन्धी, मुर्गा-कलकठ वाजिदेवों-सम्बन्धी कोकिल कामदेव-सम्बन्धी है।

गैंडा विश्वेदवा-सम्बन्धी; काला श्वान गधा-व्याघ्र राक्षस-सम्बन्धी, शूकर इन्द्र-सम्बन्धी, सिंह मरुद्गण-सम्बन्धी कृकलास-पपीहा-शकुनि शख्यदेवी-सम्बन्धी और पृष हरिण विश्वेदवा-सम्बन्धी है।

पन्चविंश

(सूक्त : 1 से 48 तक)

ऋषि: प्रजापति, गौतम।

हिरण्यगर्भ (परमात्मा) सृष्टि से पूर्व अकेले थे। सृष्टि के होने पर उसके अकेले ही पति हुए। उन्होंने अपनी शक्ति से उस पृथिवी और अन्तरिक्ष को धारण किया। उन्हीं हिरण्यगर्भ की प्रसन्नता के लिए हम हवि देते हैं।

ईश्वर ही जीवन देते हैं और उनके द्वारा ही पलक उठते-गिरते हैं। वे सब प्राणियों के स्वामी हैं। उन्हीं के लिए हवि देते हैं।

बर्फ से ढके पर्वत, नदियाँ, दिशाएँ और समुद्र जिनकी महिमा प्रकट करते हैं, उनकी भुजाएँ ही संसार-पालिका है। उन्हीं देव के लिए हम हवि देते हैं।

जो देह में प्राण-संचार करता है, जो बल देता है, सब प्राणी जिसकी उपासना करते हैं, सभी देव जिसके अधीन हैं, जिसकी छाया का स्पर्श मुक्तिदाता है और जिसे न जानना ही जन्म-मरण का कारण है, उसी देव को हम हवि देते हैं।

सर्वतः विघ्नरहित अक्षम मन वाले हम कल्याणकारी यज्ञों को करें, जिससे देवगण प्रतिदिन हमें समृद्ध करें।

सरल देवों की कल्याणकारिणी मति हमारे अभिमुख हो। उन देवो का दान हमारे सम्मुख उपस्थित हो। देवता हमारी आयु वृद्धि करे।

पूर्वकाल में स्वयं उत्पन्न अच्छत, भग, मित्र, अदिति, सोम और अश्विद्वय को हम पुकारते हैं, वे हमें सुख दें।

वायु हमें सुखकारी औषधियाँ दे। पृथिवी हमें सुखकारिणी भेषज दे। स्वर्ग हमारे लिए सुखकारी जल दे।

सोमाभिषव करने वाले पाषाण हमारे लिए सुखकारी औषधि रूप हों। सबके आश्रय रूप अश्विनीकुमार हमें सुख दे।

जो सबके स्वामी है और जिनकी प्रेरणा से ही सब चैतन्य होते हैं, हम उन रुद्र देव का आह्वान करते हैं।

इन्द्र हमारा कल्याण करे। पूषा, गरुड़ और वृहस्पति हमारा कल्याण करे।

अदिति-पुत्र, मरुद्गण और विश्वेदेवा हमारे द्वारा दी गयी हवि को ग्रहण करने यज्ञ में आये।

हे देवो! हम दृढ़ शरीर वाले और पुत्रादि सम्पन्न होकर तुम्हारी स्तुति करे। हम अपने कानों से कल्याणकारी बातों को सुनें; नेत्रों से सुख को ही देखे और देवताओं की उपासना में लाने वाली आयु को प्राप्त करे।

हे देवो! हम तब जरावस्था को प्राप्त हों, जब हमारे पुत्र सन्तानवान् होकर पिता बन जायें। हमारा जीवन सौ वर्ष का हो।

हम अपने यज्ञ में जिस सुर्योत्पन्न अश्व का चरित्र करेंगे, उससे हमारी निन्दा, मित्र, वरुण, अर्यमा, आदित्य, वसुगणदि न करें।

जब ब्राह्मण स्नानादि से संस्कृत अश्व को धृत-हवि देते है, तब अज अश्व इन्द्र और पूषा को तुष्ट करता है।

यह अज-अश्व जब प्राप्त किया जाता है, तब प्रजापति उसे श्रेष्ठ यश की प्राप्ति कराते हैं।

ऋत्विज उसी यज्ञीय अश्व की तीन परिक्रमा करते है। तब वह अज-अश्व यज्ञ को प्राप्त होता है।

हे ऋत्विज! तुम उस श्रेष्ठ हवि और दक्षिणा वाले अश्वमेध-यज्ञ के द्वारा उत्कृष्ट जल वाली नदियों को पूर्ण करो।

ऋत्विज यज्ञ-कर्म कुशलतापूर्वक करते हैं, उनका वह कर्म हमें तृप्त करने वाला हो।

मननीय-श्रेष्ठ-फल स्वयं हमें मिले। उस हमारे प्राप्त फल की सभी इच्छा करते है। हमने यह देवो का मित्र

अश्व बनाया है। सभी विद्वान् हमारे इस कर्म का अनुमोदन करे।

विशेष टिप्पणी: यही से आगे के पन्द्रह मंत्रों में अश्वमेध यज्ञ के अश्व के बलिदान का वर्णन किया है।

यह बलिदान वास्तविक अश्व का नहीं है, बल्कि यही अश्व को 'अज' यानी अजन्मा कहते हुए रूपक अलंकार के द्वारा वर्णन किया गया है, यथा अथर्ववेद में कहा गया है कि देवो ने साध्य अश्वमेध यज्ञ 'अश्वरूप हवि' से किया। उसमें वसन्त ऋतु उस यज्ञ का घृतयज्ञ हुई। ग्रीष्मऋतु समिधारूप हुई और शरद् पुरोडाश रूप हुई ॥16/6/67॥

इसी प्रकार यजुर्वेद में कहा गया है-हे अश्व! स्वर्ग तुम्हारी पीठ और पृथिवी तुम्हारे पाँव है। अन्तरिक्ष तुम्हारी आत्मा और समुद्र तुम्हारी उत्पत्ति स्थान है।' यजुर्वेद 16/20

इस अश्वमेध यज्ञ के सम्बन्ध में बृहदारण्यक उपनिषद में लिखा है-'उषा इस अश्व का शिर रूप है। सूर्य नेत्र रूप, वायु प्राण रूप, अग्नि मुख रूप, संवत्सर आत्म रूप, घुलोक पृष्ठ और अन्तरिक्ष इसका उदर रूप है। पृथिवी इसके पैर रखने के स्थान के रूप में है। दिशाएँ इसका पार्श्व रूप, अवान्तर दिशाएँ पसली रूप, ऋतुएँ अंग रूप है। मास-अर्धमास इसके अंगों के जोड़ है। दिन और रात्रि इसके चरण रूप हैं'। बृहदारण्यक है-1/1

इस प्रकार यह समझ लेना चाहिए कि इसी अध्याय में अथवा अन्यत्र जहाँ भी अश्व का, अश्व के अंगों का वर्णन है, वहाँ भौतिक अश्व से तात्पर्य नहीं, वह अज-अश्व है। यानी सर्वव्यापक परमात्मा का ही अश्व के रूपक से वर्णन है।

षड्‌विंश
(सूक्त 2 से 26 तक)

ऋषि: याज्ञवल्कय, लौंगाक्षि, रम्याक्षि, आदि।

अनुकूल गुणवाले अग्नि और पृथिवी मेरा अभीष्ट पूर्ण करे। वायु और अन्तरिक्ष मेरी कामनाएँ फल-संगत करें। आदित्य, स्वर्ग, जल और वरुण मेरी कामनाओं को फल से अभिन्न करें। हे परमात्मा! तुम देवों के आश्रय हो, मेरी कामनाएँ पूर्ण करो।

चारों वर्णों के लिए यह वाणी कहता हूँ। इसके द्वारा देवों को दक्षिणा देने वालो का प्रिय रहूँगा। मेरा यह अभीष्ट सफल हो और मेरा अमुक कार्य सिद्ध हो जाय।

हे वृहस्पति! तुम सत्य से प्रकट हुए हो। हम यजमानों को धन दो।

इन्द्र यहाँ यज्ञ में आये और सोम का पान करें। हे ग्रह! यह तुम्हारा स्थान है। मैं तुम्हें इन्द्र की प्रसन्नता के लिए इस स्थान पर स्थापित करता हूँ।

हे इन्द्र! तुम यही आओ और स्तुतियों सहित निवेदित सोम पियो। हे ग्रह! मैं तुम्हें इन्द्र की प्रसन्नता के लिए ग्रहण करके स्थापित करता हूँ।

अविनाशी अग्नि की हम स्तुति करते हैं। हे ग्रह! तुम उपयाम पात्र में गृहीत हो। अग्नि की ही प्रसन्नार्थ तुम्हें तुम्हारे इस स्थान पर स्थापित करता हूँ।

अग्नि देवता की मति से हम प्रतिष्ठित हो। वे ज्ञानाग्नि द्वारा उत्पन्न हुए विश्व को देखते है और सूर्य के समान कीर्तिमान होकर वर्षा आदि करते हैं।

अग्नि हमारी रक्षा के लिए दूर देश से भी आयें।

यज्ञ में स्थापित महान् अग्नि की हम स्तुति करते हैं। हे ग्रह! तुम उपयाम पात्र में गृहीत हो। अग्नि की प्रसन्नता के लिए मैं तुम्हें तुम्हारे इस स्थान पर स्थापित करता हूँ।

महान् इन्द्र हमें सुख दे और हमारे द्वेषी को नष्ट करें।

हे यजमानों! प्रभुत्व से सबको दबाने वाले, तुम्हारी हवि से तृप्त इन्द्र को हम प्रसन्न करते है।

वृहत्साम से अग्नि की प्रार्थना करो कि हे अग्नि! तुम श्रेष्ठ धन देने वाले हो। तुम हमें अभीष्ट धन दो।

सब ऋतुएं हमारे यज्ञ को समृद्ध करे। सब मास हमारे हविरन्न की रक्षा करे और संवत्सर यज्ञ को पूर्ण करे तथा हमारी सन्तान की रक्षा करे।

पर्वतों के समीप, नदियों के संगम पर तथा पवित्र स्थानों पर अपने साधन और बुद्धि से ब्राह्मणत्व की प्राप्ति होती है।

हे सोम! आपके रस रूप अन्न से उत्पन्न श्रेष्ठ पुत्रादि-युक्त सुख और कीर्ति रूपी धन को भूमि ग्रहण करती है।

हे सोम! तुम कीर्ति रूप धन के ज्ञाता और यश के योग्य हो, अतः इन्द्र, वरुण, मरुद्गण की तृप्ति के लिए आहूत किये जाने के योग्य हो।

हे प्रभो! तुम कीर्ति रूप धन के ज्ञाता और यश के योग्य हो, अतः इन्द्र, वरुण, मरुद्गण की तृप्ति के लिए आहूत किये जाने के योग्य हो।

हे प्रभो! हमें सब धनों को प्राप्त कराओ। हम दानशील उपासक धनों का सदुपयोग करे।

हे अग्नि! हमारे यज्ञ की प्रशंसा करो। ऋतु की अधिष्ठात्री देवता के साथ यज्ञ में सोमपान करो।

हे ऋत्विजो! अग्नि सोमपान की कामना करते है, अतः यजन करो। सोम की ओर गमन करो।

हे देवांगनाओ! इस यज्ञ में अपने घर के समान चली आओ और कुशासनस्थ हो, परस्पर वार्तालाप करती हुई तृप्त होओ।

हे सोम! तुम सुस्वादु- धारासहित द्रोणकलश में जाओ। तुम इन्द्र के पानार्थ ही निष्पन्न हुए हो।

हे सोम! देवों द्वारा राक्षसों का नाश कराने वाले तुम द्रोण कलश में जाते और यज्ञस्थान में स्थित होते हो।

सप्तविंश अध्याय

(सूक्त- 1 से 35 तक)

ऋषि: अग्नि, प्रजापति, हिरण्यगर्भ, वसिष्ठ।

हे अग्नि! वर्ष, ऋतु, संवत्सर और ऋषि तुम्हें मन्त्रों से प्रवृद्ध करें। तुम सब दिशाओं को दीप्ति करो।

हे अग्नि! तुम प्रदीप्त होकर यजमान को यज्ञार्थ प्रेरित करो और सौभाग्यशाली बनाओ। तुम्हारे भक्त यश पायें।

हे अग्नि! ब्राह्मण तुम्हारा वरण करते हैं, तुम हमारे लिए कल्याणकारी होओ शत्रुओं का नाश करो और हमारी रक्षा करो।

हे अग्नि! यजमान का धन पुष्ट करो। याज्ञिक तुम्हारी अवज्ञा न करें। क्षत्रिय तुम्हारे लिए वश करने योग्य हों। तुम्हारा उपासक नाश को प्राप्त न हो।

हे अग्नि! तुम क्षत्रिय यजमान के द्वारा यज्ञारम्भ कराओ। सूर्य से सुसंगत हो यज्ञ सम्पन्न करो। हे अग्नि! तुम समानजन्माओं के मध्य रहते हो। तुम यज्ञ में आओ और प्रदीप्त होओ।

हे अग्नि! दुराचारियों को वश में करो, पापों को दूर करो और हमें वीर पुत्र तथा श्रेष्ठ धन दो।

हे अग्नि! तुम अपराजेय, सर्वज्ञ, अच्युत और महा बलवान् हो। यज्ञ कर्म में लगो और हमारा अभीष्ट पूर्ण करो।

हे बृहस्पति! हे सविता देव! यजमान को यज्ञ-कर्म में प्रेरित करो। इसे सौभाग्यशाली बनाओ।

हे बृहस्पति! हमें परलोक भय, यमराज के भय, मृत्यु-भय तथा इस जन्म एवं पूर्व जन्मों के अभिशाप से छुड़ाओ।

इस लोक से परे स्वर्ग-लोक को देखते हुए तथा सूर्य-लोक में सूर्य के दर्शन करते हुए हम ज्योत-स्वरूप हो गये।

यजमानों के द्वारा प्रकट किये अग्नि की रश्मियों, समिधाओं से ऊर्ध्वगामिनी होती हैं।

अविनाशी, प्राणवान्, देव श्रेष्ठ अग्नि मधुर-घृत से यज्ञ के मार्ग को सींचे।

हे अग्नि! ऋत्विजों के स्तुति तुम सबके वरणीय हो। तुम यज्ञ को मधुर करते हो।

यज्ञ कर्मरत याज्ञिक अध्वर्यु धृत-हवि सहित अग्नि के निकट जाते हो।

यज्ञ कर्म स्थित अध्वर्यु चैतन्यप्रद अन्नवान् अग्नि की उपासना करते हैं।

दिव्य द्वार, जब अग्नि कर्म को धारण करते हैं, तब सभी देवता अग्नि-व्रत धारण करते हैं।

अग्नि की अनुगामिनी दिन-रात्रि यज्ञ को गार्हपत्य-अग्नि से संगत करें।

दिव्य होता अग्नि और वायु हमारे यज्ञ का सम्पादन करें। अग्नि ज्वालाएँ ऊर्ध्वगामी हो।

इन्द्रा, भारती और सरस्वती देवियाँ यज्ञ में कुशासनस्थ हो।

त्वष्टा श्रेष्ठ सामर्थ्य वाले धन को हमें शीघ्र प्राप्त कराएँ।

अग्नि हवियों का सरकार करने वाले हैं। हे वनस्पति! देवरूप होकर तुम हवियों का हवन करो।

हे सर्वज्ञ अग्नि! इन हवियों को इन्द्र को तथा विश्वेदेवाओं को प्राप्त कराओ।

वायु के अश्वारूढ़ होने पर ऋत्विज सन्तान देने वाले श्रेष्ठ यज्ञ-कर्म करते है।

विद्यावापृथिवी ने जलरूपी धन को प्राप्त करने के लिए वायु को प्रकट किया। वाणी ने वायु को धारण किया। वायु को नियुक्त अश्व वहन करते हैं।

प्रजापति ने हिरण्यगर्भ अग्नि को प्रकट किया तो वे जलमय संसार में व्याप्त हो गये। उन्हीं से सब देवताओं की आत्मा प्रकट हुई। हम प्रजापति रूप एकात्म ब्रह्म को हवि देते है।

जिस ब्रह्म ने प्रजापति अग्नि को धारण करने वाले जलों को देखा और जो देवताओं के एकमात्र स्वामी है, उन ब्रह्म के लिए हम हवि देते हैं।

हे वायु! तुम अश्व पर आरूढ हो, यजमान के पास आते हो। अतः उसी वाहन से हमारे लिए धन लाओ।

हे वायु! तुम शत-सहस्र वाहनों से हमारे यज्ञ में आओ। इस तृतीय सवन में तृप्त हो, अपने साधनों से हमारी रक्षा करो।

हे वायु! तुम अश्वारूढ़ हो यज्ञस्थान में आओ। यह शुक्र तुम्हारे लिए उपस्थित है।

हे वायु! यज्ञों में रस का सारभूत यह शुक्र प्रमुख है। यह तुम्हारे लिए प्रस्तुत है। आओ और सोम पान करो।

यज्ञ द्वारा तृप्त होने वाले वायु अश्व पर चढ़कर सोमनार्थ यज्ञ में आये।

हे वायु! तुम्हारे सहस्रों रथ हैं। उनमें अश्वों को योजित कर सोमपानार्थ यज्ञ में आओ।

हे वायु! तुम आत्मसमृद्धि रूप हो। तुम एक, दो, तीन, दस, बीस, तीस, अश्वों के द्वारा जिन यज्ञ-पात्रों को धारण करते हो, उन्हें इस यज्ञ में छोड़ो।

हे वायु! तुम सत्य के स्वामी और अद्भुत रूपवान् हो। हम वायु की कृपा से पोषण पाएँ।

हे इन्द्र! हम तुम्हारी स्तुति करते हे। जैसे बिना दुही गौ बछड़े को चाहती है, वैसे हम तुमसे पुष्टि को चाहते हैं।

अष्टाविंश अध्याय

(सूक्त : 1 से 76 तक)

ऋषि: वृहदक्थ, वामदेव्य।

दिव्य होता समिधाओं से इन्द्र का यजन करे, इन्द्र हवि ग्रहण करें। पृथिवी पर गार्हपत्याग्नि रुप से, अन्तरिक्ष में विद्युत रूप से और स्वर्ग में आदित्य रूप से अग्नि प्रज्ज्वलित होते हैं।

दिव्य होता अजेय हवियों द्वारा इन्द्र को तृप्त करने के लिए यज्ञ करें। इन्द्र हविरूप घृत का पान करें।

होता प्रयाज देवता सहित इन्द्र का यजन करे। वज्रधारी इन्द्र घृतपान द्वारा तृप्त हो।

दिव्य होता ने बलवान्, यजमान हितैषी इन्द्र को कुशासन पर प्रतिष्ठित करके इन्द्र का पूजन किया। गण के साथ कुशासन पर बैठ घृतपान किया था।

यजुर्वेद 114

साधनों के द्वारा देवताओं ने इन्द्र की वृद्धि की। वे इन्द्र दुष्ट पशुओं और हिंसकों तथा बाधाओं को दूर करे और धन देने के लिए घृतपान करे। हे होता! तुम भी इस उद्देश्य से यज्ञ करो।

उषा और नक्त देवता यज्ञ के अवसर पर इन्द्र को आहूत करें। वे यजमान को धन-लाभ कराने के निमित्त यज्ञ में घृतपान करे। हे होता! तू इस अभिप्राय से यज्ञ कर।

अहोरात्र की अधिष्ठात्री देवियाँ इन्द्र को प्रवृद्ध करती हुई यजमान को धन देती हैं। वे घृतपान करें। इसी अभिप्राय से यजन करो।

उषा और नक्त देवता यज्ञ के अवसर पर इन्द्र को आहुत करें। वे यजमान को धन-लाभ कराने के निमित्त यज्ञ में घृतपान करें। हे होता! तू इस अभिप्राय से यज्ञ कर।

अहोरात्र की अधिष्ठात्री देवियाँ इन्द्र को प्रवृद्ध करती हुई यजमान को धन देती हैं। वे घृतपान करें। हे होता! इसी अभिप्राय से यजन करो।

अन्न और जल से परिपूर्ण दोनों देवियाँ दुग्ध के द्वारा इन्द्र की वृद्धि करती हैं। अतः ये दोनों घृतपान करे। हे होता! तुम इस उद्देश्य से यजन करो।

दिव्य होताद्वय ने इन्द्र को प्रवृद्ध किया था। वे यजमान को धन देने के निमित्त यज्ञ में घृतपान करें। हे होता! इसलिए तुम यजन करो।

भारती, इन्द्रा और सरस्वती ने इन्द्र को प्रवृद्ध किया था। ये तीनों धनदान एवं सुस्थिति दान के लिए घृतपान करें। हे होता! इसलिए तुम यजन करो।

जिस यज्ञ में देवों की प्रशंसा होती है, वह यज्ञ ऋक्, साम और यजु से संयुक्त होकर इन्द्र की वृद्धि करता है और सैकड़ों गौओं के द्वारा वहन किया जाता है। इस यज्ञ के होता मित्रा-वरुण और स्तोता बृहस्पति यजमान को धन देने और सुस्थिति देने को यज्ञ में घृतपान करें। इसीलिए हे होता! तुम यजन करो। वनस्पति देवता ने इन्द्र को प्रवृद्ध किया। वे वनस्पति देव यज्ञ में घृतपान करे और यजमान की धन-वृद्धि करें। हे होता! तुम इस अभिप्राण से ही यज्ञ करो।

अनुयाज देवता इन्द्र को प्रवृद्ध करते हैं। वे यज्ञ में घृतपान करें और यजमान को धन तथा सुस्थिति दें।

हे होता! तुम इसी निमित्त यज्ञ करो।

अग्नि ने इन्द्र को प्रवृद्ध किया। वे आज हमें इष्ट फल दें और यजमान को धन तथा सुस्थिति दे तथा इसी निमित्त यज्ञ में घृतपान करें। हे होता! इसी निमित्त यज्ञ करो।

यह यजमान पाक-योग्य चरु का पाक कर रहा है और होता कर्म में अग्नि का वरण कर रहा है। वनस्पति देवता ने परिपक्व हवि को ग्रहण कर इन्द्र की वृद्धि की। आज यह यजमान अग्नि का वरण कर रहा है।

दिव्य होता ने गायत्री छन्द, इन्द्रिय-बल और वायु की इन्द्र में स्थापना की। वरणीय यज्ञ में प्रयाज देवता इन्द्र के साथ घृतपान करें। हे होता! इसी अभिप्राय से यजन करो।

दिव्य होता ने अदिति-पुत्र इन्द्र का पूजन किया। तब उष्णिक् छन्द युक्त इन्द्रिय, गौ और आयु की यजमान में स्थापना हुई। वे इन्द्र यज्ञ में घृतपान करे, हे होता! इसी हेतु तुम यज्ञ करो।

दिव्य होता ने सोम से प्रसन्न होने वाले इन्द्र का यजन किया। प्रयाज देवता ने अनुष्टुप छन्द, इन्द्रिय, गौ और पूर्णायु की स्थापना की। हे इन्द्र घृतपान करे, हे होता! इसी हेतु तुम यजन करो।

दिव्य होता ने आयुदाता इन्द्र का पूजन किया। बर्हि देवता व्रहती छन्द, बल, गौ, आयु की स्थापना पूर्वक धृतपान करें। हे होता! तुम इस हेतु यज्ञ करो।

दिव्य होता ने इन्द्र का पूजन किया। बर्हि देवता वृहती छन्द, बल, गौ, आयु की स्थापना पूर्वक घृतपान करें। हे होता! तुम इसी हेतु यज्ञ करो।

दिव्य होता ने नक्त एवं उखा देवियों के द्वारा इन्द्र का यजन किया। वे दोनों दवियाँ त्रिस्टूप छन्द, बल और गौ तथा आयु की यजमान में स्थापना करे, यज्ञ में घृतपान करें, हे होता! तुम इसी निमित्त यज्ञ करो।

दिव्य होता ने दोनों होताओं के साथ आयुदाता इन्द्र का यज्ञ किया। वे दोनों, दिव्य होता जगती छन्द, बल, गौ, आयु की स्थापना यजमान में करे और हवि घृत पियें इसी हेतु हे होता! यजन करो।

दिव्य होता ने इड़ा, सरस्वती, और भारती और इन्द्रा का यजन किया। वे सब विराट छन्द, बल, गौ, आयु की स्थापना यजमान में करें और यज्ञ में हवि-धृत का पान करें, इसी हेतु हे होता! यज्ञ करो।

दिव्य होता ने वीर्यवान् त्वष्टा और इन्द्र का पूजन किया। वे त्वष्टा द्विपदा छन्द, बल, गौ, आयु को यजमान में स्थापित करें और यज्ञ में धृत पियें, हे होता! यज्ञ करो।

दिव्य होता ने वनस्पति और इन्द्र का यज्ञ किया। वे वनस्पति देव ककुप छन्द, बल, वृषभ और आयु की स्थापना यजमान में करें और घृत पिये, अतः हे होता! यज्ञ करो।

दिव्य होता ने अग्नि, इन्द्र और प्रयाज देवता का यज्ञ किया। वे अतिछन्दस छन्द, बल, गौ, आयु की स्थापना यजमान में करें और यज्ञ में घृत पियें, हे होता! यज्ञ करो।

बर्हि ने आयुदाता इन्द्र को प्रवृद्ध किया। बर्हि, गायत्री छन्द, बल, गौ आदि को यजमान को दे और घृत पिये अतः हे होता! यज्ञ करो।

उष्णिक् छन्द के द्वारा देवी प्राण-बलादि की स्थापना यजमान में करती और इन्द्र-पूजन करती है, अतः वे यजमान को धन-लाभ कराने हेतु यज्ञ में घृत पियें, हे होता! यजन करो।

एकोनत्रिंश अध्याय

(सूक्त: 1 से 60 तक)

ऋषि: वृहदृक्थ, वामदेव्य, जमदग्नि, भरद्वाज।

हे अग्नि! तुम सुदीप्त होकर बुद्धिमानों के हृदगत भावों को प्रकट करते एवं घृतपान करते हुए प्रसन्न होते हो। तुम देवों की हवि को देवो तक पहुँचाते हो।

देवों के मार्ग को घृतसिंचित करता हुआ यह यज्ञ देवों तक पहुँचे। है अश्वरूप यज्ञ! तुमको दिशास्थ प्राणी जाता हुआ देखें। यज्ञ यजमान को अन्न प्रदान करे।

हे वेगवान् अश्वरूप यज्ञ! तुम स्तुत्य एवं नमस्कार्य हो। वसुओं ने प्रीति करते हुए अग्नि तुम्हे देवो तक ले जाए।

हे अग्नि! तुम अरणियों से उत्पन्न होकर प्रजापति के द्वारा प्रवृद्ध होकर यज्ञ को धारण करते हो। तुम स्वाहाकार युक्त होमी गयी हवियों द्वारा आचमन करो, जिससे देवता हमारी हवियों को प्राप्त करे।

हे अश्वरूप अग्नि! परमात्मा के द्वारा अन्तरिक्ष से प्रथम उत्पन्न किये गए वायु के समान जब तुम शब्द करते हो, तब हरणशील तुम्हारी अर्चिरूप भुजाएँ श्येन पक्षी के समान वेग से निकलती है। तुम्हारा यह कर्म स्तुति-योग्य है।

वसुओं ने अग्नि रूप अश्व को सूर्य-मण्डल से निकाला। फिर यम (अन्तरिक्ष) द्वारा प्रदत्त इस अश्व को वायु ने कार्य-नियुक्त किया। देव प्रधान इन्द्र इस पर चढ़े और गन्धर्व ने इसकी लगाम पकड़ी।

हे वेगवान् अश्व! तुम गुप्त कर्म द्वारा यज्ञ, आदित्य और इन्द्र के तीनों स्थानों में स्थित हो। तुम सोम के साथ एकाकार हुए हो। ऋक, मनु-साम ये तीन तुम्हारे बन्धन है।

हे अश्व! सूर्य-मण्डल तुम्हारा उत्पत्ति स्थान है। स्वर्ग में तुम्हारे तीन बन्धन हैं और अन्तरिक्ष में तीन बन्धन है।

हे अश्व! मैं तुम्हारे स्थानों को देखता हूँ। तुम्हारे द्वारा आक्रान्त स्थानों को भी देखता हूँ। तुम्हारी कल्याणकारिणी रज्जु को भी देखता हूँ, जो कि यज्ञ के साधन तुम्हारी रक्षा करती है।

हे अश्व! नीचे आकाश मार्ग से सूर्य की ओर गमन करते हुए तुमको मैं मन से जानता हूँ। सुखपूर्वक गमन करने योग्य तथा उपद्रव रहित मार्गों से जाते हुए सूर्य रूप वाले तुम्हें मैं देखता हूँ।

हे अश्व! तुम्हारे यज्ञ की इच्छा वाले रूप को मैं सूर्य-मण्डल में भली प्रकार देखता हूँ। जब यजमान तुम्हारे लिए हवि भेंट करता है, तब उस औषधि रूप हव्यान्न को तुम भक्षण करते हो।

हे अश्व! (वायु के) रथ में जब तुम जुड़ जाते हो, तो सारथि (दीप्तियाँ) तुम्हारा अनुगमन करते हैं। गौए (अर्थियां) तुम्हारा अनुसरण करती है। मनुष्यों ने तुम्हारे मित्र भाव को पाया है और देवता तुम्हारे पराक्रम को जानने वाले हैं।

स्वर्ग के समान कान्ति वाले अश्व (अग्नि) पर (विद्युत् रूप) इन्द्र आरूढ होते हैं। अश्व के चरण मन-सदृश वेगवान् है। देवगण इस अश्व को प्राप्त करते हैं।

जब भीतर से पुष्ट और बाहर से कृश निरन्तर गतिशील सूर्य के रथ के अश्व पंक्तिबद्ध होकर चलते है तो वे स्वर्ग को व्याप्त करते हैं।

हे अश्व! तुम्हारा देह प्रकाशमान और मन वायु के समान वेगवान् है। तुम्हारी दीप्तियाँ दावानल रूप से वनों में फैलती हैं।

देवताओं की ओर जब गमनशील अन्नवान् और मन के समान वेगवान् यह अश्व गमन करता है, तो स्तोता ऋत्विज इसकी स्तुति करते हैं।

जब यह अश्व (अग्नि रूप अश्व) माता-पिता के परम स्थान दिव्य लोक को प्राप्त हो, तो हे अश्व! देवगण तुम्हें उपयोग्य वस्तुएँ प्रदान करे।

हे मित्र, हितैषी अग्नि! तुम प्रदीप्त होकर यजमान के ग्रहों में देवों को बुलाओ, क्योंकि तुम यह कार्य करने वाले देवदूत हो। तुम यज्ञ के भाग को वहन करते हो।

हे अग्नि! तुम्हारी ज्वालारूप जिह्वाएँ श्रेष्ठ हैं। तुम यज्ञ के गमन योग्य पथ को मधुर-रस से खींचो और यज्ञ को देवो को प्राप्त कराओ।

हम यज्ञों में पूज्य प्रजापति की महिमा की स्तुति करते हैं। श्रेष्ठकर्म वाले बुद्धिमान् देवगण हवियों का भक्षण करते हैं।

समान मन वाली नारियों के समान दो धनुष्कोटियों वाला धनुष दोनों धनुष्कोटियों के बीच में बाण धारण करके टंकार करती है। हे धनुषकोटि! तुम शत्रुओं को तिरस्कृत करो।

यह तरकस अनेक बाणों का रक्षक है। पिता रूप इसके आश्रय में बाण पुत्र रूप में रहते हैं। युद्ध में यह तरकस चीत्कार करता है और आदेश मिलने पर रणभूमि में वीरों को विजय प्राप्त कराता है। अश्व रथ को वहीं ले जाते हैं, जहाँ सारथी चाहता है। वह लगाम भी प्रशंसनीय है: जो पीछे रहकर भी अश्वों के मन को वश में रखती है।

जिनके हाथों में अश्वों की लगाम है, वे पुरुष घोर शब्द करते हैं। अश्व रथों में चलते हुए शत्रुओं की हिंसा करने में समर्थ होते हैं।

वहन करने वाले इस रथ में वीर के कवच और आयुध रखे हैं। इस रथ को हम सुरक्षित स्थान में स्थापित करे।

जो रथ सुखपूर्वक बैठने योग्य, आयुधधारक एवं रक्षक, संकट काल में सेवन से पूर्व दृढ़, विचित्र सेनायुक्त, बाणरूप शक्ति से सशक्त, उग्र और विशाल है उसमें हम स्थित हो।

जो बाण सुन्दर रक्षा करने वाला है, उसके फाल शत्रुओं को खोजते हैं। वह सन्नद्ध बाण शत्रुओं पर गिरता हे। वीर पुरुष जहाँ जाते हैं, उस युद्धभूमि में वह बाण हमारा कल्याण करे।

हे ऋजुगामी बाण! तुम हमको छोड़ अन्यों पर गिरो। हमारा शरीर पाषाण-सदृश दृढ़ हो जाय। सोमदेव हमारी प्रार्थना का अनुमोदन करे। माता अदिति हमारा कल्याण करें।

हे अश्व प्रेरक चाबुक! तुम रण-क्षेत्र में अश्वों को प्रेरित करो। तुम्हारे द्वारा ही अश्वचालक अश्वों के मांसल प्रदेश और कटि प्रदेश में चोट करते हैं।

वनस्पति-काष्ठ से निर्मित यह रथ सुदृढ़ हो। हमारा सखा रूप यह हमें संग्राम जिताए। यह कर्म-परायण और वीर से युक्त हो। हे रथ! तेरा रथी जीतने योग्य शत्रु- धनों को जीतने में समर्थ हो।

हे दुन्दुभि! तुम द्यावापृथिवी को गुँजा दो। तुम्हें विश्व जाने। तुम इन्द्र तथा अन्य देवों के प्रीति पात्र हो।

हमारे शत्रुओं को दूर भगाओ।

हे दुन्दुभि! तुम्हारे शब्द को सुन शत्रु सेना रोने लगे! तुम हमें तेज दो, हमारे पापों को दूर करो। दुष्ट शत्रुओं को हमारी सेना के समीप से दूर करो। तुम इन्द्र की सृष्टि हो, हमें सुदृढ़ करो।

हे इन्द्र! इस शत्रु-सेना को सर्वतः दूर करो। यह दुन्दुभि घोर शब्द कर रही है, अतः हमारी सेना विजय श्री लेकर ही लौटे:। हमारे शीघ्रगामी अश्व विजयी हों।

त्रिंश अध्याय

(सूक्त : 1 से 30 तक)

ऋषि: नारायण, मेधातिथि, सविता, परमेश्वर।

हे सविता देव! हमारे यज्ञ से हमारी ऐश्वर्य वृद्धि की कामना पूर्ण कीजिए। यज्ञ-देवता हमें यज्ञ की सामर्थ्य दें। गन्धर्व देवता हमें ज्ञान दें।

हे सविता देव! हमारे पापों को दूर करो और हमारा कल्याण करो।

हे सविता देव! हम तुम्हारे तेज का ध्यान करते हैं। हमारी बुद्धियों को सत्कर्म में प्रेरित करो।

अद्भुत धनों के धारक और मनुष्यों के कर्म-द्रष्टा सविता को हम यज्ञ में बुलाते हैं।

ब्राह्मण को परमात्म सेवनीय है। क्षत्रिय को वीर कर्म, वैश्य को मरुद्गण, शूद्र को सेवा, चोर को अन्धकार, नपुंसक को पापाचरण, व्यभिचारिणी को कामाचार सेवनीय है।

हे परमेश्वर! नृत्य के लिए सूत को गीत के लिए नट को, धर्म-रक्षा के लिए सभापति को, कोमलता के लिए स्तुति करने वाले को, आनन्द भोगने के लिए स्त्री से मित्रता रखने वाले पति को:, बुद्धि के लिए कारीगर को, धीरज के लिए महीने काम करने वाले बढ़ई को उत्पन्न कीजिए और अति दुष्ट नरों की गोष्ठी में प्रवृत्ति को तथा विवाह से पहले व्यभिचार को निवृत्त कीजिए।

हे परमेश्वर! बर्तन पकाने के ताप को झेलने के लिए कुम्हार को:, बुद्धि बढ़ाने के लिए शोभनकर्मा को, सुन्दर स्वरूप बनाने के लिए मरिग बनाने वाले को, शुभाचरण के लिए गुणों को बोने वाले को, बाण बनाने के लिए बाणकर्ता को, हथियार बनाने के लिए आयुधकर्ता को उत्पन्न कीजिए तथा मृत्यु प्राप्त कराने वाले व्याघ्र को, हमसे और समाज से दूर हटाइए।

हे परमेश्वर अथवा राजा! नदियों को बिगाड़ने वाले धानुक को और हिंसक प्रवृत्ति वाले अभिमानी को, पिशाचों से माँ को पृथक कीजिए।

काम-क्रीड़ा में प्रकृत अविवाहित ज्येष्ठ भ्राता को अनुज-वधू से, ज्येष्ठ भाई को बाँट न देने वाले छोटे भाई को, साली से जीजा को, काम को चेतन करने वाली दूती को, उत्तम कार्यों से हटाने वाले साथी को पृथक कीजिए।

हे परमेश्वर अथवा राजा! नाश करने को प्रवृत्त कुबड़े को, प्रबल कामादि के आनन्द के लिए बौने को, सोने के लिए अन्धे को और धर्माचरण के लिए बहरे को पृथक कीजिए तथा रोग निवृत्ति के लिए वैद्य को, ज्ञान बढ़ाने के लिए उत्तम विषयों के ज्ञाता को, विद्या-ग्रहण के लिए प्रश्नकर्ता को:, वेदादि की विद्या ग्रहण करने के लिए बहुत प्रश्न करने वाले को और न्याय-अन्याय की व्यवस्था करने के लिए न्याय-अन्याय को उत्पन्न कीजिए।

है ईश्वर अथवा राजन्! प्राप्ति कराने वालों के लिए हस्ति-रक्षक को, वेग के लिए अश्वशिक्षक को, पुष्टि के लिए गौ-पालक को, वीर्य बढ़ाने के लिए गड़रिए को, तेज-वृद्धि के लिए बकरे के रक्षक को, अन्न के लिए सोम रस को, धर्म, अर्थ, काम के लिए धन-धारण-कर्त्ता को और अध्यक्षों के स्वत्व के लिए अनुकूल सारथि को उत्पन्न कीजिए।

हे परमेश्वर अथवा राजा! दीप्ति के लिए लकड़ी लाने वाले को, कान्ति के लिए अग्नि को, सुख विशेष के लिए परोसने वाले को, विद्वानों के दर्शन के लिए विद्याओं के ज्ञाता को प्रकट कीजिए।

हे परमात्मा अथवा राजा! हिंसा में प्रवृत्त छली-कपटी को:, वैर बढ़ाने वाले निन्दक को पृथक कीजिए। विवेक के लिए धर्मात्मा को, बल के लिए सेवक को, सृष्टि के अधिकर्ता के लिए सेचन-समर्थ वीर्य सींचने वाले को, प्रीति के लिए प्रियवादी को, सुख विशेष संचित करने के लिए अंशों को पूर्ण करने वाले को और सब आनन्दों के लिए विद्वान् को प्रकट कीजिए।

हे जगदीश्वर अथवा हे राजन्! बड़े तालाबों के प्रबन्ध के लिए धीवर को:, समीपस्थ निकृष्ट क्रियाओं के लिए दास को:, छोटे जलाशयों के प्रबन्ध के लिए निषाद को:, नरसल वाली भूमि के लिए मत्स्यजीवी को, पार की भूमि के लिए नौका को, इस पार से उस पार पहुँचाने वाले को: तरने के साधनों के लिए बाँध बाँधने वाले को:, शब्दों के लिए व्याधपुत्र को:, श्वानों के लिए भील को: गुहाओं के लिए बहेलिए को:, पर्वतसानुओं के लिए हिंसक को, कुत्सित पुरुषों को पर्वत के लिए उत्पन्न कीजिए।

हे जगदीश्वर अथवा राजन्! धूर्त को अक्षराज के लिए, आरम्भ में ही दोष देने वाले को कृत के लिए, प्रबन्धक को त्रेता के लिए अति कल्पना वाले को द्वापर के लिए, स्थिर सभासद को अस्वाद के लिए, गौ को ताड़ित करने वाले को मृत्यु के लिए, गौ-हिंसक को यम के लिए, गौ-हिंसक के प्रायश्चित्त स्वरूप भिक्षाजीवी को क्षुधा के लिए और ठग के पुत्र को पापकर्म के लिए नियुक्त कीजिए।

प्राप्ति कराने वाले को प्रतिज्ञा करने वाली के लिए:, सब ओर से बोलने वाले को घोषणा के लिए, बहुत बोलने वाले को मर्यादा वाले के लिए:, गुंगे को मर्यादा रहित के लिए, नीच शत्रु

के लिए शंख बजाने वाले को, वन के लिए वन-रक्षक को उत्पन्न कीजिए और शब्द करने की प्रवृत्त हुए, हल्ला-गुल्ला करने वाले को, कोसने वाले को, बाजे विशेष के बजाने वाले को, वान के जलाने वाले को दूर कीजिए।

हे राजन्! क्रीड़ा के लिए प्रवृत्त व्यभिचारिणी को: हंसने को प्रवृत्त हुए पागल को, जल-जन्तुओं को मारने में प्रवृत्त हुई कबरे मनुष्य की कन्या को दूर कीजिए। और ग्राम-पथ-दर्शक ज्योतिषी को, वीणावादक, मृदंगवादक, और वंशीवादक को नृत्य के लिए तथा ताली बजाने वाले को आनन्द के लिए नियुक्त कीजिए।

हे परमेश्वर! अग्नि के लिए मोटे पदार्थ को, पृथिवी के लिए सर्पादि को, आकाश के लिए नर्तक नटादि को, सूर्य के ताप-प्रकाश के लिए शीत-प्रदेशी मनुष्यों को:, चन्द्रमा तथा आनन्द को देने के लिए गौर वर्ण वाले को उत्पन्न कीजिए। और वायु के स्पर्श के लिए भंगी को, क्रीड़ा के लिए गंजे को, राज्य-विरोध में प्रवृत्तो के लिए कबरो को और अन्धकार के लिए प्रवृत्त हुए काले रंग वाले और पीले नेत्रों वाले पुरुष को दूर कीजिए।

एकत्रिंश अध्याय

ऋषि: नारायण!

सहस्रों शिरों, सहस्रों नेत्रों और सहस्रों चरणों वाले ये परम पुरुष पंचभूतों को व्याप्त करते हुए दश अगुंल के बराबर प्रदेश को अतिक्रमण करके स्थित हुए है।

वर्तमान विश्व, बीता हुआ विश्व और आगे होने वाला विश्व-ये सब परम पुरुष रूप ही हैं और जो अन्न विश्व को प्राप्त होता है, उसका स्वामी परम पुरुष ईश्वर ही है।

यह त्रिकालात्मक विश्व परम पुरुष की महिमा ही है। यह पुरुष स्वयं तो विश्व से अत्यधिक है, सभी प्राणी-समूह इस पुरुष के चतुर्थ भाग हैं। इस पुरुष का त्रिपात् रूप अविनाशी और अपने ही प्रकाश स्वरूप में स्थित है।

संसार से निर्लेप यह तीन पाद वाला परम पुरुष उच्च-स्थान में स्थित है। इसका एक पाद संसार में बार-बार आवागमन करता है और स्थावर-जंगम प्राणियों को देखता हुआ उनमें व्याप्त होता है।

उस आदि पुरुष से विराट् की उत्पत्ति हुई। वह विराट् उत्पन्न होकर विभिन्न रूप वाला हुआ और उससे पृथिवी तथा सप्तधातु वाले देहों की रचना हुई।

उस सर्वात्मा की जिस यज्ञ में प्रजा हुई, उस यज्ञ से दधि युक्त धृत उत्पन्न हुआ। उसी वायु से सम्बन्धित गौ, अश्व हरिणादि पशु उत्पन्न हुए।

उससे ही, ऋक, साम, अथर्व और यजुर्वेद उत्पन्न हुए।

उस यज्ञ-पुरुष से अश्व गर्दभादि ऊपर-नीचे दोनों ओर के दाँतों वाले पशु गौ, भेड़-बकरी आदि उत्पन्न हुए। सृष्टि के पूर्व उस साधन भूत पुरुष को यज्ञ में संस्कृत करते हुए मन्त्र-द्रष्टा ऋषियों ने उसी पुरुष से मानस-योग सम्पन्न किया।

उस विराट् को संकल्प-द्वारा अनेक रूपों में प्रकट किया। उसका मुख क्या हुआ? उसकी भुजाएँ, जंघाएँ, और चरण कौन कहे जाते हैं? शरीरों की रचना करते हुए वह विराट् पुरुष कितने प्रकार का हो गया? ब्राह्मण इसका मुख, क्षत्रिय बाहु, वैश्य जंघा और शूद्र चरण रूप हुए।

उसके मन से चन्द्रमा, चक्षु से सूर्य, श्रोत्र से वायु और प्राण तथा मुख से अग्नि प्रकट हुए।

नाभि से अन्तरिक्ष, सिर से स्वर्ग, पांवों से पृथिवी और श्रोत्र से सब दिशाएँ उत्पन्न हुईं। इसी प्रकार अन्य लोक भी सकल से प्रकट हुए।

इस प्रकार से देव शरीर की प्राप्ति होने पर देवों ने पुरुष रूप को मानस-यज्ञ की हवि मानकर यज्ञ विस्तृत किया। उस यज्ञ में वसन्त ऋतु ग्रीष्म, समिधा और शरद् हवि हुई।

जब देवताओं ने मानस-यज्ञ को विस्तृत करते हुए इसमें पशु रूप की भावना की, तब यज्ञ की सात परिधियाँ हुईं और इक्कीस छन्द इसकी समिधाएँ हुईं।

मानस-यज्ञ के द्वारा देवों ने यज्ञ रूप प्रजापति की पूजा की और वे धर्म धारकों में प्रमुख हुए। जिस स्वर्ग में प्राचीन साध्य देवता निवास करते हैं, उसी स्वर्ग को सिद्ध महात्मा-जन प्राप्त करते है।

पृथिवी आदि की रचना के निमित्त रूप पंचभूतों से जिस रस की पुष्टि हुई और जो रस सर्वप्रथम उत्पन्न हुआ, उसी रस और रूप को धारण करते हुए सूर्य नित्य प्रकट होते है।

ये महान् अनुपम आदित्यरूप पुरुष अन्धकार-रहित हैं। उनको जान लेने पर ही मृत्यु को जीता जाता है। आश्रय-प्राप्ति के लिए इससे अन्य कोई मार्ग नहीं।

सर्वात्मा प्रजापति अजन्मा होते हुए भी गर्भ में प्रविष्ट होकर अनेक रूपों में जन्म लेते है। ब्रह्मज्ञानी उन प्रजापति के स्थान को देखते हैं। सम्पूर्ण भुवन उन कारणात्मक प्रजापति बस में ही स्थित हैं।

जो सूर्यात्मक प्रजापति देवताओं के लिए सर्वतः प्रकाशित होते हैं और जो देवो से ही प्रकट किये गए हैं तथा देवो के पूजनीय हैं, उन सूर्य रूप ब्रह्म को हमारा नमस्कार है।

देवताओं ने ज्योति-रूप, सूर्य रूप ब्रह्म को प्रकट करके पहले यह कहा कि हे आदित्य! जो ब्राह्मण तुम्हें अजर-अमर रूप में प्रकट हुए जानते हैं हम देवता उन ब्राह्मणों के वशवर्ती है।

हे ज्योतिस्वरूप ब्रह्म! जो लक्ष्मी (शोभा) सम्पूर्ण विश्व को समृद्ध करती है, वह वैभवरूप लक्ष्मी तुम्हारी ही पत्नी है। दिन-रात दोनों तुम्हारे दो पार्श्व हैं, नक्षत्र तुम्हारा ही रूप है और द्यावा-पृथिवी तुममें व्याप्त है। कर्मफल की इच्छा वाले तुम मेरे लिए परलोक की इच्छा करते हुए मुझे मुक्त करने की इच्छा करो।

द्वात्रिंश अध्याय
(सूक्त: 1 से 12 तक)

ब्रह्म : ब्रह्म मेघाकाम, श्रीकाम।

अग्नि, आदित्य, वायु, चन्द्रमा और शुक्र वही स्वयंभू ब्रह्म है। जलों और प्रजापति में भी वही व्याप्त है।

उसी विद्युत् के समान तेजस्वी पुरुष से सभी काल प्रकट हुए हैं। इस पुरुष को ऊपर-नीचे, इधर-उधर अथवा मध्य में कहीं भी ग्रहण नहीं किया जा सकता, क्योंकि वह प्रत्यक्ष देखा ही नहीं जा सकता।

उस आदि पुरुष की कोई प्रतिमा नहीं है। उसके नाम और यश अत्यन्त महान् है।

यह प्रसिद्ध देव सब दिशाओं में व्याप्त होकर स्थित हैं। हे मनुष्यों! सर्वप्रथम पुरुष ही प्रकट हुआ। वही गर्भ में स्थित होता है। जन्म लेने वाला भी वही है। वह सब पदार्थों में व्याप्त और अनेक मुखवाला है।

जिससे पूर्व कुछ भी उत्पन्न नहीं हुआ और जो अकेला ही सर्वलोक व्याप्त है, वह सोलह कला वाला प्रजापति प्रजा से सुसंगत होकर तीनों ज्योतियों का सेवन करता है।

जिस पुरुष के द्वारा वृद्धि देने वाला स्वर्ग लोक बनाया गया। जिसने भूलोक को धारण आदि से दृढ़ किया; जिसने सूर्यमण्डल और स्वर्ग को स्थापित किया, जो अन्तरिक्ष में वृष्टि-रूप जल का स्रष्टा है; हम उस देवता को छोड़ और किसके लिए हवि प्रदान करें।

जिस ब्रह्म ने हवि रूप अन्न के द्वारा प्राणियों के आधार रूप द्यावापृथिवी को उत्पन्न किया, जिसके प्रभाव से ही द्यावापृथिवी के मध्य उदय हुआ सूर्य अधिक शोभा पाता है; हम उसके अतिरिक्त अन्य किसको अपनी हवि प्रदान करे।

सृष्टि के रहस्य को जानने वाले ज्ञानी, उस गुहा में (गुप्त-स्थान में) निहित सत्स्वरूप ब्रह्म को देखते हैं; जिसका यह विश्व ही नीड़ है और जिस ब्रह्म में ही प्रलय काल में सब प्राणी विलीन हो जाते हैं, तथा पुनः सृष्टि काल में उसी ब्रह्म से प्रकट होते हैं, वह ब्रह्म सब प्रजाओं में व्याप्त है।

रहस्य को जानने वाला विद्वान् इस ब्रह्म के अविनाशी एवं गुप्तस्थान में निहित स्वरूप का वर्णन करता है। इस पुरुष के तीन पाद गुप्त स्थान में स्थित है, जो उन्हें जानता है, वह पिता के भी पिता के समान है।

वह पुरुष हमारा बन्धु है, वह ही हमारा उत्पन्नकर्ता है, वह ही विधाता है और सब लोकों तथा सब प्राणियों को जानने वाला है। जहाँ मोक्षप्रद ज्ञान की प्राप्ति होती है- ऐसा ब्रह्म स्वर्ग रूप तृतीय धाम है।

जो समस्त भूतो, समस्त लोकों तथा समस्त दिशा-प्रदिशाओं को ब्रह्म मानकर सर्वप्रथमोत्पन्न वेद वाणी का सेवन करते हुए यज्ञ में लीन हो जाता है और जो द्यावापृथिवी को

ब्रह्म जानते हुए लोकों, दिशाओं तथा स्वर्गादि को ब्रह्म रूप देखते हुए यज्ञ-कर्मानुष्ठान आदि सम्पन्न करता है, वह अज्ञान से छूटकर ब्रह्मरूप ही हो जाता है।

त्रयस्त्रिंश अध्याय

(सूक्त 1 से 76 तक)

ऋषि: कुल, वस्तु, वसिष्ठ आदि।

परस्पर विभिन्न रूप वाले कल्याणकारक दिन-रात दोनों ही प्राणियों को दुग्धपान कराते हैं। इनके विचरण करने पर रात्रि में हरे वर्ण के अग्नि और दिन में सूर्य तेजस्वी होते है।

देवदूत यह अग्नि यज्ञों में स्थित होने वाले सोम यागादि में स्तुत होने वाले ऋत्विजों के द्वारा यहाँ यज्ञ में प्रतिष्ठित किया गया है। यज्ञमानों का उपकार करने के लिए भृगुओं ने अद्भुत शक्तिशाली अग्नि को वनों में प्रज्ज्वलित किया।

अग्नि में स्थापित एवं मंत्रों से संस्कृत अग्नि-तेज जब यजमान के यज्ञ में व्याप्त होता है, तब वह अग्नि-तेज अन्तरिक्षस्थ मेघ से निर्दोष जल को उत्पन्न करता है। वह जल वृष्टि-रूप में पृथिवी पर गिरता है।

हे अग्नि! तुम सौभाग्य के निमित्त जल को प्रकट करो और श्रेष्ठ यश वाले होओ। यजमान दंपत्ति को प्रीति युक्त करो और उसके शत्रुओं को दबाओ।

सूर्योदयकाल में सविता हम अपराध रहितों को श्रेष्ठ-कर्मों में प्रेरित करे।

सविता देव हवि और स्तुतियों से पूर्ण हमारे यज्ञ में आयें। हे देवगण! तुम भी प्रसन्नता से यहाँ आओ और सम्पूर्ण विश्व को अपने द्वारा प्रदत्त वृद्धि से तृप्त करो।

हे सूर्यात्मक इन्द्र! तुम आज यहाँ प्रकाशित हो। यह यज्ञस्थान तुम्हारे अधिकार में है।

हे सूर्य! तुम तरनि-रूप हो, विश्व को दृष्टि देने वाले हो और ज्योतिकर्त्ता हो तथा विश्व-प्रकाशक हो।

सूर्य वे महान् देवता हैं, जो विश्व में रहकर ग्रहमण्डल को आकृष्ट करते हुए नियमित रखते हैं। जब सूर्य अपनी हरी किरणें आकाश में फैलाते हैं, तभी रात्रि आकर संसार को ढंक लेती है।

द्युलोक की गोद में स्थित सूर्य मित्रावरुण को रूप देते और उनके माध्यम से जगत् को देखते हैं। सूर्य का एक रूप अनन्त ब्रह्म है और एक रूप कृष्ण वर्ण वाला है, उसे दिशाएँ धारण करती हैं।

हे सूर्य! तुम वास्तव में महान हो, इसीलिए सब तुम्हारी स्तुति करते है। हे देव! तुम सर्वश्रेष्ठ हो।

हे सूर्य! तुम धनद होने के कारण भी महान हो। हे देव! तुम सर्व-हितेषी और यज्ञ की महिमा रूप हो।

सूर्य की आश्रित रशिमयाँ ही इन्द्र के धन का सेवन करती है और हम उन धनों को अपने भाग के समान धारण करते हैं।

हे देवताओं! यह सूर्योदय हमें पाप से छुड़ाए। मित्र, वरुण, अदिति सिन्धु, पृथिवी और स्वर्ग हमारी कामना का अनुमोदन करे।

सविता देव अपने रथ पर चढ़कर देवताओं तथा पृथिवीस्थ मनुष्यों को अपने-अपने कर्म में लगाते हैं।

घोर पापों से हमें मुक्त करो और हमें निन्दा से बचाओ।

हे सविता देव! उदय काल में तुम यज्ञ योग्य देवों के निमित्त यज्ञ भाग प्रेरित करते हो और फिर उदय को प्राप्त होकर अपनी रशिमयों का बढ़ाते हो तथा रशिमयों के अनुयायियों को समृद्ध करते हो।

यज्ञ तुम्हारी प्रीत्यर्थ है, अतः हे आदित्यो! तुम हमारा कल्याण करो। हमें श्रेष्ठ मति दो।

हे सविता देव! तुम सुवर्ण-सदृश जिह्वा वाले होओ। तुम कल्याणकारी होकर हमारी रक्षा करो। हमें नवीन सुख दो। किसी पापी शत्रु का हम पर प्रभुत्व न हो।

सूर्य-पृथिवी दोनों कर्म-साधक, ज्योति-स्वरूप, महत्परिणामी है। ये दोनों यज्ञ को सुन्दर रूप देने वाले और यज्ञ-रक्षक है।

हे आदित्य! मेरी स्तुति रूप वाणी तुम्हें प्रवृद्ध करे। तुम तेजस्वी को जाननेवाले विद्वान तुम्हारी स्तुति करते हैं।

बुद्धिमान विद्वान मेरे लिए जिन धनों की कामना करते और प्रशंसनीय वेद-वचनों की अभिलाषा करते हैं तथा बलकारी एवं हवनादि से पुष्ट मेघ मेरे लिए जो सुख पहुँचाता है, वह सब मुझे मिलता है।

सभी वर्ण वाले मनुष्य ईश्वर के सेवक हैं। अदानशील व्यक्ति शत्रु रूप हैं। धन की रक्षा शस्त्रधारी तथा शत्रु हिंसक देवता करते हैं। ये धन सब ईश्वर के ही है।

जो अभीष्ट धन लाभार्थ हवि-दान करता हुआ मित्रा वरुण की उपासना करता है, वह देवकर्म में तो समृद्ध होता ही है, सर्व-कल्याण भी प्राप्त करता है।

हम दिव्य-बुद्धि से स्तुति करते हुए रक्षा और अभीष्ट प्राप्ति के लिए देवाधिदेव की आहुति करते है।

वैश्वानर अग्नि स्वर्ग पृष्ठ में दीप्त और हवि-दान से प्रदीप्त होता है तथा अपने ओज से अन्न-सम्पादन करता हुआ अन्धकार को नष्ट करता है।

हे रूद्राग्नि! यह बिना प्राण की उषा पाँव वाले प्राणियों से पहले जग जाती और आ जाती है। बिना सिर वाली होते हुए भी शिर वालो को कर्म-प्रेरणा देती है। वह प्राणियों की वाक्शक्ति को दीप्त करती हुई तीस घड़ियों को एक दिन में लाँघ जाती है।

चतुस्त्रिंश अध्याय
(सूक्त 1 से 58 तक)

ऋषि: शिव संकल्प।

जागृत पुरुष का जो मन दूर जाता है, वह सुषुप्तावस्था में भी पुनः दूर चला जाता है। दूर जाने वाले मन और ज्योतिर्मयी इन्द्रियों की ज्योति एक हो। मेरा मन कल्याणमय विचारों से युक्त हो।

कर्म तत्पर, धीर, मेधावी जन जिस मन के द्वारा यज्ञ में श्रेष्ठ कर्म करते हैं और जो मन शरीरस्थ है, वह ज्ञान में अपूर्व तथा पूजनीय भाव वाला होता हुआ शिव-संकल्प वाला हो।

ज्ञानोत्पादक जो मन चैतन्य, धीर और अविनाशी है, वह सब प्राणियों के हृदय को प्रकाशित करने वाला है। उसके बिना कोई भी कार्य करना संभव नहीं। वह मन शिव-संकल्पी हो।

जो अविनाशी मन भूत, भविष्य, वर्तमान सम्बन्धी पदार्थों को ग्रहण करता है और जिसके द्वारा सप्त होता यज्ञ का विस्तार करते हैं, वह मन शिवसंकल्प वाला हो।

जिस मन में ऋचाएं, साम और यजुः स्थित है; जिसमें पहिए में अरों के समान शब्द स्थित हैं; जिसमें प्रजाओं का सब ज्ञान ओत-प्रोत है; वह मेरा मन शिवसंकल्प वाला हो।

जो मन मनुष्यों को कार्य में प्रवृत्त करता है और मनुष्यों को प्रेरित करके ऐसे ले जाता है, जैसे सारथि लगाम से वेगवान् रथ को ले जाता है। जरा-रहित अत्यन्त वेगवाला मन हृदय-प्रतिष्ठ है। वह मेरा मन शिवसंकल्प वाला हो।

महान् बल के धारक, जिस अन्न की हम स्तुति करते है, जिसके बल से इन्द्र ने वृत्र को मारा।

हे अनुमति! हमारी बात को मानो और हमारा कल्याण करो। हमारी संकल्प-सिद्धि के लिए हमारी आयु-वृद्धि करो।

हे अनुमति! हमारे यज्ञ को देवों के पास पहुंचाओ। हवि-वाहक अग्नि हमारे यज्ञ को देवों तक पहुँचाएँ। अनुमति और अग्नि यजमान को सुख दें।

ये पृथिवी-पुत्र अग्नि विज्ञान-कर्म सहित प्रकट हुए है। इनके प्रदीप्त बल को अरणि धारण करे। ये अरणियाँ इच्छा करने पर अग्नि को तुरन्त उत्पन्न करती है।

हे जातवेदा अग्नि! पृथिवी की नाभि उत्तरवेदी के मध्य में हवि वहन करने के लिए हम तुम्हें स्थापित करते हैं।

संग्राम में शत्रु-विजेता, सेनाओं के पालन-कर्ता, बलदाता, बलों के रक्षक, श्रेष्ठ और सुन्दर निवास वाले तथा यशस्वी जन, हे सोम! तुम्हारा अनुमोदन करें।

इस सोम के लिए जो यजमान हवि देता है, उसको यह सोम गोदान करता है, अश्वदान करता है तथा कर्म-कुशल सद्गृही, और वीरऋत्पुत्र प्रदान करता है।

हे सोम! तुम दिव्य-बलवाले हो, हमें श्रेष्ठ धन दो। तुम्हारे दान अरोक हों। तुम बल वाले कार्यों के लिए ईश्वर रूप हो। हमें दोनों लोकों में सुख मिले, ऐसा यत्न करो।

हे सोम! तुम इन सभी औषधियों को प्रकट करते हो। तुमने जलों और गौओं को प्रकट किया है।

हिरण्य दृष्टि वाले सविता देव हविदाता यजमान को वरणीय धन दें। ये सविता देव आठों दिशाओं, तीनों लोकों और सातों समुद्रों को प्रकाशित करते हैं।

सुखदाता और ऐश्वर्यवान् सविता देव सब दोषों को देखते हुए राक्षसादि का शमन करते हुए उदय होते है। वे हमारे अभिमुख हों।

हे सविता देव! प्राचीन काल में जो रजरहित मार्ग निर्मित हुए हैं, उन मार्गों से आप हमें प्राप्त होओ और हमारी रक्षा करते हुए हमें अपना बनाओ।

सविता देव अपनी किरणों से लोकों को स्तम्भित किये हुए है। ये देवों और मनुष्यों को स्वकर्म में लगाते और सब देखते हुए आगमन करते हैं।

हे रात्रि! तुम पृथिवी लोक को मध्य लोक के स्थानों से सर्वतः पूर्ण करती हो। तुम्हारी महिमा से ही घोर अन्धकार छा जाता है।

हे उषा! तुम हमें उस अद्भुत और प्रसिद्ध धन को दो, जिससे हम अपने पुत्र-पौत्रादि का पालन करने में समर्थ हों।

हम प्रातःकाल अग्नि देव का आह्वान करते है तथा इन्द्र, मित्रावरुण, अश्विद्वय, भगदेव, और रुद्रदेव का भी आह्वान करते हैं।

हम प्रातःकाल सूर्य का आह्वान करते है, जो सूर्य संसार के धारक हैं और निर्धन राजा-रोगी सभी जिन्हें कामना सिद्धि के लिए चाहते हैं।

हे भगदेव! तुम अविनाशी धन के दाता हो, अतः धन-दान द्वारा हमारी बुद्धि को उत्कृष्ट करो। हमें गौ-अश्वादि से समृद्ध करो। हम पुत्रादि से युक्त हो।

हे भगवान! हम सूर्योदय काल, सूर्यास्तकाल और दिन के मध्य में धनवान् रहें और देवताओं को सदा प्रिय रहें।

हे देवगण! हमारे लिए भगदेव धन दें। प्रसिद्ध तुमको सभी आहूत करते यजुर्वेद हैं। तुम हमारे सब कार्यों की सिद्धि करो।

उषाभिमानी देव सबके लिए एक से होते है और नियमित होते हैं। भगदेवता श्रेष्ठ धनों को हमारे लिए लाये।

संसार के पालक अच्युत विष्णु ने तीन पदों को क्रमित किया उन्हीं पदों में उन्होंने सब धर्मों को धारण किया।

विष्णु का जो परम पद है, उसे निष्काम कर्म करने वाले और कर्मों में आलस्य न करने वाले ब्राह्मण ही प्राप्त करते हैं।

सब प्राणियों को आश्रय और विस्तीर्ण पृथिवी मधुर-रस का दोहन करने में समर्थ है। द्यावापृथिवी श्रेष्ठ रूप वाली, जरारहित, बीज रूप है और वरुण की शक्ति से दृढ़ हुई है।

यजमान की सत्यप्रिय वाणीरूप स्तुति और सम्मान योग्य फलप्रद यह स्तोम। हे मरुद्गण! तुम्हें निवेदित है। हमारी आयु-वृद्धि करो और हम जीवनदाता-बलसाधक अन्न प्राप्त करें।

सप्तर्षियों ने पूर्व ऋषियों के सदृश सृष्टि-यज्ञ किया। उसी प्रकार, जैसे इच्छित स्थान पर जाने की कामना वाला रथी अश्वों को लगाम से ले जाता है।

यह आयुवर्धक, कान्तिदाता, धनरूप, पुष्टि-वर्धक, ज्ञानद्वारा उत्पन्न, तेज-प्रकाशक सुवर्ण, विजय के निमित्त मेरा आश्रित हो।

जो अलंकार रूप में स्वर्ग को धारण करता है, वह दीर्घायु होता है। वह दिव्य लोक में अधिक काल निवास करता है।

दत्तवंशीय ब्राह्मणों ने बहुत सेना वाले राजा के जिस सुवर्ण को बाँधा, उसी सुवर्ण को मैं अधिक काल (सौ वर्ष) तक जीवित रहने के लिए बाँधता हूँ।

यह स्तुति बुद्धिरूप जुहू-द्वारा सनातन काल से प्रकाशवान् आदित्यों को समर्पित है। मित्र, अर्यमा, भग, त्वष्टा, वरुण दक्ष भी हमारी स्तुति रूपी वाणी को सुनें।

शरीर में स्थित प्राणादि रूप सप्तर्षि सदा प्रमाद-रहित रहते हुए देह की रक्षा करते हैं। ये सोते हुए देहधारियों के हृदयों में भी सदा व्याप्त होते हैं। इन ऋषियों के गमन काल में सुषुप्ति में प्राणियों की रक्षारत प्राण-अपान ही जागृत रहते हैं।

ब्रह्मणस्पते! उठो, जिससे हम देवताओं की कामना करते हुए तुम्हारे आगमन की प्रार्थना करे। श्रेष्ठ दान वाले मरुद्गण और इन्द्र भी तुम्हारे साथ रहे।

तुम्हीं इस सूक्ष्म-संसार के शासक हो। अतः हमारी स्तुति को जान हमारे पुत्रादि पर प्रसन्न होओ। देवगण जिस कल्याण को पुष्ट करते है, वह कल्याण हमें मिले।

पंचत्रिंश अध्याय

(सूक्त 1 से 22 तक)

ऋषि: आदित्य, शुचीक्, शुनःशप आदि।

देव-द्वेषी परधनापहारी और दुःखदाता राक्षस यहाँ से चले जाएँ। यह स्थान सोमाभिषवकर्ता इस मृत यजमान का है।

हे यजमान! सविता तुम्हारे शरीर के लिए पृथिवी पर स्थान देने की इच्छा करें। वे स्थान तेरे लिए प्रकाशवान् और उपयोगी हों।

वायु देवता, सवितादेव, अग्निदेव, सूर्यदेवता इस स्थान को पवित्र करें।

हे औषधियों! तुम अशक्थ एवं पलाश वृक्ष पर रहती हो। तुम यजमान पर अनुग्रह करने के कारण उसकी कृतज्ञता की पात्र हो।

हे यजमान! सवितादेव तेरे शरीर को पृथिवी की अंक में स्थापित करें। हे पृथिवी! तुम यजमान के लिए कल्याणकारिणी होओ।

हे मृतक पुरुष! प्रजापति की स्मृति में तुम्हें जल के निकटवर्ती स्थान में स्थापित करता हूँ। प्रजापति देवता हमारे पापों को दूर करे।

हे मृत्यु! तुम लौट जाओ। तुम्हारा मार्ग देवयान से भिन्न पितृयान है। तुम मेरी संतान को भी हिंसित न करना।

ये यजमान! तुम्हारे लिए वायु कल्याणकारिणी हो, सूर्य इष्ट, अग्नि कल्याणकारी हों। वे तुम्हें सन्तप्त न करे।

दिशाएँ तुम्हें सुख दे। जल, अन्तरिक्ष एवं समस्त दिशाएँ तुम्हारा कल्याण करें।

हे मित्रो! यह पाषाण जैसे कठोर प्रवाह वाली (कर्म) नदी प्रवाहित है। अतः शुभकर्माभिमुख होकर पार करने का यत्न करो। इसके पार करने की बाधाओं को दूर करो। सुखकारी उत्तम अन्नादि का भोग करते हुए दुःखों का उल्लंघन करो।

हे अपामार्ग! जैसे तुम रोगों को दूर करते हो, वैसे हमारे मन से पापों को भी दूर करो, दुष्ट क्रिया को दूर करो, बाह्य इंद्रियों से बनने वाले पाप को दूर करो, निद्रा में होने वाले बुरे विचार को भी दूर करो।

जल और औषधियाँ हमारे मित्र हों और हमारे शत्रुओं को ये दोनों शत्रु के समान हों।

वृषभ को हम मंगलार्थ स्पर्श करते है। हे अनड्वान् तुम हमें पार लगाओ। इन्द्र के समान तुम भी देवों को धारण करने वाले होओ।

हे मनुष्यों! जैसे सूर्य को देखते हुए धर्मात्मा सुख को प्राप्त होते हैं, वैसे ही धर्मात्मा परमात्मा को जानकर मोक्ष पाते और आनन्दित होते है।

इन जीवों के परिश्रम से कमाये धन को आम कोई न ले, मैं परमेश्वर इस मर्यादा को व्यवस्थित करता हूँ। शुभ आचरण करते हुए तुम सौ वर्ष तक जिओ।

हे अग्नि (परमेश्वर)! आप अन्नादि पदार्थों अथवा अवस्थाओं को पवित्र करते हो। हमारे लिए बल और विज्ञान को प्राप्त कराइए तथा कुत्तों के समान दुष्ट प्राणियों को ताड़ना दीजिए।

हे पृथिवी! तू हमारे लिए सर्वतः कंटकहीन और सुखद हो और जल हमारे लिए कल्याणप्रद बनकर हमारे पापों को दूर करें।

हे अग्नि! तुम यजमान के द्वारा प्रकट किये गये हो। तुम इसे स्वर्ग प्राप्त कराओ। तुम्हारे लिए दी गयी वह आहुति स्वाहुत हो।

षट्त्रिंश अध्याय

(सूक्त : 1 से 24)

ऋषि: दध्यङडाथर्वण वामदेव, मेधातिथि।

मेरे आत्मा में प्राण और अपान दृढ़ हो। वाणी बलवती हो। मैं शरीर बल को प्राप्त करूँ। मैं मनन कर्त्ता वेद-वाणी को प्राप्त होऊँ। मैं उत्तम नेत्रों और श्रेष्ठ कानों को प्राप्त करूँ।

मेरे नेत्रों के दोष तथा अन्तःकरण की व्याकुलता को वृहस्पति (परमात्मा) दूर करे।

उन सविता देव के वरणीय तेज का हम ध्यान करते हैं। वे हमारी बुद्धियों को सत्कर्मों में लगाएँ।

दिन-रात्रि, इन्द्राग्नि, इन्द्र, वरुण, इन्द्र, पूषा और इन्द्र-सोम हमारा कल्याण करे और इन्द्राग्नि अपने रक्षा साधनों से हमारा मंगल करो।

हे प्रभो! जिस रूप से तुम हमारा कल्याण करना चाहते हो, उस रूप के द्वारा हमें अभय प्रदान करो। हमारी सन्तान और पशुओं के लिए कल्याणकारी होओ।

हे देवताओं के चक्षुरूप सूर्य पूर्व दिशा में उदित होते हैं। उनकी कृपा से हम सौ वर्ष तक देखे-सुने, बोले, जिएँ, अदीन हो और सौ वर्ष शरद ऋतुओं को पूर्ण करें।

सप्तत्रिंश अध्याय

(सूक्त : 1 से 21 तक)

ऋषि: दध्यङडाथर्वण।

हे अभ्रे! सवितादेव की अनुज्ञा में स्थित होकर अश्विद्वय की भुजाओं और पूषादेव के हाथों के द्वारा तुम्हें ग्रहण करता हूँ। तुम शत्रु-रहित होओ।

महिमामय ज्ञानी यजमान के ऋत्विज आदि अपने मन को तथा अपनी बुद्धि को भी यज्ञ-कर्म में लगाते है। सर्वत्र ईश्वर ने उनको समर्थ किया है। उन सविता देव ईश्वर की स्तुति भी महिमामयी है।

हे दिव्य द्यावापृथिवी! देव-यज्ञ के इस स्थान में आज तुम्हारी अंश रूप मृतिका और जल को ग्रहण कर यज्ञ सम्पादित कर रहा हूँ। हे मृत्पिण्ड! यज्ञ के मुख्य कार्य के निमित्त तुम्हें ग्रहण करता हूँ।

हे उपजिह्वकाओ! तुम प्राणियों में प्रथमोत्पन्न हो। तुमको ग्रहण कर देव-पूजन-स्थान में यज्ञ के शिररूप (प्रारम्भ) का सम्पादन कर रहा हूँ। यज्ञ के शिर रूप में तुम्हें ग्रहण करता हूँ।

प्रारम्भ में यह पृथिवी सामान्य प्रदेश मात्र थी। अब इसे ग्रहण कर देवभाग स्थान रूप में यज्ञ के शिर का सम्पादन करता हूँ। यज्ञ के निमित्त ग्रहण कर के तुम्हें यज्ञ के मुख्य कार्य के लिए लेता हूँ। हे पूतिकाओ! तुम इन्द्र के ओज रूप हो। तुम्हें ग्रहण करके पृथिवी के देवार्चन-स्थान में यज्ञ

के शिर रूप (प्रारम्भ) का सम्पादन करता हूँ। यज्ञ के मुख्य कार्य-सम्पादनार्थ तुम्हें ग्रहण करता हूँ।

ब्रह्मणस्पति इस यज्ञ में आयें। दित्य-सत्यवाणी यहाँ आये। देवगण हमारे शत्रुनाशक हों। जनहितकारी देव यज्ञ-भाग को प्राप्त करें। हे सम्भारी! तुम्हें यज्ञ के लिए ग्रहण करता हूँ और यज्ञ के शिर रूप में स्थापित करता हूँ। हे महावीर! तुम्हें यज्ञ के शिर-साधन-कार्य के निमित्त ग्रहण करता हूँ।

हे महावीर! तुम यज्ञ के शिर के समान हो अतः मैं तुम्हें स्पर्श करता हूँ। तुम्हें यज्ञ के प्रधान कार्य के लिए स्पर्श करता हूँ। यज्ञ के शिर रूप तुम्हें यज्ञ के प्रधान कार्य के लिए चिकना करता हूँ। यज्ञ के निमित्त चिकना करता हूँ।

हे महावीर! पृथिवी के देवार्चन स्थान में यज्ञ के शिर रूप में तुम्हें स्थापित करता हूँ और धूप देता हूँ। यज्ञ के प्रधान कार्य के निमित्त तुम्हें पकाता हूँ-यज्ञ के सिर रूप कार्य के लिए तुम्हें पकाता हूँ।

हे महावीर! ऋतु देवता की तथा वायु, पृथिवी और अग्नि को प्रसन्नता के लिए तुम्हें पकाकर निकालता हूँ। तुम्हें यज्ञ के लिए अजा दुग्ध से सींचता हूँ यज्ञ के लिए सींचता हूँ यज्ञ रूपक के लिए सींचता हूँ।

हे महावीर! यज्ञ की प्रसन्नता के लिए तुम्हारा प्रोक्षण करता हूँ। यज्ञ कार्य के लिए और सूर्य के तेज के लिए तुम्हें प्रोक्षित करता हूँ। सविता देव तुम्हें धृत से लपेटें। हे रजत! महावीर को पृथिवी के राक्षसों से रक्षित करा। हे महावीर! तुम आभारूप और तप हो।

हे पृथिवी! पूर्व दिशा में राक्षसों से अहिंसित रहती हुई तुम अग्नि की रक्षा में स्थित रहकर मेरे लिए आयुदायिनी बनो। दक्षिण में इन्द्र के स्वामित्व में रहती हुई पुत्रवती होकर मेरे लिए पुत्रदायिनी बनो।

पश्चिम में सविता के स्वामित्व में रहती हुई सुखदायी बनकर मुझे सुखदात्री बनो। उत्तर में धाता के स्वामित्व में रहती हुई तुम यज्ञ योग्य हो, अतः मुझे धन और पुष्टि दो। ऊर्ध्व दिशा में बृहस्पति के स्वामित्व में रहती हुई तुम धारयित्री हो, अतः मेरे लिए बलदायिनी होओ। हे दक्षिण भूमि! तुम मेरे मन की कामना को पूर्ण करो। हे धर्म! तुम स्वाहाकार हो, तुम्हें मरुदगण आश्रय दें। हे सुवर्ण! तुम देवपालक बनो। धर्म में मैं प्राण, उदान, व्यान को मधुरूप में स्थापित करता हूँ।

दिव्य महावीर सविता देव से सुसंगत होता है। दिव्य, ग्राहक, बुद्धिपालक प्रजापति धर्म और सूर्य से संगत होकर प्रकाशित होता है।

अग्नि के समान धर्म अग्नि से संगत होकर सविता देव से एकाकार होता है और सूर्यरूप से प्रकाशित होता है। स्वाहाकार युक्त धर्म तेज से संगति करता है और सविता रूप होकर सूर्य के साथ प्रकाशित होता है।

दिव्य-तेज बाण देवधारक, अविनाशी, तप से प्रकट धर्म भूमि पर सुशोभित होता है, वह हमें यज्ञ में देवताओं को प्राप्त कराएँ।

अनेक दिशाओं का पालक वह देवलोकों के मध्य स्थित होता है। अन्तरिक्ष में अच्युत रूप से स्थित और देवमार्गों से उसे आते-जाते मैं देखता हूँ।

सर्व-लोक-पालक, सबके मनों के स्वामी, सबकी वाणियों के प्रेरक है-धर्मरूप देव। हे धर्मरूप देव! तुम देवताओं का पालन करो। हे अश्विद्वय! इस यज्ञ में देवताओं को तृप्त करने वाले 'मधु' संज्ञक तुम्हें 'मधु' कहा गया है, अतः तुम्हारे लिए यह मधु भेंट है।

हे देव! हृदय की स्वस्थता के लिए तुम्हारी स्तुति करता हूँ। स्वर्ग प्राप्ति एवं सूर्य की तृप्ति के लिए तुम्हारी स्तुति करता हूँ। तुम इस यज्ञ को देवों तक पहुंचाओ।

हे देव! तुम ही हमारे पिता हो। तुमने ही हमें प्रेरणा दी है, अतः हम तुम्हें नमस्कार करते हैं। हमें हिंसित न करना।

दिवसकर्म से युक्त प्रीति वाली होकर अपने तेज से तेजस्विनी यह श्रेष्ठ हवि प्राप्त हो। रात्रि कर्म से प्रीति युक्त वाली होकर अपने तेज से श्रेष्ठ तेजस्विनी यह हवि प्राप्त हो।

अष्टात्रिंश अध्याय
(सूक्त : 1 से 28 तक)

ऋषि: अथर्वण, दीर्धमता।

हे रज्जु! सविता देव की आज्ञा में स्थित और अश्विनी-कुमारों की भुजाओं तथा पूषा के हाथों से तुझे ग्रहण करता हूँ। तू अदिति रूप धेनु की मेखला है।

हे इन्द्र और अदिति रूपिणी धेनु! हे वाणीरूपिणी गौ! हे अमुक नाम वाली धेनु! यहाँ आओ।

हे रज्जु! तू अदिति रूपिणी गौ की मेखला है। तू अदिति रूपिणी गौ के सिर के समान स्थित है।

हे दुग्ध! तुम अश्विद्वय सरस्वती और इन्द्र के निमित्त क्षरित होओ।

हे सरस्वती रूपिणी गौ! तुम्हारा थन सुखपूर्वक स्थित रहने वाला कल्याणकारी, ऐश्वर्य का कारण तथा श्रेष्ठ फल देने वाला है।

हे महावीर! द्यावापृथिवी की प्रसन्नता के लिए तुम्हें ग्रहण करता हूँ। हे धर्म! मैं इस महावीर रूप आकाश में तुम्हें ग्रहण करता हूँ। यह वषट्कार युक्त आहुति स्वाहुत हो।

हे धर्म! प्राणियों को उत्पन्न करने वाले वायु देव तुम्हें सुहूत करते हैं। हे धर्म! सचेष्ट करने और रक्षा करने, संताप नाश करने वाले वायु के लिए तुम्हें सुहूत करते हैं।

हे धर्म! वसु, रुद्र और आदित्य युक्त एवं शत्रु-नाशक इन्द्र के लिए तुम स्वाहुत हो। हे धर्म! ऋभु, विभु युक्त और बाज युक्त सविता, विश्वेदेवा और वृहस्पति के लिए तुम स्वाहुत हो।

हे धर्म! अंगिराओं और पितरों-सहित यम के लिए स्वाहुत हो।

इस यज्ञ में दक्षिण की ओर बैठे हुए अध्वर्यु ने सब दिशाओं एवं सब देवों का पूजन किया।

हे महावीर! यज्ञ को भली प्रकार स्वर्ग में स्थापित करो। यज्ञ हितैषी अग्नि के लिए यह आहुति स्वाहुत हो।

पूषा, शब्दवान् प्राणी, ऊर्ध्व बर्हिवालो, पितरों और द्यावापृथिवी के लिए यह आहुति स्वाहुत हो।

स्तुत रुद्र के लिए यह आहुति स्वाहुत हो। ज्योति--ज्योति सुसंगत हो। दिन, रात्रि और प्रजा के तेज सुसंगत हों, यह आहुति स्वाहुत हो।

हे धर्म! स्वर्ग में प्रथित गायत्री छन्द और यज्ञ में विशिष्ट-तुम्हारी दीप्ति प्रवृद्ध हो। हमारी यह आहुति स्वाहुत हो।

हे धर्म! क्षत्रियों और ब्राह्मणों की बल-वृद्धि के तथा यज्ञ के फल सिद्धि निमित्त हम तुम्हारा अनुगमन करते है।

ये चारों दिशाएँ जो सत्य रूप एवं यज्ञ की नाभि रूप है तथा आयुध है, हमें पूर्णायु दे, हमें समृद्ध करे।

हे धर्म! तुम अपने पुष्टि कारक रूप में प्रवृद्ध होओ। हम प्रवृद्ध एवं पुष्ट हो।

विद्युदग्नि मित्र के समान दर्शनीय, वृष्टि का कारण, शब्दकारी, जलों को निधि रूप और सूर्य सम प्रकाशवान् है।

जल और औषधि हमारे लिए श्रेष्ठ मित्र हो। हमारे शत्रुओं को ये जल और औषधियाँ शत्रु रूप हो जाये।

अन्धकार युक्त इस लोक से परे उत्तम स्वर्ग लोक को देखते हुए, योगी जन श्रेष्ठ रूप को प्राप्त हुए।

तीन दीप्ति वाला धर्म अपने सुशोभित तेज के सहित ब्रह्म ज्योति से सुसंगत हो और मुझमें प्रतिष्ठित हो।

हे कान्तिप्रद! हे सुखकारी धर्म! तुम्हारे मधुर अंश को मैं प्राप्त करता हूँ। प्रजापति, इन्द्र के पान से अवशिष्ट अंश का मैं पान करता हूँ।

एकोनचत्वारिंशत् अध्याय
(सूक्त : 1 से 13 तक)

ऋषि: दीर्घतमा।

सर्वान्धपति हिरण्यगर्भ के सहित प्राणों के लिए आहुति स्वाहुत हो। पृथिवी, अग्नि, अन्तरिक्ष, वायु, स्वर्ग को पाने के लिए और सूर्य के लिए यह आहुति स्वाहुत हो।

दिशाओं चन्द्रमा, नक्षत्रों, जलों, वरुण, नाभि देवता और शोधक देवता की प्रसन्नता के लिए यह आहुति स्वाहुत हो।

वाणी देवता, प्राण की प्रीति, चक्षुओं की प्रीति एवं प्रसन्नता, श्रोत्रों की प्रीति एवं प्रसन्नता के लिए यह आहुति स्वाहुत हो।

मैं मन की प्रसन्नता, इच्छा-पूर्ति को पाऊँ और वाणी के सत्य-व्यवहार की क्षमता को पाऊँ। पशुओं से मेरे घर की शोभा हो, अन्न से श्रेष्ठ स्वाद मुझे मिले तथा लक्ष्मी और सुयश मेरे आश्रित हों।

विकराल, भीम, घोर शब्दकारी, कम्पित करने वाले, सबको तिरस्कार करने वाले, सबसे संगत होने वाले और सबके क्षेपणकारी वायु देवता की प्रसन्नता के लिए यह आहुति स्वाहुत हो।

हृदय के एवं हृदयाग्र के द्वारा अग्नि देवता को प्रसन्न करता हूँ। सम्पूर्ण हृदय से पशुपति को, यकृत-खण्ड से भगदेवता को, हृदयस्थ विशेष से शर्म देव को, आधारास्थि से ईशान देव को, पार्श्वास्थि से महादेव को और स्थूल आँत से उग्र देवता को प्रसन्न करता हूँ।

यम के लिए, अन्तक के लिए, मृत्यु के लिए, ब्रह्म के लिए, ब्रह्महत्या के लिए, विश्वेदेवों के लिए और द्यावापृथिवी के देवताओं के लिए एवं उक्त प्रत्येक के लिए पृथक्-पृथक् दी गयी ये आहुतियाँ स्वाहुत हों।

चत्वारिंशत् अध्याय
(सूक्त : 1 से 17 तक)

देवता : आत्मा।

संसार में जो भी पदार्थ है, उसमें ईश्वर व्याप्त है, वे उसी के है। अतः उनका त्याग-भावना से भोग करो। किसी के धन का लोभ न करो।

इस लोक में धर्मयुक्त कर्म करते हुए ही सौ वर्ष जीने की इच्छा करो। इससे भिन्न दूसरा मार्ग नहीं है। निष्काम भाव से कर्म करने वाला कर्म से लिप्त नहीं होता।

जो काम्य-कर्म में लगे रहकर आत्मा का तिरस्कार करते हैं वे देहत्याग कर असुरयोनि में जाते हैं और अज्ञान से आवृत, वे बार-बार जन्ममरण प्राप्त करते है।

यजुर्वेद 134

आत्मा अपने में ही सदा स्थित, एकाकी, मन से भी वेगवान् और सर्वप्रथम प्रकट होने वाला है तथा वह क्रियारहित भी इतना सक्रिय है कि सबका अतिक्रमण करता है। आत्म-तत्त्व के द्वारा ही अन्तरिक्ष में वायु जलों को धारण करता है।

वह आत्मा चलता-फिरता-सा लगता है; पर चलता नहीं। वह दूर भी है और पास भी है। वह शरीर में वास करता है और शरीर के बाहर भी है।

जो सब प्राणियों को अपने में (आत्मा में) और सब प्राणियों में अपने को (आत्मा को) देखता है, वह सन्देह में नहीं पड़ता।

जब वह सब प्राणियों को एक ही जान लेता है, तो फिर उसका मोह-शोक नहीं होते।

परमात्मा सर्व शक्तिमान शरीररहित, दोषरहित, शुद्ध और पापरहित है। वह सर्व-व्याप्त, सर्वज्ञ, सनातन और सबकी रचना करने वाला है।

जो लोग परमेश्वर को छोड़कर अन्य की उपासना करते हैं, वे अज्ञानान्धकार में प्रविष्ट होते हैं और जो व्यसनों में रत हैं, वे और भी अधिक अन्धकार में पड़े है।

ब्रह्म की उपासना का फल और है और जड़ जगत् की उपासना का फल और है, ऐसा विद्वान् बताते हैं।

जो ज्ञानी आत्मा-परमात्मा को एक समझता है, वह मृत्यु से पार होकर अमृत हो जाता है।

जो निष्काम कर्म छोड़ सकाम कर्म करते हैं, वे अज्ञान में पड़े हैं। जो ज्ञानयुक्त होकर भी भेदात्मक सकाम उपासना करते हैं, वे और भी अधिक अज्ञानी हैं।

ज्ञानयुक्त कर्म का और फल है तथा अज्ञानयुक्त किये गए कर्म का और फल विद्वानों ने बताया है।

जो विद्या-रूपी ज्ञानी और अविद्या रूपी कर्म दोनों को जानता है वह कर्म के द्वारा मृत्यु को पार करता और ज्ञान के द्वारा अमृत को प्राप्त होता है।

हे जीव! तू शरीर छूटते समय ईश्वर का स्मरण कर, अपने स्वरूप का स्मरण कर, अपने किये का स्मरण कर और यह जान कि शरीर अन्त में भस्म होने वाला ही है।

हे अग्नि (परमात्मा)! तुम हमारे हब कर्मों के ज्ञाता हो अतः हम निष्काम करने वालों को मुक्ति प्राप्ति के लिए श्रेष्ठ मार्ग से ले चलो पापों को हमसे दूर करो। शरीर का अन्त हो जाने के कारण हम तुम्हारे लिए कर्म करने में असमर्थ हैं तुम्हारे लिए हम प्रणाम करते हैं।

तेज के आवरण से सत्य का मुख ढका हुआ है। आदित्य रूप में पुरुष (ब्रह्म) प्रत्यक्ष विद्यमान है, वह मैं ही हूँ। ओंकार आकाश के समान व्यापक है, वही ब्रह्म है।

■■■■